「史料学」講義

歴史は何から分かるのだろう

小島道裕

吉川弘文館

はじめに

歴史研究の世界では、近年「史料学」という言葉をよく目にします。「史料」は歴史研究の素材のことですが、単に素材として利用するというより、史料そのものを深く研究して、そこから多くの情報を引き出すこと自体が重要な歴史研究になっているからでしょう。一つの史料を研究する際にも、自然科学を含めたさまざまな分野が共同することが多くなり、その成果が「○○の史料学」といったタイトルで刊行されることも増えています。それによって実証的な研究が進んでいるのは素晴らしいことですが、しかし、では「史料」とは何なのか、史料の全体を見渡して、その普遍的な性質や意味を考えるという意味での史料学の議論は、あまり行われていないように思えます。

史料といえば、かつては文献史料のことでした。たしかに、「史」という漢字には、字を書いて記録する人という意味がありますが、今日の歴史研究では、文献だけではなく、遺物、絵画、伝承など、さまざまなものが史料として使われます。そして、観察や工夫次第では、意外なものも史料としての価値を持ってきます。言ってしまえば、「人間が過去に関わったもの」はすべて史料になると思いますし、本書はそういう立場を取ります。でもそこまで広げてしまうと、今度は史料が史料であることの意味が分からなくなってしまうので、やはり「史料とは何か」という総合的・本質的な考察が必要になるのではないでしょうか。

対象があまりに多岐にわたるので、これを一人でするのは限界が大きいのですが、でも大勢が分担してしまうと、また個別の史料や分野の話になってしまい、全体が見えなくなる——ということで、大学で「史料学」の授業を担当したのを機会に、あえて一人で書いてみたのが本書です。内容も全く個人的な見解ですから、「概論」や「入門」

ではなく、一つの講義の例、という形を取りました。抽象的な話だけではなく、自分が関わってきた実際の史料の読み解きについてもお話ししてみます。史料から何が分かるかを考えるのは、それ自体楽しいことです。この「講義」に、しばらくお付き合いいただければ幸いです。

＊　＊　＊

自己紹介も兼ねて、本書に関わる編著書を挙げておきます。具体的な事例の話をする時にまた引用しますが、扱っているのは、風俗画、古文書、城館・城下町遺跡などです。日本史の、特に中世から近世にかけての社会の変化に関心があり、時代でいうと室町時代から江戸時代初め、十五世紀から十七世紀頃のことが中心になります。

『「月次祭礼図屏風」の復元と研究―よみがえる室町京都のかがやき―』(岩永てるみ・阪野智啓・髙岸輝・小島道裕編、思文閣出版、二〇二〇年)
『洛中洛外図屏風―つくられた〈京都〉を読み解く―』(吉川弘文館、二〇一六年)
『中世の古文書入門―読めなくても大丈夫!―』(河出書房新社、二〇一六年)
『古文書の様式と国際比較』(小島道裕・田中大喜・荒木和憲編、国立歴史民俗博物館監修、勉誠出版、二〇二〇年)
『戦国・織豊期の都市と地域』(青史出版、二〇〇五年)
『城と城下―近江戦国誌―』(新人物往来社、一九九七年。再刊:吉川弘文館、二〇一八年)
『城館調査ハンドブック』(千田嘉博・前川要との共著、新人物往来社、一九九三年)
『史跡で読む日本の歴史7　戦国の時代』(小島道裕編、吉川弘文館、二〇〇九年)
『イギリスの博物館で―博物館教育の現場から―』(歴博ブックレット⑯、国立歴史民俗博物館振興会、二〇〇〇年)

この他の個別の論文などは、注などに示しましたので、関心を持たれたら適宜ご参照ください。

なお、本書には多くの図版を掲げましたが、所蔵者や出典などは、巻末の「図版一覧」に示しています。詳しくはそちらをご覧ください。

目次

第三部　史料と歴史像

第一部

「史料」とは何だろう?

第一講

史料とは何か①

歴史と史料の関係

改めまして、みなさんこんにちは。今回「史料学」の講義を行うことになりました、小島道裕と申します。最近まで、千葉県佐倉市にある国立歴史民俗博物館に勤めておりました。本来の専門は、いわゆる文献史学ですが、考古学、地理学、美術史学などと関わる、いわゆる学際的な研究をしていましたし、博物館で多様な資料を扱い、また他の分野の同僚や外部の先生方から教わることも多かったので、そんな経験を元に、「史料」とは何か、という問題について一緒に考えてみたいと思います。

史料にはどんなものがあるか

「史料」というのは、一言でいえば、歴史を研究する素材のことです。歴史を知ることができるものには、どんなものがあるでしょうか？　思いつくものを挙げてみてください。

日記、手紙、書類、

絵画、動画、音声、

遺跡、建築、道具、
土器、石器、化石、
はい、色々ありますね。「化石」は、恐竜の化石などだと、まだ人類はいないので、自然史の分野になります。ここでいう歴史は、人間の歴史ということにしましょう。「史料」も、だから人間に関わるもの、ということになります。
動画とか音声とかは、これが残っているのは機材が発明された近代以降のことですから、それ以前の歴史には使えません。でも考えてみると、文書や日記などの文字史料も、文字が発明され、使用される以前の時代には有効ではありません。文字史料のない時代は、かつて「有史以前」などと呼ばれましたが、もちろん文字以前にも人間の歴史はあります。対象とする時代、あるいはどんなものを歴史とするかによって、使える史料が異なってくることが分かります。

歴史にはどんなものがあるか―歴史と史料の相互関係

では、歴史とは何でしょうか？　キーワードとしてまず挙げられるのは「過去」でしょう。昨日のことは、もう歴史。一つの授業も、チャイムが鳴って教室を出れば、もう過去であり歴史です。その時にその場がどうだったか、何があったかを明らかにするには史料が必要、と考えると、何が史料かも少し分かってきますね。
あとはどうでしょうか。いきなり歴史そのものだと抽象的になってしまうので、試しに「史」の付く言葉を挙げてみましょう。
政治史、国家史、
文化史、生活史、建築史、美術史、

経済史、法制史、文学史、芸能史、
日本史、西洋史、東洋史、
古代史、中世史、近世史、近現代史、
自治体史、社史、家族史、個人史、

色々な種類の「歴史」がありますね。分野とか、地域とか、時代とか、対象によって色々な区分ができる訳です。では、それぞれの歴史を研究するには、どんな史料が有効でしょうか？

国家史や政治史については、為政者の名前や、その人がいつ何をしたか、といったことが分かる史料が必要になります。文化史や生活史を考えるには、絵画とか、遺物とか、あるいは「昔はこうだった」という伝承などが役に立ちそうです。

という訳で、史料と歴史の間には、「こういう歴史を明らかにするには、こういう史料が必要・有効」という関係があり、それはまた、「こういう史料があるから、こういう歴史が分かる」という関係だともいえることになります。不可分の相互関係です。

史料の区分

つまり史料というのは、どんな歴史を考えるかで違ってくるので、何が史料かは自明ではないことになります。歴史にもさまざまなものがあり、人間が過去に行ってきたこと、関わってきたことはすべて歴史ですから、史料の方も同様に、人間が過去に関わってきたものはすべて史料である、史料になりうる、といえます。一見歴史と関わりそうにないものも、潜在的にはすべて史料であり、史料として使われるのを待っている、ともいえると思います。あらゆるものが史料であり、また実際の歴史研究は、さまざまな史料を組み合わせ、総合化して行われる、ということになるのですが、しかしそれだけだとここから先の話がしにくいので、簡単な区分を作ることにしましょう。

・文字史料
・絵画史料
・遺物とフィールドの史料

ということに、ここでは一応分けて話を進めたいと思います。学問の体系でいうと、これらは、文献史学、美術史学、考古学・民俗学、といったことになるのですが、それは史料を分析する方法や技術に関わる問題、例えば、古文書が読める、絵画の作者が分かる、遺物の年代や生産地が分かる、といった能力やその訓練に基づくものです。史料の本質とは別のことですから、あまりとらわれないことにしたいと思います。

最後の「遺物とフィールドの史料」というのは、初めて試みるくくり方です。「考古史料」とか「民俗史料」というと分かりやすそうですが、先ほどの理由であえて使っていません。これらは、その史料が「どこ」にあるか、あったか、という面の意味が特に強いので、こんなくくり方が便利かな、と思った次第です。歴史の事象というのは、必ず「どこ」という具体的な場所で起こっているのですが、そのこととの結びつきが特に強い史料、というくらいの意味です。

史料から情報を引き出すには――「6W1H」ということ

では、史料から歴史を考えるための情報を引き出すには、どうしたらよいでしょうか?

当然、まずその史料がどんなものであるかを理解しないといけません。それには、新聞などの記事を書く時のセオリーとされる、「5W1H」が役に立ちそうです。

When　（いつ）

Who（誰が）

Where（どこで）

What（何を）

Why（なぜ）

How（どのように）

でしたね。ただ、これも単純ではなくて、検索していたら、「Who（誰が）」に対して、「Whom（誰に）」を加えて「6W1H」ということもあるようです。「For Whom the Bell Tolls（誰がために鐘は鳴る）」という使い方をするWhom――ふむふむ、これは使えるかもしれない、と思いました。「誰が」だと行為の主体ですから、史料の場合は、「作った人」ということになるでしょう。しかし、史料というのは、「作った人」だけでなく、もう一方に「使った人」がいます。具体的に考えると、書き物でも、絵でも、道具でも、自分のために作るということもありえますが、読んだり見たり使ったりするのは、別の人であることが多いでしょう。特定の人である場合もあるし、誰か知らない人の手に渡ることや、あるいは最初から漠然と多くの人、あるいは後世の人に向けて作ることもあると思いますが、とにかく歴史は人間の歴史ですから、必ず「誰か」のために作られている訳ですし、誰かが使うことで、その史料は歴史上の意味を持った、といえるのだと思います。その史料が誰のために作られたかということは、つまり史料の「目的」であり、どう使われたかということは、つまり史料の持つ「機能」である、ともいえるでしょう。それがその史料が歴史上持った意味ですから、「なぜ」その史料は作られたのか、存在しているのか、ということを考えるには、「誰のために」という問いは不可欠だと思います。

「いつ」「誰が」「どこで」「何を」「どのように」というのは、客観的、直接的に把握しうる情報です。しかし、「誰のために」と「なぜ」という問題は、直接史料を調べても、すぐには分からないことが多く、推測や仮説も必要になりますが、それが歴史を考えるということなのかもしれません。という訳で、「Whom（誰に）」は史料を考える上ではとても重要ですから、以下これを加えて、基本的には「6W1H」で考えてみたいと思います。

史料を観察する

さて、ではこのような問いを念頭に、どうしたら史料を理解することができるかを考えたいと思いますが、それが物体であるなら、やはりまず物としての徹底的な観察です。大きさ、形、色、重さ、模様など、それぞれに意味があるはずです。これは自然科学と同じことですから、計測はもちろんのこと、「実験」もあるといえます。透過光、赤外線、X線、さらには放射性炭素（C14）の測定による年代研究や、最近は酸素同位体の測定による気候変動の研究なども行われています(1)。

ただ、観察といっても、文字を使った史料の場合は、紙などの媒体や、文字の形、色、字配りなどの要素は物として観察できますが、一方で、文字やテキストの意味内容は、その物を離れて活字にも置き換えられるので、そこは単純に観察だけでは済まない要素があることになります。口頭伝承のような、そもそも物を媒体としない史料の場合も同様ですが、こうしたそれぞれの史料の特徴や、史料のジャンルを超えた普遍的な意味をどう理解するかについては、また後で考えたいと思います。

具体的な史料の例

具体的な史料の例で考えてみましょう。絵を一つご覧に入れます。絵画史料は、文字や文章を解読して意味を把握しなければならない文字史料に比べると、ある意味「見れば分かる」のでなじみやすい史料ですが、しかしそこから歴史の事実を引き出そうとすると、かえって難しい面もあります。絵は、「絵空事」といわれるように、どのようにでも描けてしまいますから、描かれているのは事実そのものではありません。こういう絵が、誰かによって描かれ、残されている、ということだけが事実で、そこから先は色々と考えるべきことが生じます。

さて、この絵は何でしょうか（図1、カバーも参照）？　見えるものを、何でも言葉にしてみましょう。

人物が一人描かれている。男性である。（朱色の）服を着ている。烏帽子《えぼし》を被っている。髭《ひげ》を生やしている。右手に扇を持っている、腰刀を差している、胡座《あぐら》をかいている。畳に座っている。

――こうしたことが、ざっと見て取れます。少し知識を動員してその意味するところを考えると、服は直垂《ひたたれ》で武

図1　この絵は何だろう？

士の正装。烏帽子は「立烏帽子《たてえぼし》」という最も格が高い物。扇は中啓《ちゅうけい》という僧侶や宿老の持ち物、畳は前面が見えている「上畳《あげだたみ》」——といったことから、かなり身分の高い武士であると考えられます。髭は江戸時代には禁止されるので、それ以前と推測できます。さらに人物の同定につながるものがないか観察すると、少し見えにくいですが、腰刀の束《つか》の部分に桐の紋があります。服にも「五七の桐紋」がいくつも描かれており、この紋はかなりアピールされています。これは天皇から足利家《あしかがけ》に与えられた紋なので、像主は足利氏であると推定されます。

あとは、絵の描き方などから作者や年代を考えることもできますが、絵の上部に書かれた文章（賛《さん》）を見ると、冒頭に「光源院殿融山大居士《こうげんいんでんゆうざんだいこじ》肖像賛」とあり、「光源院殿融山大居士」は、室町幕府第十三代将軍足利義輝《よしてる》の戒名なので、像主は、足利義輝（天文十五年〈一五四六〉～永禄八年〈一五六五〉）と分かります。文章の最後の方には、「天正歳舎丁丑仲冬　日」とあるので、天正五年（「丁丑《ひのとうし》」、一五七七）の十一月（「仲冬」）に賛が書かれています。没年から数えると一二年後ですから、十三回忌の法要に際して作られた遺像と理解できます。

「6W1H」でまとめると、

いつ　：天正五年（一五七七）十一月
どこで：京都
誰が　：絵は土佐光吉《とさみつよし》（後述の「下絵」の署名から）
　　　　賛は策彦周良《さくげんしゅうりょう》（天龍寺《てんりゅうじ》の僧。賛に「周良焚香謹書」とあることから）
誰を　：室町幕府第十三代将軍足利義輝（故人）
誰に　：足利義輝遺族（妻か）
何を　：肖像画
なぜ　：十三回忌の法要のため

図２　「足利義輝像下絵」（永禄10年〈1567〉）

どのように：掛け軸の絵として、土佐派の技法
　　　　　　で、「下絵」によって

といったことになります。この場合、肖像画なので、「誰」問題については、「誰が」・「誰に」の他に、「誰を」が入っています。他の項目でも、答えが複数になることがあるのですが、それはまた後で考えましょう。

「どのように」については、今の整理で先回りして「下絵」と作者に言及しましたが、京都市立芸術大学所蔵の土佐家資料の中に、この肖像画の元となったと考えられる絵が残されています（図２）。これには、「永禄十（年）五（月）　光源いん殿御面　源弐（花押）」とあるので、土佐光吉（源弐）が描いたもので、永禄十年（一五六七）五月という年代からは、死去（永禄八年五月十九日）から二年経った時、すなわち三回忌に際して作られた物と分かります。この絵は十三回忌像の下絵とされていて、実際にも制作の参考にされたと思われますが、描かれた時点は、それよりも一〇年前になるので、描かれた当初の意味としては、三回忌像の下絵か写しだったと考えられます。よく見ると、襟の所に「六」と書かれていて、これは「緑青《ろくしょう》」つまり緑色であることの符丁です。彩色しない簡単な写を作る時によく使われます。

さて、この二枚の絵を見比べてみると、どうでしょうか。十三回忌像の方が、あばたも目立たず、顔つきも整った穏やかな感じを受けますね。この間に、絵の上で「理想化」が行われたことになります。絵の発注者は、目的からすると遺族、特に義輝の妻でしょうから、発注者の意図を受けて、絵師がそのように描いたと考えられます。絵に限らず、史料は作った人間にとって意味があるように作られますし、また残された史料は、それを残した人間にとって価値があるから存在するので、多かれ少なかれ、このような「バイアス」がかかることに注意が必要です。それを見抜くことが史料を用いる上では必要ですし、どういうバイアスがかかっているかが分かれば、そのこと自体が史料になる、ともいえると思います。

＊　＊　＊

以下、そんな問題を考えていきたいと思いますが、今回はこれくらいにしましょう。

一つ、宿題を出しておきます。

この花（図3）は、ある大学の構内で撮影したのですが、何の植物でしょうか？　そして、これは「史料」といえるでしょうか？

図3　この花は何だろう？

注

（1）近年話題になった伊藤俊一『荘園』（中公新書、二〇二一年）は、酸素同位体によって推測される気候変動によって社会の変容を説明する試みをしています。もっとも、自然環境の変化で歴史がすべて決まるかのような「環境決定論」になってしまうと、人間の営みの意味がなくなりかねないので、それは避けるべきだと思います。

第二講

史料とは何か②
史料をめぐる「統一理論」

植物は史料か

前回の花の写真は、何だか分かりましたか？　「桜」と思った人も多いと思いますが、正解は「アーモンド」です。木の下に、「アーモンド Prunus dulcis　バラ科」という札がありました。Prunus は、サクラ属ないしスモモ属と呼ばれるようですが、世界に仲間は多く、こういう花が咲く光景は日本だけではないですね。

さて、ではこの木は史料でしょうか？　この木から何か歴史が分かるなら、すなわち史料ですし、もちろん分かる歴史はあります。誰かが、いつか、何かのために植えたはずですから、大学の歴史とか、庭園の歴史、植物と人間の関係史、といった分野の歴史に関わる訳です。

この木がある大学はミッション系で、チャペルの近くに植えられていましたから、聖書の植物という意味もあるでしょう。私は、矢内原忠雄『余の尊敬する人物』（岩波新書、一九四〇年初版）という本に出てくる旧約聖書の人物エレミアの章で、アーモンド（巴旦杏《はたんきょう》）の花が咲くのを見て預言者としての使命を悟る、という話を知っていたので、それを思い出しました。この木を植えた人がそこまで考えていたかは分かりませんから、その話に思いを馳せるのは過剰反応かもしれませんが、そういう意味で受け取った人はおそらく他にもいる、つまりそう機能したことはあっただろうと思います。ですから、物に含意される「史料性」というものは、最初から自明なのではなく、それをどこまで読み取るかは、見る側の「センサー」が何に反応するか、反応できるか、という問題であり、「センサー」の種類や感度次第である、ということもできるでしょう。

植物と人間の関係史

植物と人間の関係史、という問題について少し考えると、例えば桜といえば花見ですが、この関係は太古からという訳ではなくて、歴史的に形成されたものです。山にある桜は、古くは農耕の占いに使われ、語源的には、サ（田の神）のクラ（依り代）だと考えられています。神がまず山に降り、それが田の神となる、その「しるし」と見たようです。

身近に花の咲く木を植えて愛でるという文化は、中国の梅を観賞する文化を遣唐使が導入したことに始まり、それが平安時代から桜も対象とするようになっていったものです。中国から移入された文化が「和様化」して花見となった訳で、この和様化という問題は、古文書の様式など、また他の場面でも出てきます。

なお、本居宣長《もとおりのりなが》は「やまとごころ」を「朝日に匂う山桜花」に例えましたが、山桜の花を美しいと見るその眼差しは、実は宣長が排斥しようとした「からごころ」から学んだものです。センサーの問題というより、自分の見たいように史料の意味を変換してしまっている訳で、そんなふうにして歴史を作ってしまわないように、注意が必要です。

＊　＊　＊

前回、足利義輝《あしかがよしてる》の肖像で触れた「桐の紋」は、元は天皇家の紋章で、「聖天子の時代に現れる鳳凰は桐に宿る」という中国の伝承に由来しています。現在の日本政府の紋章にまで引き継がれていますね。菊の紋も天皇家が使用したことが知られていますが、菊も中国から移入された植物で、不老長寿に通じる神仙の花、というイメージがあったことが重んじられた理由でしょう。それをテーマにした「菊慈童《きくじどう》」という謡曲などもあります。

なお、桐については、成長が早く良い材が取れるので、かつては女の子が生まれると植えて嫁入りの箪笥にした、という話もあります。実際はともかく、たしかに以前は民家の庭にもよく見かけたように思います。植物と人間の関係には、色々な歴史性があります。

動物は史料か――「豚に歴史はあるか」

では、動物は史料になるでしょうか？

「動物の歴史」と聞いて、おそらく多くの歴史研究者の脳裏に浮かぶのは、「豚には歴史があるか」という話です。土一揆や農民史の研究者として知られる中村吉治《なかむらきちじ》（一九〇五〜八六）が東京大学の学生だった時、卒業論文のテーマについて相談するために、当時助教授だった平泉澄《ひらいずみきよし》（一八九五〜一九八四）の所に行くと、「百姓に歴史はありますか」「豚に歴史はありますか」と聞かれたそうです(1)。

平泉澄は、戦前の学界を風靡した「皇国史観」の主唱者として知られ、この発言もそのような意味と思われますが、しかし本当に「豚に歴史はあるか」を考えると、豚はずっと人間と関わってきた動物ですから、当然その関係史があり、それは人間の歴史の一部に他なりません。歴史とは、もちろん国家の歴史、特に天皇を中心とした歴史だけであるはずはなく、具体的な社会史の研究が盛んになった今日では、当然豚にも歴史があることになります(2)。

なお、これについては、「豚から見た歴史」もあるのではないか、という受講者のコメントがありました。前回も述べたように、ここでは歴史は「人間の歴史」のことと考えますが、それを相対化する視点もあって良さそうですね。たしかに、「人間が豚を家畜化した」ということは、「豚が人間を飼い主化した」ということでもあります。環境史などの問題を考える上では、有効な視点かもしれません。

個体としての動物は史料か

では、豚とか犬とかの「種」としての動物ではなく、個体としてはどうでしょうか？　当然それも史料で、例えば、考古学の方法論の書として定評のある、濱田耕作『通論考古学』[3]には、「……さらに人類の飼養せる家畜、食用せる動物の遺骸、その排泄物の類をも逸すべきにあらず。これ間接に人類の残したる遺物たるを以てなり」とちゃんと書いてあります。

発掘調査で出土した動物の骨などは、もちろん当時の生活を知る上での史料になる訳ですが、「どのように」埋められているかも重要で、私は、武《たけ》田《だ》信玄《しんげん》の城下町甲府で出土した、丁寧に埋葬された馬の骨一体分を、「武田信玄が乗ったかもしれない、どこの馬の骨か分かっている馬の骨」として借用して展示したことがあります。

では、もっと新しい時代の歴史にまつわる個体、例えば、タロとジロという「南極犬」の剥製などはどうでしょうか。現在、国立科学博物館と北海道大学植物園に残されていますが、一九五六年に日本の南極観測隊とともに南極に渡り、越冬隊の撤退で取り残された後も生き延びたことが国民的な話題となって、のちに映画化もされた……という歴史が、この剥製とともに語り継がれる訳です。そういう歴史を物語る史料だ、といえると思うのですが、でも、ちょっと疑問を感じた方もいるでしょう。というのは、この剥製をいくら観察し、分析しても、そういう歴史は見えてこないからです。「史料」といっても、剥製自体にそういう情報がある訳ではないので、歴史を明らかにする素材としては、この剥製だけでは不十分ということになります。南極観測隊の物語は、剥製の中にはなくて、外にある訳です。しかし、この剝製があることで、その物語が残ることができる。物語、伝承にとっては、剝製がその媒体として機能している、という言い方もできるだろうと思います。

物としての史料と伝承としての史料

動物の剝製を例に考えてみましたが、この問題は、敷衍《ふえん》すると、「物」としての史料と歴史の関係、ということになるでしょう。もう少し他の例を挙げると、例えば、茶器とか、あるいは刀剣とかで有名なものは、それぞれに名前が付いていて、「誰それが所持していた」「誰それがこれでこういうことを行った」という伝承が、名前の由来などとともに語り継がれています。物自体にも、銘などの文字史料が書かれたり刻まれたりしていることもありますし、形・模様・製法といった情報から、作者などの作られた当時のことがある程度は分かるかもしれませんが、でもその後、それがどういう歴史をたどったか、ということまで読み取るのは難しいでしょう。そういう情報は、物としての史料に付随しているが、しかし物自体に備わっている情報とは別のものだ、と考えた方が良さそうです。

物としての史料と文字としての史料

では、文字史料の場合はどうでしょうか？　文字史料の中心となる情報は、書かれた文字・文章の内容ですが、でも文字史料にも、それが書かれた何かの媒体、「物」としての側面があります(4)。

例えば、古文書の場合だと、多くの場合、紙に書かれています。使われた墨も、もちろん物です。物としての情報は確実にあるし、今日の古文書学では、料紙の問題は研究が盛んな分野でもあります。

でも、紙や墨をいくら分析しても、書かれた文字・文章の内容は分からないですね。それは、文字の形から情報を引き出し、文章を解読して初めて意味を引き出せる情報です。そして文字は、同じ文字を別の紙に写したり、あるいは活字などを用いて印刷しても同じ情報を伝えることが可能ですから、物としての史料自体とは切り離すことができる情報、と理解することができます。また、その史料が作られた後、それがどのように使われ、伝わってきたかという、物の「伝来」についての情報は、茶器や刀剣などと同じように、もちろん古文書などの文字史料にもあります。

史料情報を整理する──「物情報」・「伝来情報」・「機能情報」

以上のさまざまな情報をまとめると、史料が物である場合、そこに含まれる情報は、

① 物それ自体の情報（大きさ・重さ・形・色・材質など）

② その物がどのように認識され、今日まで、なぜどのように伝来したのか、という情報

③ その物に文字が書かれている場合、その意味の情報

の三つがある、と整理できそうです。図示すると、こうなるでしょうか（図1）。

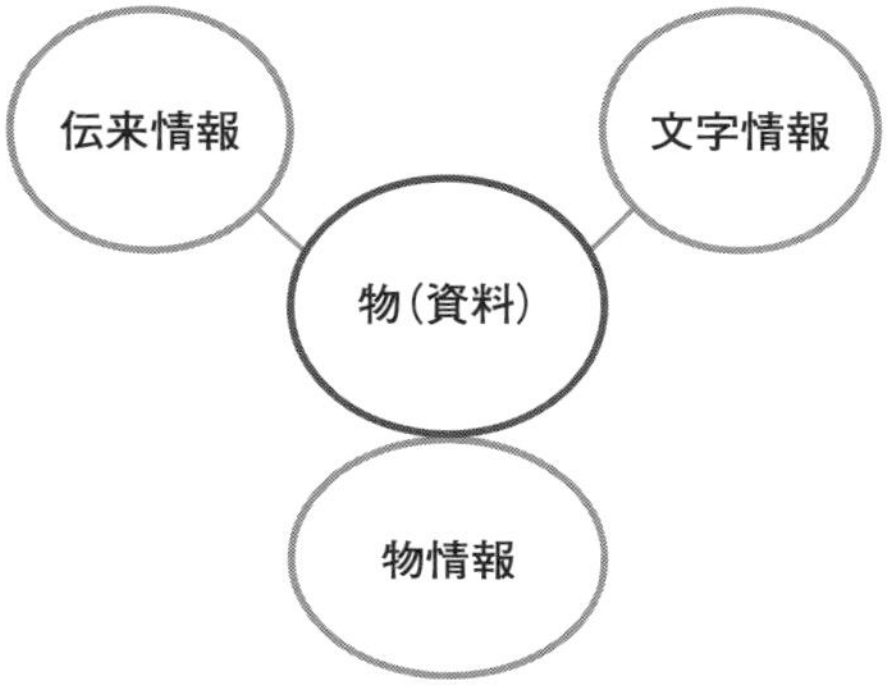

図1　史料情報の整理①　「物情報」・「伝来情報」・「文字情報」

① 「物情報」は、物としての史料と不可分の情報です。現在の時点で、観察したり計測したりすることによって分かる情報ともいえます。

② 「伝来情報」は、史料の外にあって、その史料が今日までどのように伝わってきたかを伝える、いわば史料の過去、厳密にいえば、今日に至る「現在完了」の情報です。

③ 「文字情報」は、文字が書かれている場合、その文字内容についての情報です。

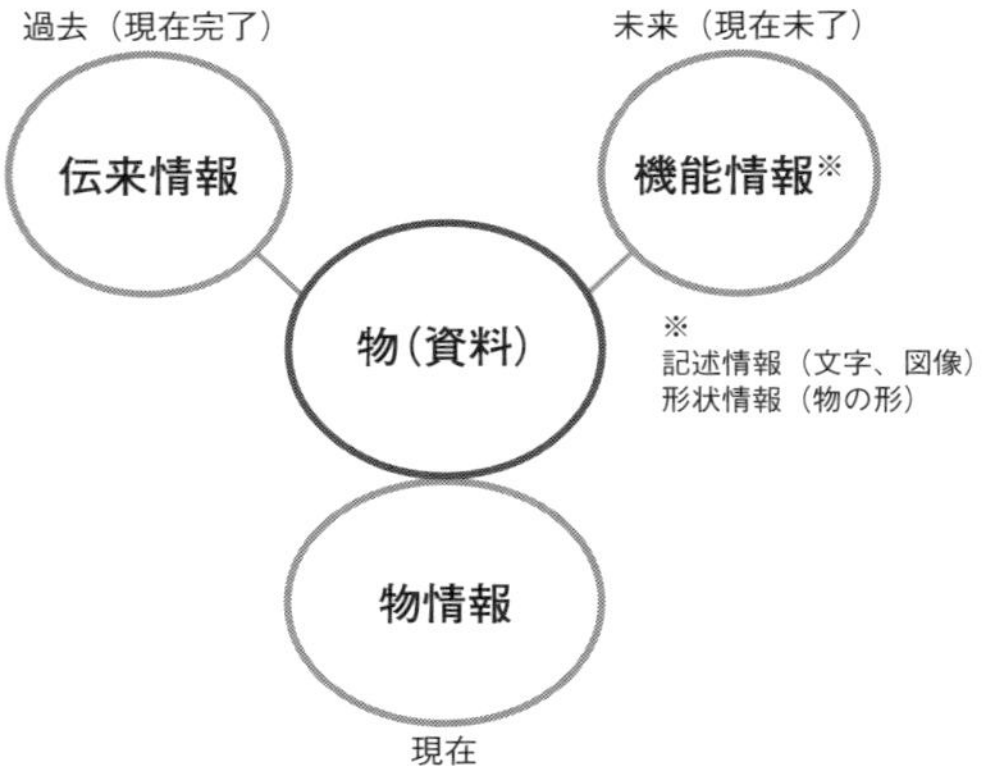

図2　史料情報の整理②「文字情報」を「機能情報」に普遍化

とりあえずこうまとめられると思うのですが、最後の③「文字情報」は、やや具体的すぎて、ちょっと据わりが悪いです。そこでもう少し考えてみたのですが、例えば文字ではなく、模様が書いてあった場合も同じことがいえそうです。家紋などはまさにそうで、描かれた形に意味がある訳ですから、それは個別の史料を離れても機能します。肖像画のような絵の場合も、複製してもそれはそれと分かるので、やはり文字と同じような意味で捉えることができそうです。

古文書などの「文字情報」に対して「図像情報」がある、と整理することもできますが、これについては、描かれた図像の意味を、抽象化が可能な意味の情報として捉えるか、それとも「物情報」の二次元部分（形や色）として考えるか、どちらも可能で、両面があるともいえます。写本、複製でも機能する、という点では意味としての情報ですが、でも文字のように完全に記号化されている訳ではないからです。

あるいは、物体の「形」にもそういう意味がある、ともいえそうです。例えば、「刀」でも「茶碗」でも、道具はその形に作られているからそれと分かります。何に使えるかが分かるのは、形に機能が伴っているから――と考えていくと、これは、より高次の概念としては、「機能情報」と呼ぶことができると思います。二次元（文字や図像）であれ、三次元（道具など）であれ、そこに表された何かの「形」が意味を伝え、機能する情報、それを「機能情報」と呼ぶ、ということでどうでしょうか。もう少し分けるなら、文字や図像を「記述情報」、道具などの形を「形状情報」とまとめることもできるかもしれません。

時間的な意味でいうと、①「物情報」が現在、②「伝来情報」が過去（現在完了）の情報だとすれば、③「機能情報」は、これまで機能したとともに、今後も機能しうる訳ですから、しいていえば、未来に開かれている「現在未了」の情報、といえるかもしれません。

そのように修正した図を掲げておきます（図2）。

史料が「物」でない場合

以上の整理は、「物」として存在する史料の場合ですが、史料には口頭伝承などの、物ではない場合もあります。これについては、史料の持つ情報は、どう整理したらよいでしょうか。考えてみたのですが、これも、史料情報とその媒体、という関係で理解できるように思います。

つまり、「物」を介在しない伝承の場合は、「物」の部分を「伝承者」に置き換えれば、同じ理屈で説明できると思うのです（図3）。この場合、「物情報」の部分は「伝承者情報」すなわち、年齢・性別・出自・経歴などの伝承者の属性になり、「伝来情報」は、その伝承を誰からどう受け継いだかという情報になります。「機能情報」の部分は、語りなら「言語情報」ですし、あるいは、踊り・所作・音楽などの無形文化財的なものであれば、「非言語情報」といえます。より高次の概念としては、やはり「機能情報」といえるでしょう。

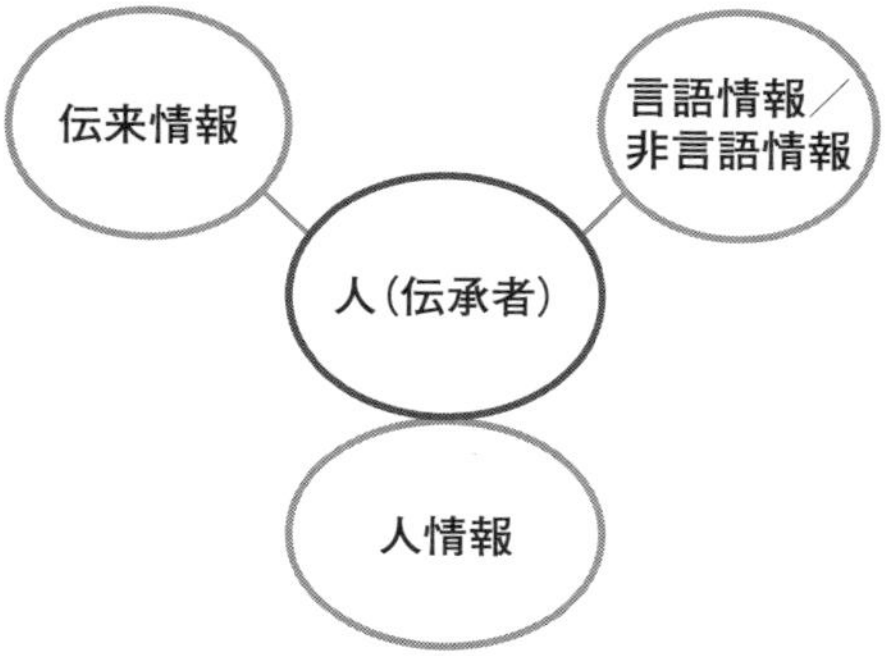

図3　史料情報の整理③　伝承の場合

機能情報や伝来情報の側から見れば、「物」や「人」はそれを伝える「媒体」といえますから、より高次の概念としては「媒体（についての）情報」と

いっても良いと思います。(5)

＊　　　＊　　　＊

以上、「史料とは何か」の問題について、史料に含まれる情報という観点から、一応すべての史料について当てはまる総合的・普遍的な整理、大げさにいえば「統一理論」を考えてみました。が、それにとどまらない問題が、実はまだあります。史料とは、存在するものだけなのでしょうか？　それについては、次の講義でお話したいと思います。

注

（1）中村吉治『老閑堂追憶記〈社会史への歩み1〉』（刀水書房、一九八八年）。

（2）塚本学「ブタにも歴史があります」（『歴史と地理』四三〇号、一九九一年。同『江戸時代　人と動物』日本エディタースクール出版部、一九九五年）という論文もあります。

（3）濱田耕作『通論考古学』は、一九二二年に大鐙閣より初刊。全国書房（一九四八年）、雄山閣（一九九九年）、岩波文庫（二〇一六年）などによる再刊があります。

（4）デジタルデータの場合は、ちょっとやっかいなのですが、でも、メモリーとか、クラウドのサーバーとか、どこかにそれを担保している物はあるはずなので、それが「物」としての側面、ということにしておきます。

（5）伝承者（人）を物になぞらえることに抵抗を感じるというコメントもありました。健全な感覚だと思いますし、実際に聞き取りをする場合には、個人情報などについての細心の注意が必要になります。ここでは、あくまでも理念的な整理としてご理解ください。民俗学の概説書でも、「私（たち）が資料である」と述べているものがありましたから（菊地暁『民俗学入門』岩波新書、二〇二二年）、本書の整理も不当なものではないだろうと思います。

補論

「史料」と「資料」

この講義で扱っているのは「史料」ですが、よく似た言葉に「資料」があります。「文献史料」ということも「文献資料」ということも可能です。一応その区別についてお話しておきたいのですが、例えば、私が勤務していた博物館では、歴史系の館ですから「史料」でも良さそうなものですが、すべて「資料」で統一していて、漢字を説明する時は、「しりょうの『し』は資本の『資』」と言っていました。なぜかというと、「史料」は「歴史研究の素材」という意味ですから、特定の目的による概念である訳で、ちょっと幅が狭いのです。博物館に収蔵する物は、歴史研究の素材としてのためだけにあるのではなく、文化財としての価値など、それ自体が意味を持つものだから収蔵されるので、歴史研究に使うというのは二次的な問題である訳です。

ですから、客観的にいうと、「文献資料」を「文献史料」として取り上げる、ということになるので、本書でも最初に述べる時は「資料」の方が良いのかもしれませんが、ちょっと煩わしいので、すべて「史料」にしています。

第三講

史料とは何か③
不在史料論の試みと視点・史観の問題

存在するものだけが史料なのだろうか?

　前回まで、二回にわたって「史料」とは何かを考え、一応その全体像を把握しうる「統一理論」を提示してみました。とりあえずの序論としてはこれで良いようなものですが、でもまだ考えてみたいことがあります。以下は、私の他には誰も言っていないことですけれど、講義というのは、正しいとされていることを学ぶ場ではなく、何が正しいかを考える場だと思うので、あえて自分の考えをお話しする次第です。

　最初に触れたように、歴史というのは「過去」です。過去というのは、つまりもう存在しない、失われた世界です。それを明らかにするための素材が史料ですが、でも、史料を現在存在するものだけに限るとすると、失われていないもので失われた世界を考えることになります。これ、何かおかしくないでしょうか? 失われた世界を考えるためには、失われたもののことも考えなくてはいけないのではないでしょうか?

残された物の意味

現存する、すなわち残されたものだけを使って、失われた世界を理解することはできるのか？という問題として考えてみましょう。

まず問題になるのは、現存する史料はなぜ存在しているのか、ということです。「史料が残っている」理由は、

① たまたま残った

② 意図的に残された

のどちらかです。

発掘で出土するいわゆる考古史料についていえば、よく見つかる土器や陶磁器の破片などは、大部分はたまたま残ったものでしょう。同じ時代にあったはずの衣服とか食料とか、あるいは木材で作られた住居などの有機物でできたものは、しかし地中で腐ってしまうことが多く、あまり残っていません。残っているものは全体の一部分でしかない、ということを考えないと、当時の生活を再現することはできない訳です。

反対に意図的に残されたものとしては、例えば古墳の石棺の中に入れられた副葬品などを挙げることができますが、その場合は、限られた階層に所持されていた物が、意図的に選ばれて残されているので、そのことの意味を考える必要があります。

文字史料の例で考えてみると、役所や会社の書類が「永年保存」「一年保存」などと分けて整理されることからも分かるように、意図的に残さないと、廃棄されるか、いつの間にか失われてしまいます。家にある文書でも、卒業証書とか、家の権利書とか、何か権利や証明に関わるものは残されやすいですが、そうでないものはなかなか残りません。ただ、偶然残ることももちろんあって、大事なものの中に紛れて残ることもあれば、裏紙が使われて結果的に残る場合もあったりします（後者は、また後で出てきますが、古文書学では「紙背文書《しはいもんじょ》」と呼んでいます）。

意図的に残された史料には、当然、残した側の意図が反映されます。自分たちにとって役に立つものや都合の良いものは残し、また分類整理して後世に伝えようとしますが、不要なものや都合の悪いものは廃棄してしまうでしょう。特定の家や寺社などに残された古文書群を「家分け文書」と呼びますが、まさにそのようにして残されたものですから、第一講で触れた肖像画が理想化されていたように、その古文書群には「残り方」にバイアスがかかっています。博物館などに収蔵される古文書は、このような家分け文書であることも多いのですが、それをそのまま展示してしまうと、その古文書群の持つ内在的な論理をなぞることになり、結果として、その家の過去の利害や主張を代弁してしまうことになります。展示などで古文書群を扱う場合は、それを避けるために、一度その史料群全体を客観化して、別の視点から構成し直すことが、歴史研究の立場からは必要だと思います。

想像してみると分かるのですが、もし第二次大戦でヒトラーが勝利して「ヒトラー王朝」を作ったとすると、ヒトラー家には、歴代の「功績」に関する史料は整理して残されるでしょうが、弾圧や虐殺のような、いわゆる「黒歴史」的な事実についての史料は抹消されるでしょう。そして何百年か後にこの文書群がどこかの博物館に収蔵されて、「ヒトラー家文書展」を開催する時に、残された史料に従って構成し、解説を書いたとしたらどうでしょうか。展示に限らず、歴史叙述全般にいえることですが、それと同じことを我々がしていないか、考えてみるべきだと思います。文書群の内在的な論理を超えること、そこに「残されていないもの」のことを考えること、それが必要だと思います。

史料の偏在性

次に、史料の偏在性という問題を考えてみましょう。文字史料の場合でいうと、何が残されるかという問題以前に、それが作られた時点から、存在は著しく限定されています。まず、文字の無い文化は世界にたくさんありますから、文字を使う文化の人間しか文字史料を残しませんし、その文化の中でも識字率の問題があって、限られた階層の人間しか文字史料を作らない。だから地域的にも圧倒的に都市、特に首都に偏在します。日本史でいえば、公家の日記は古代や中世の歴史を知る上で欠かせない史料ですが、基本的に京都にしか存在しません。まれにある旅行の記事などを除けば、通常は、京都のことが書かれているか、あるいは京都で受け取ることができた情報が書かれているに過ぎず、それ以外の地域のことは根本的に史料が乏しい、ということになります。

このように、史料は色々な意味で偏在するものですから、その意味でも、残されている史料から歴史を考えるのは非常に限界があります。

史料学的見地からの史料の総体

もっとも、残された史料から歴史を研究するというのは、当たり前のことではあります。とにかく「在るもの」から情報を引き出していかないと、何も始まりません。既存の学問は、それによって発達してきた訳で、だから「文献史学」「考古学」「美術史学」といった史料のジャンルごとの学問分野が存在しますし、現在では科学的な分析も盛んです。既に述べたように、これらの学問分野は、存在する史料から情報を引き出す「技術」による分類だともいえると思います。文字史料なら、くずし字を読んで書かれた文章の意味を解読することが必要ですし、考古学なら、土器や陶磁器などの年代や産地を推定することが必要、美術史学なら、絵の描き方から作者や年代を推定できなければ、といった技術が必要になります。その分野で研究をしようとする人はその訓練を受けますし、それによって研究者の集団が形成されていきます。

何も不思議なことではないのですが、しかしそれでは「存在する史料」しか対象にならず、歴史全体から見れば、結果として非常に大きな欠落部分をはらむことになってしまいます。だから、個別の学問分野で扱っている史料の話を寄せ集めても、史料の全体にはならないのです。思うに、「史料学」という学問があるなら、それはそのような個別の学問分野を一度離れて、さらに上から「史料」の総体を考えなければならないし、そうすると、多くの限定が伴う現存史料だけを扱うのでは、どうも不十分に思えてきます。「現存史料によって分かる歴史」ではなく、歴史の総体に対する総体としての史料を考えるなら、現存しない、「不在」の史料の部分まで視野に入れなければならないのではないでしょうか？（これと似た話は天文学にもあって、直接観測することができない「ダークマター（暗黒物質）」と「ダークエネルギー」が、実は宇宙の九五％を占めていると考えられているそうです。それに、観測できるはずのものにも、当然機器の性能などによる限界がありますから、実際に認識できるもの、データを得られるものは、全体の中でいえば、ごく限られたものにならざるをえない訳です。歴史を研究する際の史料の扱いにも、同じような限界を自覚する必要があると思います。）

「不在史料」というもの

そこで、史料が「不在」であることの意味を考えてみると、これにもその理由のパターンがあることになります。

① 作られなかったから存在しない
② 作られたが現在は存在しない
　a 自然消失
　b 意図的な消失

人間の過去の営みがすべて歴史だとすると、当然、何の記録も痕跡も残らないことが大部分です。過去の人たちが、いつ何を食べ、何を行い、何を話したか、といったことのすべてを知ることはできません。これは、史料的にいかんともし難いことで、作られ、残された史料によって、それを視野に入れて推測していくしかありません。

この人がこの時何をしたか、何を語ったか、といったことが分かる史料があると良いなあ、と思うことはありますし、そういう「需要」から作られる偽物も多いですから、むしろそこに注意が必要かもしれません。仮説を埋める「ミッシングリンク」が欲しくてそれを捏造してしまう、といったことは世の中にはままあります。ですから、①の、元々存在しない、あるいは存在が確認されていない史料を「不在史料」と呼ぶのは危険なので、ここではそれは除外して、「存在したことが分かっているが消失した史料」、つまり②の方を「不在史料」と呼ぶことにしたいと思います。（もっとも、制度的な問題で作られない、ないし残らない史料、というものはあります。中世の女性は、成人男性のような公式な名前「実名《じつみょう》」を通常持たず、子供の時の名前のままだったので、著名人でも実際の名前が分からないことが多く、例えば、源《みなもとの》頼朝《よりとも》の妻「北条政子《ほうじょうまさこ》」の「政子」は、頼朝の死後、上京して叙位される際に、おそらく父親の名前〈時政《ときまさ》〉から付けられた名前ですから、「頼朝の妻であった女性の〈当時の〉名前」は、分からないままです。史料としては欠失している部分です。）

②の「作られたが現在は存在しない史料」とは、既に存在しないが、何らかの情報、すなわち、かつてそれが存在したことを示す記録や記憶や痕跡は残っている、というものです。（この場合、史料は「物」には限らないでしょう。例えば文献の場合、書名だけが分かっている本〈逸書《いつしょ》〉などは、本文の文字情報が失われてしまった、ということになります。失われた本の一部が引用されたりして残っている場合があり、それを集成する「逸文《いつぶん》研究」も行われます。）

ここで注意したいのは、消失のしかたにも二種類あることで、

a　特段の原因は無いが自然に消失した場合

b　何らかの事情で意図的に消失させられた場合

がある訳です。人間の場合なら、自然死した人の死と、殺された人の死では意味が異なるように、bの場合は、その消失した原因、ないし消失させた意図自体に、歴史的な意味があるといえます。「不在史料」で特に史料的な意味を持つのはこちらだと思われますので、以下この問題について考えてみましょう。

「戦争が巨木を伐った」

最初に植物の話をしたのは、瀬田勝哉『戦争が巨木を伐った—太平洋戦争と供木運動・木造船—』（平凡社、二〇二一年）という本を紹介したかったからでもあります。瀬田氏は社会史を牽引した中世史家の一人で、洛中洛外図《らくちゅうらくがいず》屏風《びょうぶ》についての業績(1)も有名ですが、武蔵大学で行っていた「木ゼミ」の学生のレポートでこの問題に気付き、数年かけて本にしたものです。

日本は太平洋戦争で多くの鋼鉄船を失うと、木造船を作って補うために、一九四三年（昭和十八）二月から「供木運動」を始め、神社や屋敷などの多くの巨木が伐られたという、これまでほとんど知られていなかった歴史なのですが、私は、巨木が「無くなっている」こと自体に史料的な意味があるのでは、と考えました。すなわち現在の世界は、実は「多くの巨木が失われた世界」であり、また、現在存在する巨木は、「供木運動」という荒波に耐えて残った物であることが分かります。「不在」の部分を視野に入れると、世界の見え方が変わってくるし、現存するものも別の意味を持って見えてきます。これは、それについての歴史を認識した結果です。だから、何かが「不在」であることは、それ自体を史料と見なせるのです。

凹み、マイナスとしての「不在史料」

史料というのは、一般的には現存するものを指していわれますが、それは、いわば多くのものが消失する中で残った「凸」の部分ではないでしょうか。自然に消失したものを「残らなかった平らな部分」だとすれば、戦争で伐られた巨木のように、何か特別な意図で存在を絶たれたものは「凹」の部分だといえます。数にはプラスの数とマイナスの数があるように、史料にもプラスの史料（現存史料）とマイナスの史料（不在史料）があるともいえるでしょう。もちろん巨木に限ったことではなく、戦争で消失した市街や建物や文化財なども、同じように「不在史料」

として扱うことができると思います。

物としての史料だけではなくて、人についても同じことがいえます。例えば、一九五〇年（昭和二十五）の日本の「人口ピラミッド」（図1）を見ると、三〇歳前後の所で男性（左側）に凹みが見られ、女性より少なくなっています。これはその年代の男性に戦没者が多かったからで、その「不在」が可視化されていることになります。あるいはまた、本書の執筆を始めた二〇二三年は、関東大震災が起こった一九二三年（大正十二）から一〇〇年目で、震災後に起こった朝鮮人虐殺や、その事実を否定するかのような東京都や政府の姿勢が問題となっていますが、六〇〇〇人ともいわれるこの時に虐殺された人々も、やはり「不在」になった部分として見ることが必要だと思います。その後の世界は、戦争や虐殺事件が無ければ生きていた、その後も寿命まで存在し続けたはずのこうした人々が、失われた形で残った世界です。「負の歴史」という言い方もありますが、歴史に正と負があるかはともかく、現在残っているプラス＝凸の部分だけではなく、実は世界が内に抱えているマイナス＝凹の部分、「穴」のような存在にも目を向けないと、歴史を正しく認識することはできないと思います。それは社会が潜在的に抱えている「痛み」だといえるかもしれません。「不在史料」について、あえて述べる所以で

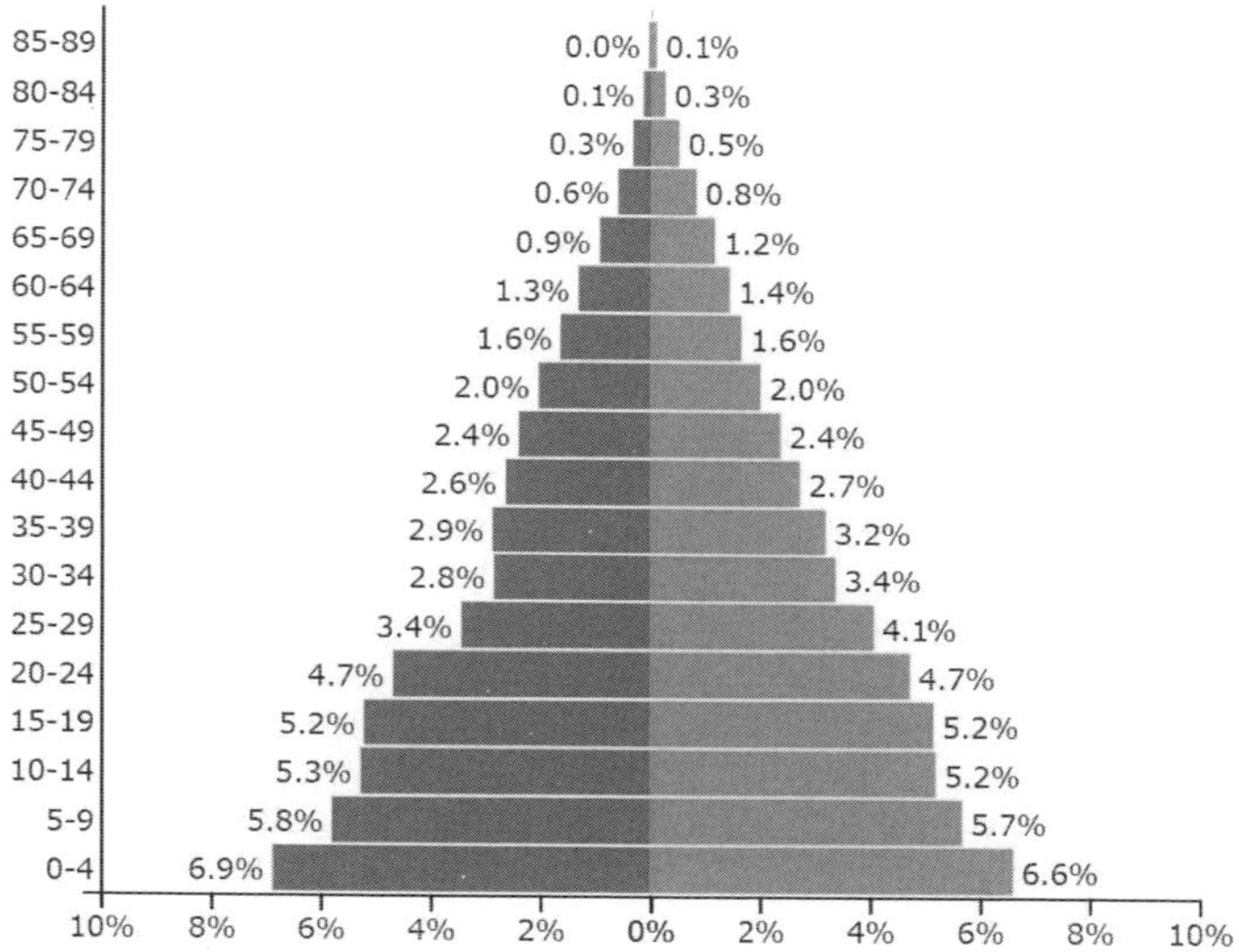

図1　可視化された不在（1950年の日本の「人口ピラミッド」）

す。

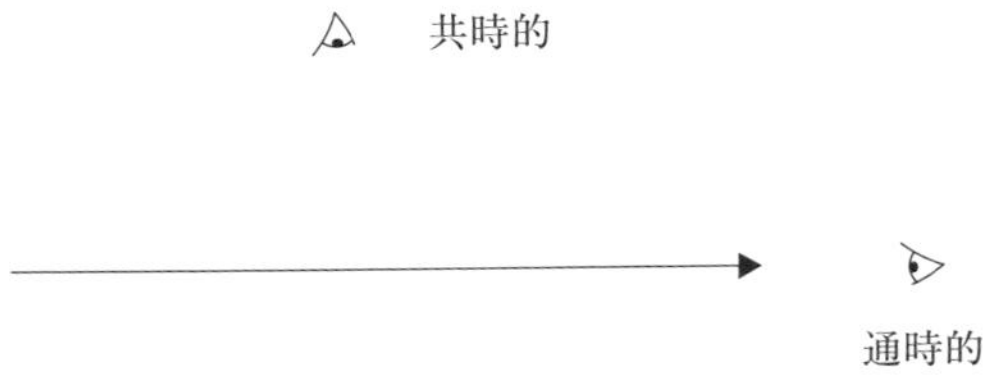

図2　通時的視点と共時的視点

視点と史観の問題――「通時的視点」と「共時的視点」

この「不在史料」は、前回述べた史料情報の整理に当てはめると、しかしそんなに変わった話ではなくて、「物」とそれに伴う「物情報」の部分は存在しませんが、それに伴っていた「伝来情報」、すなわち木の場合なら、いつ誰が植えた、それをいつどのような事情で伐った、といった情報は、物としては不在になっても残っている訳ですし、あるいはそれが伝えていた、神木とか屋敷のシンボルといった「機能」についての情報はやはり残っていることになりますから、同じ整理の中で扱うことができると思います。

ですから、不在になったものを敢えて史料として見ようとするのは、むしろ「視点」や「史観」の問題だといえるでしょう。ここで、「視点」の問題を一つ紹介しておきたいのですが、歴史の見方には、「通時的視点」と「共時的視点」がある、といわれます。（私がこれを学んだのは、宗教民俗学を専門とした高取正男氏〈一九二六～八一〉からです。一九七七年だったと思いますが、大学の教養部に非常勤講師として講義に来られ、その授業の中で教わりました。当時既にご体調が悪く、たしか学期の途中で終わってしまったのですが、この話をされた時のことは今も脳裏にあります。当時のノートが見つからず、著作集にもこの話は出ていないので、私の記憶が記録媒体であり、史料となっていることになります。）

「通時的視点」というのは、図2のように、現在から過去の歴史を通して見る見方で、古代・中世・近世・近現代、といった大きな歴史の流れを見ようとするものです。これに対して「共時的視点」というのは、当時の人々と同じ視点に立ってその時代のことを考えようとするものです。

「通時的視点」の見方だと、古代が中世に、中世が近世に……と時代が移っていくのは必然であるかのように見えますが、そうでしょうか？　歴史のある時点において考えると、そこには色々な可能性や選択肢があったはずです。その中の一つが結果的に残って次の時点へと移っていくのですが、その時代に生きた人たちは、それを進めるために生きていた訳ではないはずです。後の時代から前の時代を見ると、あたかも前の時代は後の時代を用意したかのように見えるのですが、それは、結果的に作られた「幹」のような部分だけを見ているからで、もっと多様な可能性や「枝葉」の部分がそれぞれの時代には存在したのだから、むしろそちらを見ていこう、というのが「共時的視点」だということもできそうです。そう考えると、後に残らなかったもの、「不在」になってしまったものの意味も分かってくるのではないでしょうか。共時的視点においては、それは「不在」ではなく、実在し、さまざまな可能性を持っていたからです。

これは、「史観」の問題にも関わります。通時的視点というのは、つまり歴史は一つの流れとして動いている、という見方ですから、それを発展段階として捉えて、歴史はある方向性をもって、ある目標に向かって進んでいる、という見方にもなります。マルクスの唱えた「唯物史観」なら、資本主義社会を経て共産主義社会に至る、ということになりますし、あるいは、戦前・戦中の日本を風靡した「皇国史観」だと、神の子孫である天皇の国日本がアジアを支配する、という未来像になります。そして過去、すなわち歴史は、この未来の目標に至る過程として把握されますから、未来の到達点と現在を結んだ線の延長上にある過去を歴史として認識する訳です。当然、そこで用いられる史料も、そのような見方によって「歴史」を明らかにするためのものが選択されます。

私たちが、どういう歴史を研究するか、どういう史料を選ぶか、史料からどういう情報を引き出すか、という際には、意識するとしないとにかかわらず、必ず何らかの史観によってその選択を行っています。中立的、客観的な史観というものは存在せず、何らかの価値観に基づいていることは自覚しておいた方が良いです(2)。

この史観の問題は、深入りするとそれだけで大変なことになりますし、歴史を叙述する際や、あるいは歴史博物館の展示を作る時にも問題になることなので、そうしたことを扱う第三部でまた考えることにしましょう。

史料をめぐる考え方の問題はとりあえずここまでにして、次からの第二部では、具体的な史料をどう扱ったらどんな情報が引き出せるのか、それをいくつかの分野から考えてみたいと思います。

注

(1) 瀬田勝哉氏の洛中洛外図屏風についてのお仕事は、『洛中洛外の群像―失われた中世京都へ―』(平凡社、一九九四年、増補版〈平凡社ライブラリー〉二〇〇九年)にまとめられています。

(2) 高校までに使った教科書の叙述も、当然特定の史観によっています。教科書会社によっても違うでしょうが、教科書の内容の元になっている「学習指導要領」は、実は私も「高校日本史B」で関わったことがあるのですが、あれは文科省が決めているので、いわば「文科省史観」です。だから、文科省の存在、つまり強力な中央政府の存在を否定するような史観に立つことはありえず、そういう政府が存在するのが良い、という見方に立つことになります。そういう史観に賛同する訳ではないので、指導要領の作成に関わったことに多少忸怩《じくじ》たるものはあるのですが、それでも他の方々と話し合って、教科書は史料集で良いのではないか?と議論したりして、極力「史料から考える」ことを盛り込むようにしたつもりです。それを積極的に受け止めていただけたなら幸いです。

第二部
さまざまな史料を研究する方法と視点

第四講

絵画史料①
洛中洛外図屏風における「6W1H」

史料としての絵画

前回までは、序論として「史料とは何か」という問題自体を扱ってきましたが、今回からは、具体的な史料に基づいて、そこから情報をどのように引き出せるか、というさまざまな分析方法について考えたいと思います。

対象としては、まず絵画史料を取り上げます。歴史というのは既に失われた世界ですから、実際には頭の中で思い描く歴史像、イメージだということになりますが、絵画というのはそれ自体がイメージです。しかし、第一講の肖像画の例で見たように、そのイメージは歴史の実像そのものではなく、さまざまな要因からズレやバイアスが生じています。史料学的に重要な、そのことを考えやすい素材だと思います。

絵画は、何を描くかという画題によって色々な分野がありますが、歴史の素材として特に重要なのは、現実の人間の社会を描いた「風俗画」と呼ばれるジャンルでしょう。「浮世絵」などはまさにそういう画題が中心ですし、平安時代から鎌倉時代頃に多く描かれた絵巻物にも、例えば僧侶の伝記のような内容だと、背景となる社会の風俗が豊富に描かれています。そして室町時代以降に発達した屏風絵には、「風俗図屏風」と呼ばれる世の中の有様を描いた一群があります。

ここで特に取り上げたいのは、風俗図屏風の一つで、京都の名所や祭礼、町の有様などを描いた「洛中《らくちゅう》洛外《らくがい》図《ず》屏《びょう》風《ぶ》」です。絵画はいくらでも現実と違うことを描けてしまいますが、京都という現実の都市を題材としている以上、何かの現実を踏まえて描かれることになりますし、京都に存在した多種多様な建物や人物が描かれているのは大きな魅力です。時代的にも、室町時代後期、十六世紀から江戸時代にかけて長い間描かれ続けており、色々なバリエーションがあるので、それぞれの時代の様子や社会の変化を読み取ることができるとともに、同じ種類の史料での比較検討や、その変遷を追うことができます。その変化自体もまた、史料として重要な意味を持つことになります。

絵画史料における「6W1H」

では、一つの絵画、例えば洛中洛外図屏風を前にした時、どのようにして歴史的な情報を読み取っていったらよいでしょうか？

史料の見方として最初に触れた「6W1H」に当てはめて考えてみると、こんな風になると思います。

- どのように描かれているか（表現）　How
- 誰が描いたか（作者）　Who
- いつ描かれたか　When
- 何を（どこを）描いているか　What、Where①
- どこで描かれたか　Where②
- なぜ描かれたか　Why
- 誰が描かせたか（発注者）　Whom

（美術的な見方）←→（歴史的な見方）

絵画ですから、当然美術的な作品としての見方があります。史料として見る歴史学的な立場とも、もちろん重なる訳ですが、美術的な立場からだと、まず表現、すなわちどんな風に描かれているか（How）に関心を持ち、そんな風に描くのは誰か（Who）を考えるでしょう。いつ描かれたか（When）、というのも、美術史的には大事なところだと思います。

史料として見る立場だと、表現よりも、何が描かれているか（What）、あるいは景観の場合なら、それがどこか（Where）を考えます（「Where」には、実はもう一つ「どこで描かれたか」という問題もあるので、対象の方は「Where①」としました）。いつ描かれたか（When）も、もちろん歴史的に重要な問題です。ただ、歴史的な見方だと、写本であっても正確に写されていれば、内容的には同等なものとして扱えるのですが、美術的には、それは一義的には写本が作られた時点の絵画ということになるでしょう。最後の方の、「なぜ描かれたか（Why）」は、歴史的な考察の問題になりますし、どこで描かれたか（Where②）、発注者は誰か、つまり誰が描かせたか、あるいは誰のために描かせたか（Whom）という問題も、制作事情に関わる歴史の問題といえます。

美術的な見方と歴史的な見方は、お互いを排除するものではなく、どちらにより強い関心を持つかというグラデーションだと思いますが、どちらかというと、最初の方が美術的な見方、後の方、すなわち制作事情に関わることは歴史的な見方、といえるかと思います。

洛中洛外図屏風「歴博甲本」を読み解く

以下、具体的な例で読み解きを行ってみます。まず取り上げるのは、洛中洛外図屏風の中でも現存最古とされる「歴博甲本」と呼ばれるものです。（洛中洛外図屏風のように同じ名前の物がいくつもある場合は、通常その所蔵者による「〇〇本」という名前を付けて区別します。「歴博甲本」というのは、国立歴史民俗博物館〈略称「歴博」〉が持っている作品のうち、一番目

〈甲〉の作品、という意味です。後で出てきますが、同じ所蔵者の「歴博乙本」と区別するために付けられた名前です。洛中洛外図屏風の全体については、拙著『洛中洛外図屏風—つくられた〈京都〉を読み解く—』をご参照ください。主要現存作品の一覧も付いています。）

では、観察して何が描かれているかを見ていきましょう。全体は、図1のように、「右隻《せき》」・「左隻」と呼ばれる二つの屏風で一対の絵になります（どちらを右〈左〉と呼ぶかはちょっと議論があるのですが、ここでは東〈東南〉側を描いた方を右隻、西〈西北〉側を描いた方を左隻とします）。一つの屏風は六枚のパネル（扇《せん》、折り曲げるために分割された屏風のパネル）から成っており、これを「六曲一双屏風」と呼びます。

掲載図では小さくてわかりにくいですね。本当は実物か複製（国立歴史民俗博物館に常時展示）をご覧いただくと良いのですが、同館のホームページ（WEBギャラリー）にも高精細画像がアップされていますから、以下は、できればそれをご覧になりながら、実物を前にした気分になってお読みください。

何が描かれているか—地理的な情報

現実の都市を描いた都市図ですから、まず地理的な情報を理解する必要があります。何が見えるか、気付いたものを言葉にしてみます。そして、見えるものを地図、例えば図2のような地形図に落としてみます。

右隻の画像からは、何が読み取れるでしょうか？ 山や川は、目に付きやすいですね。画面の上から三分の一あたりを黒い部分（実際は藍色）が横切っていますが、これは鴨川《かもがわ》です。左上の山は比叡山《ひえいざん》。もう少し近づく（拡大すると、名前を書いた貼り札の付いた寺社などの名所が見えてきます。右上の方には、清水寺《きよみずでら》（「きよみつ」）や三《さん》十三間堂《じゅうさんげんどう》などがあります。右隻の左端の方にある建物群は内裏です。

左隻を見ると、左上は桂川《かつらがわ》。右上に見える雪をかぶった山々は、愛宕山《あたごやま》など京都の西北の山で、その手前には

祇園社
清水寺
東福寺
三十三間堂
鴨川
祇園会と下京の町
四条通
室町通

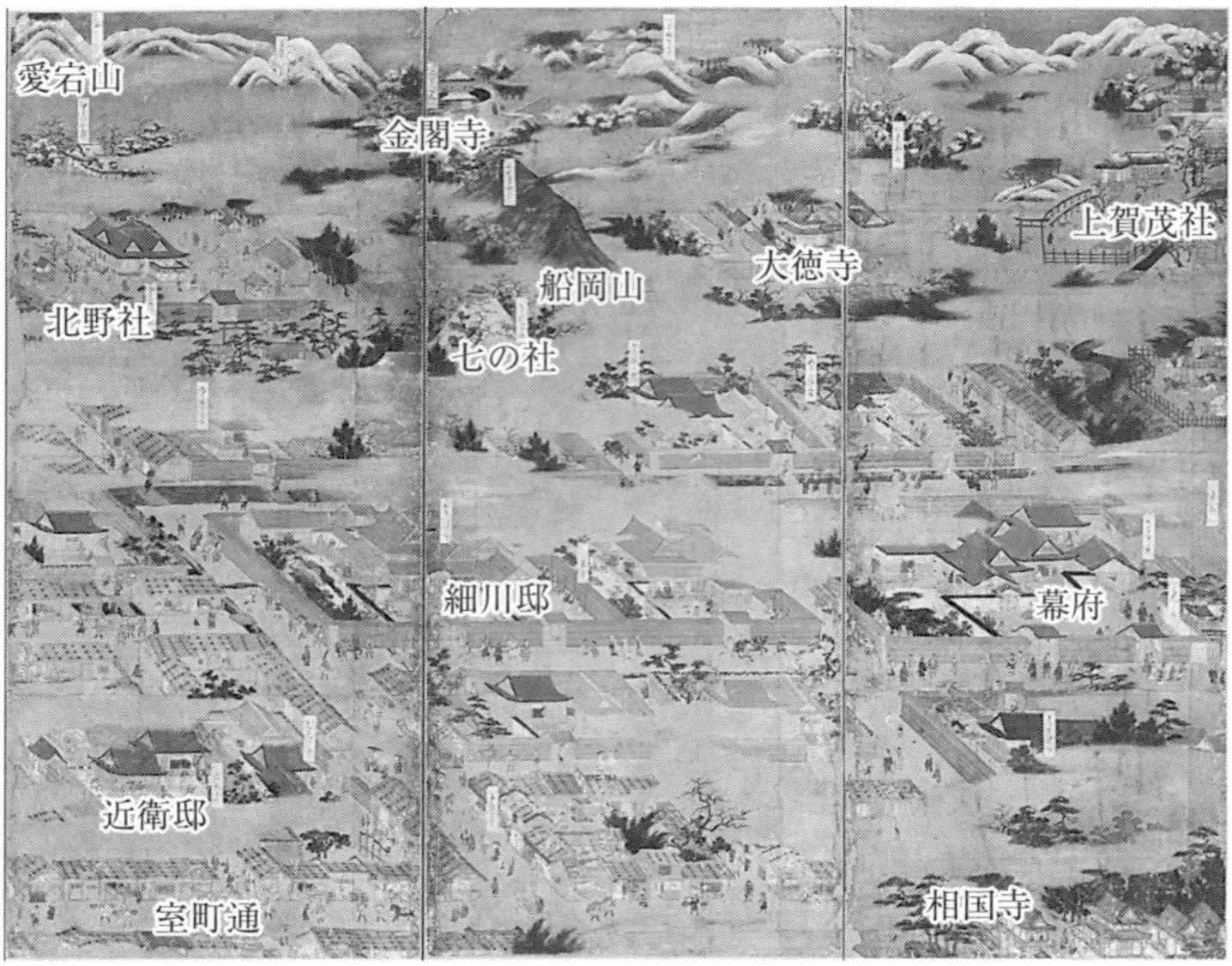

愛宕山
金閣寺
上賀茂社
大徳寺
船岡山
北野社
七の社
細川邸
幕府
近衛邸
相国寺
室町通

右隻（東隻）

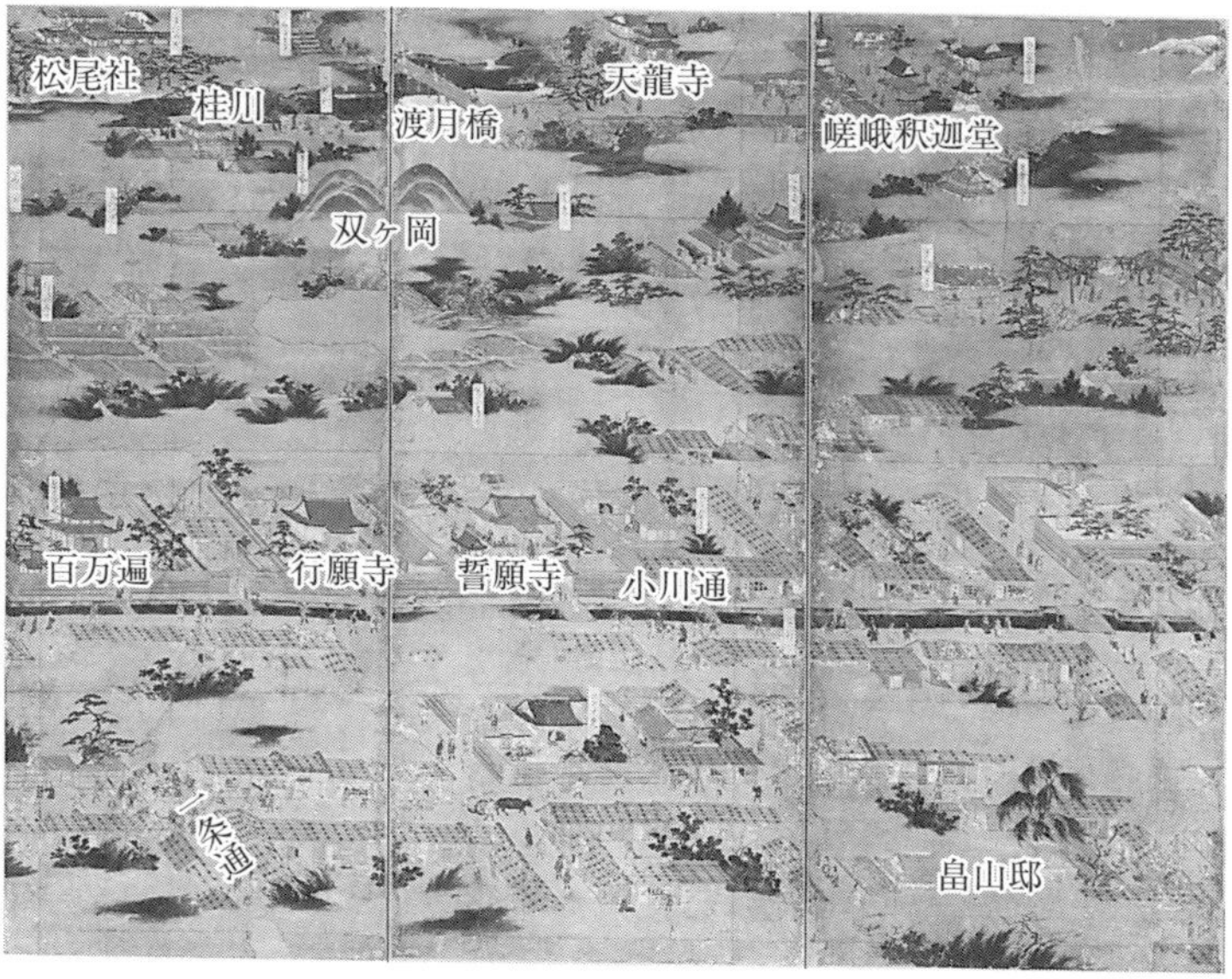

左隻（西隻）

図１　洛中洛外図屏風「歴博甲本」（1525年頃）

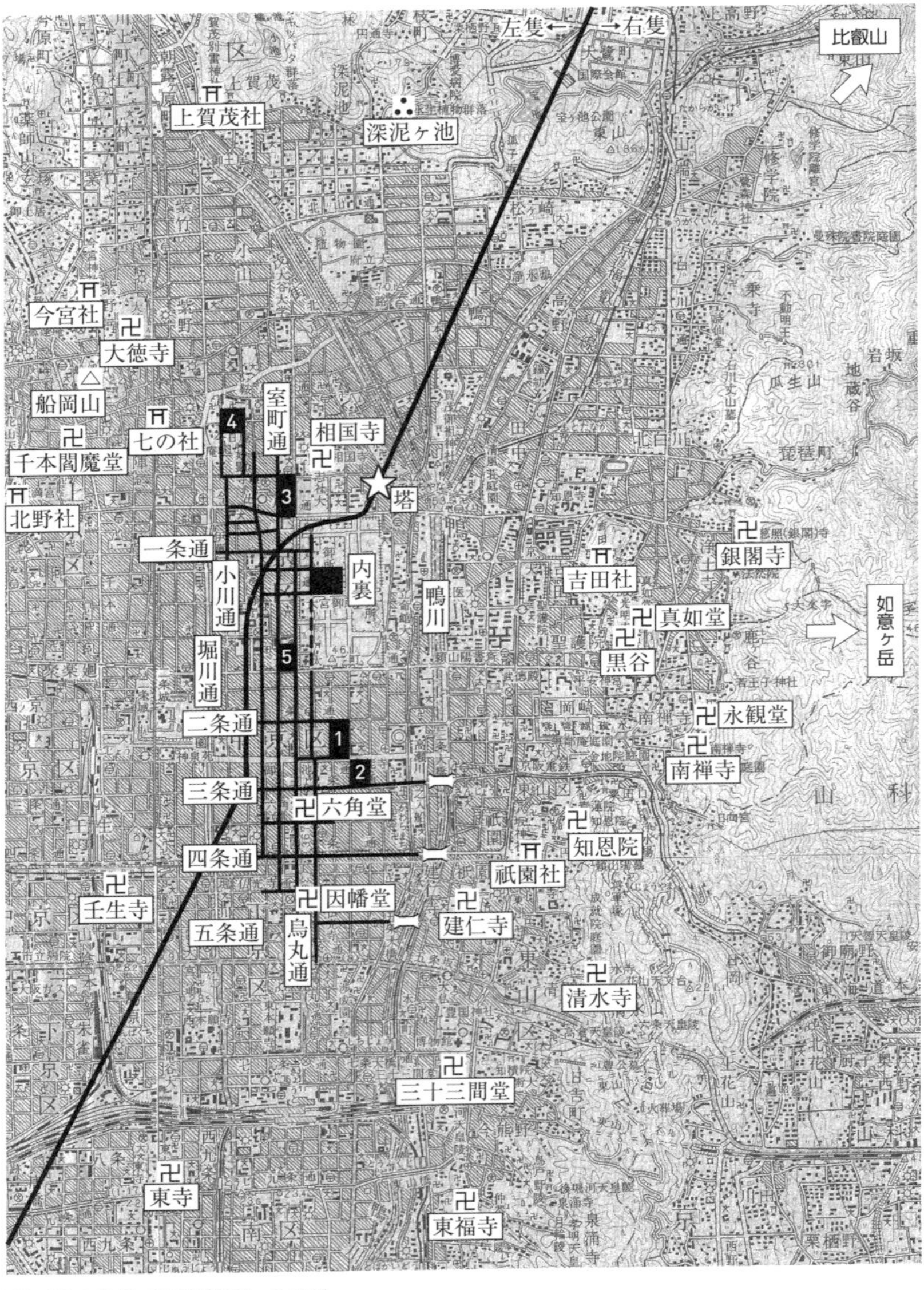

1～5は幕府（将軍御所）の位置

1等持寺（足利尊氏邸）　2三条坊門御所　3花の御所　4柳の御所　5二条御所

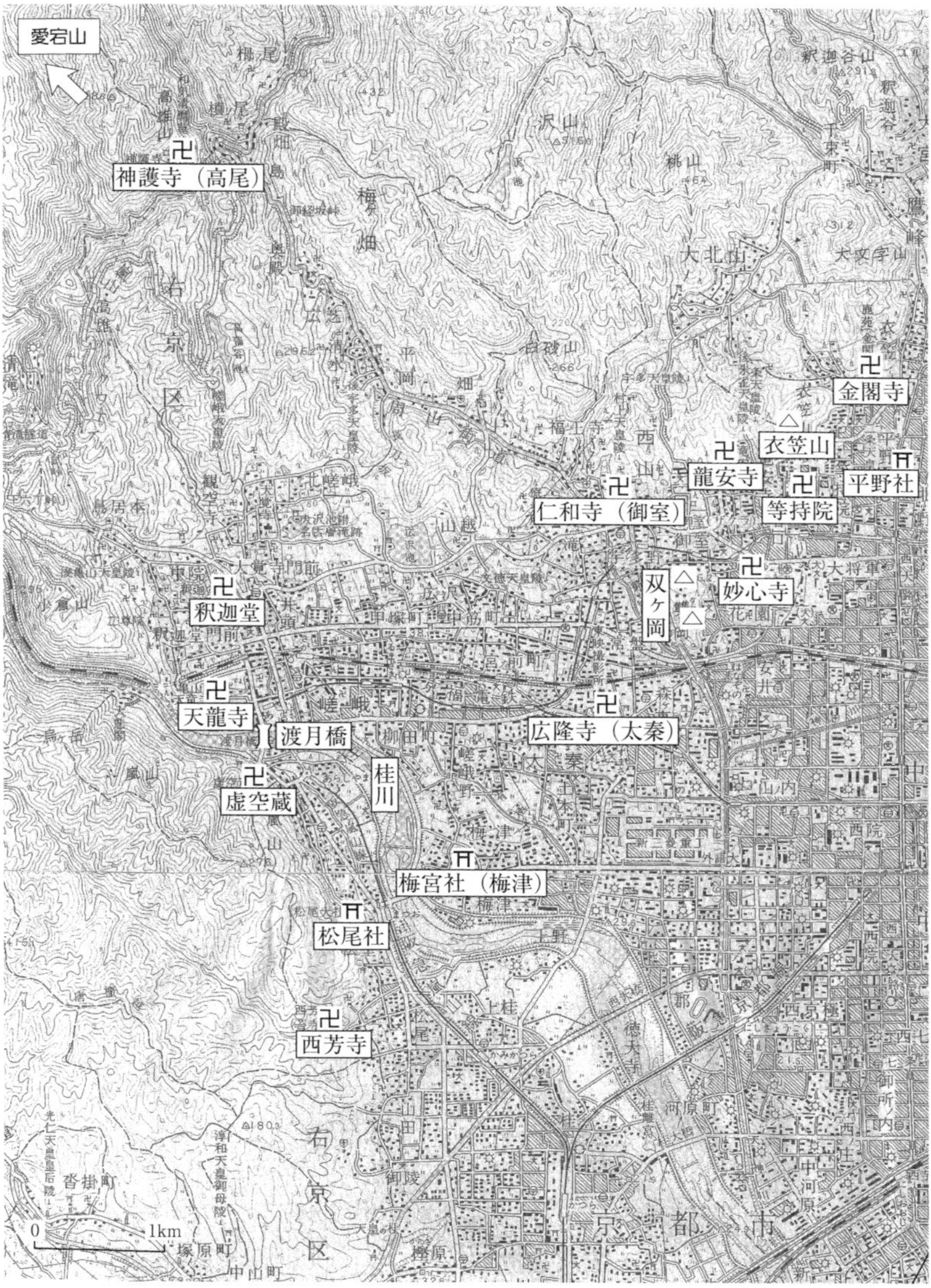

図２　洛中洛外図屛風のランドマークと右隻・左隻の範囲

金閣寺《きんかくじ》や北野社《きたのしゃ》があります。右端の大きな建物群は室町幕府です。絵は、見せたいもの、見たいものを目立つように描きますから、遠目から眺めて目に付くものを挙げてみるのは、絵画史料を理解する一つの有効な方法です。

その他、眺めて分かるものについては、国立歴史民俗博物館のサイト（WEBギャラリー）には説明入りの画像もありますので参照してください。

このように、ランドマーク的な物を地図に落としていくと、右隻と左隻の範囲が分かってきます。図2は、それをドットしたものです（「歴博甲本」だけでなく、後述の「上杉本」の要素も入っています）。右隻と左隻の範囲を考えると、内裏が右隻の左端に、相国寺《しょうこくじ》が左隻の右端に描かれているので、境界線は、地図の上では近い位置同士にある、その両者の間を通ることになります。

つまり、右隻と左隻には、それぞれ京都の東側と西側が割り当てられており、二つの屏風を向き合わせにすると方位が一致します。また、春夏秋冬の四季を、東北（春）、東南（夏、祇園祭《ぎおんまつり》など）、西南（秋）、西北（冬、山が雪景色）、と地理に合わせて描き、十二ヶ月を十二の扇に割り当てています。

寺社については、右隻には京都盆地の東南、左隻には西北の山麓の寺社群が描かれていますが、これらは洛外の名所でもあり、霊場的な寺社、すなわち「場所に意味がある寺社」が集中している、ということでもあります。平安京以前からの集落や農耕神（祇園社と北野社）の存在がこうしたエリアの起源になっていると思われますが、これらの寺社は、時代による位置の変更は基本的にありません。一方、洛中の法華《ほっけ》寺院のように、町人が自らの信仰のために作った「人に付く寺院」は、「天文法華の乱」（天文五年、一五三六）や豊臣秀吉《とよとみひでよし》の京都改造などで位置が変わりながら存続します。屏風の中の洛中の寺院の位置を確認していくと、「歴博甲本」は、多くの法華寺院が破壊された天文法華の乱以前の景観を描いていることが分かり、その唯一の絵画でもあります。

「歴博甲本」は、市街地の範囲では、右隻が内裏から三十三間堂などまでのかなり広範囲を描くのに対して、左隻は、幕府（「花の御所」ではない「柳の御所」）や細川邸《ほそかわてい》に近い「小川通《こかわどおり》」（現在は小川《おがわ》通）を中心に描いている、といった特徴があることも、このように描かれた要素を地図に落としてみると分かります。

「どこから見て描いたのか」と聞かれることも多いのですが、石田尚豊氏（一九二二〜二〇一六）が、左隻については、相国寺《しょうこくじ》の東にあった七重塔からの景観ではないか、という説を出しており、私も支持しています。右隻・左隻の境界線の上にこの塔が位置するのもそのためです。塔自体は文明二年（一四七〇）に焼失していますが、基壇が残ったことから付いたと思われる「塔ノ段町」という地名が現在もあります（地名に土地の記憶が残ることは多く、それについてはまた改めて扱いたいと思います）。

洛中洛外図屏風と地形図という二つの史料を突き合わせると、双方を相対化することができます。今は両者に一致する情報を探しましたが、時代が違うので、当然、「屏風にはあるが地形図にはない」ものがあり、また逆に「地形図にはあるが屏風にはない」ものもあります。次にそれを探し、さらに他の洛中洛外図屏風（上杉本）とも比較し、相対化することで、「歴博甲本」という洛中洛外図屏風が、なぜ、誰によって描かれたのか、という問題を考えてみたいと思います。

「レイヤー（層）」としての歴史、洛中洛外図屏風における「When」の問題

「屏風には描かれているが、現代の地形図にはないもの」としては、例えば、鴨川の川幅は今よりずっと広く、五条通（現在の松原通）には、川の中に「中島」と「法城寺」があって、五条橋は二つに分かれていました（図3）（これについては、瀬田勝哉氏の「失われた五条橋中島」という論考があり、『雍州府志《ようしゅうふし》』という江戸時代初期の地誌に記述された伝承などから、陰陽師《おんみょうじ》〈声聞師《しょうもじ》〉や河原者《かわらもの》の拠点ともなっていたこの場所について考証されています〈『洛中洛外の群像』所収、平凡社、初版一九九四年、増補版二〇〇九年〉。五条中島は、秀吉の京都改造によって失われて、今日では全く面影がありません）。

図３　五条中島（洛中洛外図屏風「歴博甲本」、右隻第一・二扇）

また、「歴博甲本」に描かれた幕府も現在はなく、跡地には茶道の表千家・裏千家や日蓮宗の寺院など、後から移転してきたものが存在します。これらがここにあるのは、千利休《せんのりきゅう》事件や天文法華の乱などでいったん外に出た後、京都に戻ることが許された時に、室町幕府の滅亡で空き地になっていた場所に入った、という歴史的な経緯があるからです。

では、「地形図にはあるが屏風にはないもの」には、どんなものがあるでしょうか？

修学旅行でよく行く所としては、例えば二条城《にじょうじょう》がありますが、これは徳川家康《とくがわいえやす》が自らの城として作ったものなので、それ以前の室町時代の屏風には描かれていない訳です。江戸時代以降、そして当然京都駅などの近代以降に作られたものも、屏風の中には見当たりません。

このように、景観はさまざまな時代の積み重ねでできており、それぞれを「レイヤー（層）」として考えると理解しやすいです。ある時代のレイヤーにはあるものが、別の時代のレイヤーには、あることも、ないこともあります。

景観年代の上限と下限

何が描かれているか／いないか、を見ることで、景観年代の「上限」と「下限」を考えることができます。「歴博甲本」の幕府については、大永五年（一五二五）に完成した「柳の御所」と呼ばれる幕府が描かれていて、それ以後に描かれたと推定できますから、これを年代を遡ることができる「上限」として設定できます。一方、天文五年（一五三六）の天文法華の乱の際に破壊され、京都から移転した寺院は、この屏風では元々あった場所に描かれているので、この事件以前の景観であることが分かりますから、これを最も下った場合の年代、すなわち「下限」と理解できる、ということです。

描かれた景観としては、「歴博甲本」の年代は一五二五年～三六年の間と推定され、その頃の「レイヤー」である、ということになります。これがこの屏風の一つの「When」ですが、しかし、「景観年代」というのは、あくまでも絵に描かれたものの年代です。絵は、かつて存在したものを後から描くこともできますから、実際に絵が作られた「制作年代」とは必ずしも一致しません。歴史画のように、ずっと古い時代を描くことも簡単にできる訳です。

洛中洛外図屏風のような現実の都市を描いた絵も、決して「写生」ではなく、特に寺社のような名所は「粉本《ふんぽん》」と呼ばれるお手本を元に描かれることが多いので、描かれた時点よりも古い時代の景観になることは多分にありえます。むしろ基本はお手本による絵で、それをどう「アップデート」しているか、と考えた方がよいかもしれません。

制作の目的と制作年代

では、絵のもう一つの「When」である制作年代を考えるには、どうしたらよいでしょうか？　美術的な観点からは、作者（Who）を特定し、この作者はいつ頃このような絵を描いたか（How）、という観点から詰めていくこともできますが、歴史的な観点としては、この絵はなぜ、何のために描かれたのか、という制作事情、つまり「Why」

図4　「歴博甲本」の中心主題（左隻第一～三扇に描かれた幕府と細川邸）

を考えることが大事だと思います。

一つの手がかりになるのは幕府の位置で、室町時代の幕府すなわち将軍邸は、有名な「花の御所」以外にも複数あり、将軍の代替わりに伴って移動することも多いです（40頁の地図を参照）。「歴博甲本」に描かれた幕府は、先に触れたように、大永五年（一五二五）に完成した「柳の御所」と呼ばれるもので、一年余りの期間しか存続していません。こういう幕府をわざわざ描くことには当然意味がある訳で、私は、この時に実権を握っていた細川高国《ほそかわたかくに》が、自分が擁立した第十二代将軍足利義晴《あしかがよしはる》のために、この御所を細川邸の隣接地に建て、その新たな御所と、細川家の家督を譲った息子稙国《たねくに》の政権を予祝したもの、と考えています。細川邸とその家老格の分家典厩《てんきゅう》、そして幕府（「公方様《くぼうさま》」）が並び立つ景観が、「歴博甲本」の中心主題なのだと思います（図4）。ここに描かれた人物についても、当時の人物に比定するとうまくいくので、私の解釈では、制作年代はこの一五二五年という年にほぼ絞られます（詳しい考証などは、拙著『洛中洛外図屏風―つくられた〈京都〉を読み解く―』をご覧ください）。

絵の作者

この屏風を作ったのは誰か、別の言い方をすれば制作を受注した絵師ということですが、私見では細川高国と関係が深かった狩野元信《かのうもとのぶ》と考え

図5　「歴博甲本」に描かれた狩野辻子（白線部分）と狩野元信の屋敷（左隻第五扇）

られ、狩野邸に比定できる屋敷に元信の姿も描かれていると解釈しています（図5、誓願寺《せいがんじ》〈現在は「元誓願寺町」〉の前から手前にのびる通りの左側の屋敷に、扇に絵付けをする人物がいます）。現地に行くと、「狩野元信邸跡　狩野辻子《かののずし》」（辻子は町中の小路）という碑が立っていて、地名としても記憶されていることが分かります。「Where」の問いのうち、「どこで描かれたか」にも答えを出すことができます。京都にいる人間（細川高国）が発注し、京都（狩野元信工房）で制作された、という関係は、後で述べるように、洛中洛外図屏風は基本的には地方に需要があったことを考えると、その内容や性格を考える上で重要な情報になります。

絵画の制作事情―描かれた目的（Why）と発注者（Whom）

このように、制作事情（Why）を考えていくと、絵画史料は往々にして強い政治性を帯びていることに気付かされますが、それは洛中洛外図屏風が何度も描かれた理由の一つでもあります。京都を手中にした権力者が、自らが統治する京都の絵を描かせたがった、というのは理解しやすいことですが、当然、そこには発注者の希望によるバイアスがかかるはずで、絵を解釈する場合には、描いた絵師（Who）だけでなく、描かせた発注者、「誰のために描かれたのか」という「Whom」の問題がきわめて重要であることが分かります。

次回は、他の洛中洛外図屏風を見ながら、この点を考えてみたいと思います。

第五講

絵画史料②

洛中洛外図屏風における「Why」と「Whom」

——初期洛中洛外図屏風の制作事情と系譜

絵画の制作事情—描かれた目的（Why）と発注者（Whom）（続）

前回まで、洛中洛外図屏風《らくちゅうらくがいずびょうぶ》「歴博甲本」を見てきましたが、「洛中洛外図」というのは一つの画題ですから、他にもさまざまな作品があり、それぞれについての制作の背景と、全体を通しての時代による変化を考える必要があります。そのことによって、個々の史料が相対化され、その意味づけができるようになります。

洛中洛外図屏風は、全体としては一〇〇点以上が確認されていますが、描かれた内容で大別すると、

① 室町幕府が描かれているもの（「初期洛中洛外図屏風」、「第一定型」）

② 二条城《にじょうじょう》が描かれているもの（江戸時代の洛中洛外図屏風、多くは「第二定型」）

の二つに分けられます。

歴博甲本の第１扇（柳の御所）を抹消

図1　洛中洛外図屏風「東博模本」左隻　「歴博甲本」を加工して作られている。

「初期洛中洛外図屏風」は、現存するものとしては、「歴博甲本」以下、模本も含めて四つです。基本的な構図が同じなので、「第一定型」ともいわれます。

今回はこの「初期洛中洛外図屏風」の残りの作品を取り上げて、それぞれの屏風はなぜ描かれたのか（Why）を「誰のために（Whom）」という観点から考え、また四つの屏風の相互の関係についても考察してみます。

「東博模本」

年代が「歴博甲本」の次に古い「東博模本」は、原本は伝来せず、江戸時代の写しのみが残っている屏風で、原本はおよそ天文十四年（一五四五）前後の制作と考えられます。制作の政治的な背景としては、「歴博甲本」の発注者と推定される細川高国《ほそかわたかくに》（一四八四～一五三一）の政権が崩壊した後、細川氏の中でのライバルである阿波細川家の細川晴元《はるもと》（一五一四～六三）へ「政権交代」が起こったことを挙げられます。

「歴博甲本」と比較すると、左隻《せき》の構図は踏襲していますが、右端にあった、細川高国の造った「柳の御所」の部分はカットされ、代わりに「歴博甲本」では左端にあった「百万遍」の左（南）にスペースを作って、阿波細川

図2　「東博模本」の後家尼と女性家族（右隻第六扇）

家のかつての屋敷である「讃州（阿波細川氏の通称）の館」（細川下屋形《しもやかた》）や、阿波の三好《みよし》氏もその一族である「小笠原殿」の屋敷などが描かれています。これらは、実際には当時は存在しないが、先祖の事績として、発注者が「見たい物」が描き込まれたと考えられます（図1）。幕府については、細川晴元が足利義晴のために、部分的にですが再興した「花の御所」を、おそらく最盛期の粉本《ふんぽん》を使って、右隻の方にはめ込んでいます。

個別の人物像では、夫の死後に尼となった「後家尼《ごけあま》」が、孫や女性家族とともに外出する様子が多く見られ（例えば図2）、この屏風の一つの個性となっています。

こうしたことから、制作の目的としては、阿波の国元にいる女性に、政権を握った阿波細川氏が、自分たちが統治する京都の様子を見せるために描かせた、という可能性を考えられそうです。

「上杉本」

先に肖像画を見た、第十三代将軍足利義輝《あしかがよしてる》（一五三六〜六五）の時期の屏風です。義輝が、頼みとしていた越後の上杉謙信《うえすぎけんしん》に贈るために作らせたが、義輝は永禄八年（一五六五）に家臣の三好三人衆・松永久秀《まつながひさひで》に殺されてしまい、その後で入京した織田信長《おだのぶなが》が謙信に贈った、と伝承や文献史料などから推定されています。そのまま上杉家に伝来し、現在は米沢市上杉博物館の所蔵となっています。

上杉本に描かれている幕府は「花の御所」で、「東博模本」と同じ粉本によるものと思われますが（図3）、義輝の時代には、実際には「花の御所」は存在せず、義輝は別の場所（二条御所）に住んでいます。室町幕府のあるべ

図3　洛中洛外図屏風「上杉本」の「花の御所」（左隻第四・五扇）

図4　「上杉本」の「花の御所」に描かれた足利義輝（左隻第四・五扇）

き姿として、「花の御所」を復興し、そこにいる自分の所へ、上杉謙信が細川氏に代わる管領になって訪ねてくる、という自らの理想を描き、謙信へのメッセージにしようとしたと考えられています。幕府の建物の中には、五人もの人物にかしずかれて広《ひろ》縁《えん》を歩く髭《ひげ》の人物（服の色は朱色）が描かれており、これが義輝ではないでしょうか（図4）。

「東博模本」も「上杉本」も、必ずしも現実の京都ではなく、それぞれの立場によって描き直したり描き加えたりしていることが分かります。「自分の見たい京都」を描かせることは容易に行える訳ですし、そのような政治的なバイアスが含まれていることや、それがどういうものかを読み取れれば、それ自体が史料となるといえます。

図5　華やかな傘をさす女性たち（洛中洛外図屛風「歴博乙本」、左隻第五扇）

「歴博乙本」

国立歴史民俗博物館が所蔵する二番目の洛中洛外図屛風「歴博乙本」にも室町幕府が描かれていますが、実際にはその滅亡後、すでに豊臣秀吉《とよとみひでよし》の政権になった時代（一五八〇年代頃）に作られたと推定されます。幕府や細川邸はランドマークとしては描かれていますが影が薄く、しかし風俗的な面では、近世的といえる新しい傾向を敏感に捉えています。例えば、傘は中世では僧侶などの身分表象であり、ほぼ黒一色でしたが、「歴博乙本」では女性が赤い色や模様の付いた傘をさしていることや、女性が被っている被衣《かずき》が藍染めであることなどです（図5）。政治的な事物に対して、祭礼の描写などは詳しいので、おそらく権力者が政治的な背景から作らせたのではなく、京都以外に居住する人物のために、京都の情景や「ファッション」などの様子を伝える需要から描かれたのではないかと思われます。

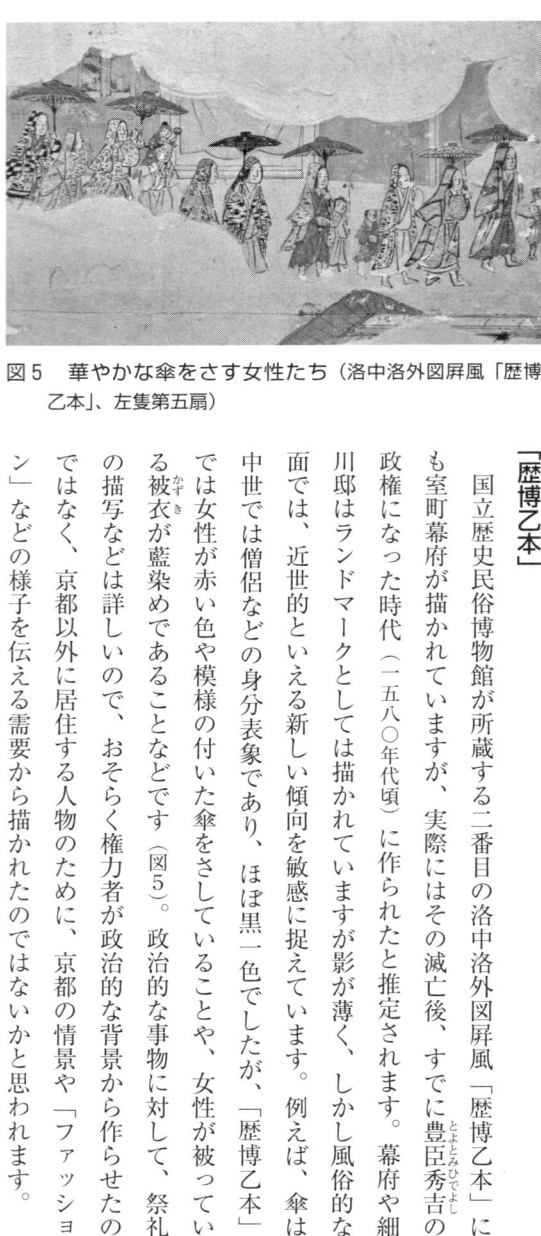

洛中洛外図屛風相互の関係を考える

以上、現存する「初期洛中洛外図屛風」の四本を簡単に紹介しましたが、では、これらの屛風は、どんな関係にあるのでしょうか？　いずれも、京都という現実の都市を描いていますし、構図も基本的には一緒なので、先行する屛風を何らかの形で参考にして作ったと考えられます。作者についても、四つの屛風はいずれも、京都にいた絵師の集団である狩野家《かのうけ》の工房が関わっていると考えられます。

この他、洛中洛外図屛風の歴史では、「歴博甲本」以前に、文亀三年（一五〇三）に越前の戦国大名朝倉氏《あさくらし》が、京都の宮廷絵師である土佐光信《とさみつのぶ》（?～一五二二頃）に発注したものが文献上知られていて、現存しませんが、これを仮に「朝倉本」とします。土佐光信と狩野元信《もとのぶ》（一四七六～一五五九）は姻戚関係にあり、「歴博甲本」制作の際に、元信が「朝倉本」の情報を参照した可能性は十分考えられます。

＊　　　＊　　　＊

以上の合計五つの屏風について、制作年代の先後関係で考えると、

（「朝倉本」）→「歴博甲本」→「東博模本」→「上杉本」→「歴博乙本」

となるのですが、しかし、制作に際して何を参照したか、という関係でいうと、必ずしもそうはならないのです。

一つの問題は、先行する「歴博甲本」「東博模本」よりも、後に作られた「上杉本」の方が描かれた範囲が広いことです。絵は、省略していくのは簡単ですが、範囲を増やすのは大変ですし、その必要性も考えにくい。そして、「上杉本」の制作目的としては、「花の御所」を中心にした京都の絵を描く、という発注者（足利義輝）の注文があったはずですが、先行する「歴博甲本」は細川高国の「柳の御所」を描いているために、「花の御所」は位置的に欄外となってしまうのです。

この注文に応えるには、細川邸を中心とした「歴博甲本」を参照するのでは具合が悪く、もっと古い、「花の御所」を中心にした絵があれば、それを参照するはずです。そこで、以下は仮説を作る作業になりますが、その絵は実際にあったのではないかと私は考えています。

「相国寺塔上からの絵」という仮説

先に述べたように、初期洛中洛外図屏風の左隻は、相国寺《しょうこくじ》にあった七重塔の上から見た光景が元になっている

図6　「歴博甲本」と「上杉本」の範囲の関係（洛中洛外図屏風「上杉本」左隻を加工）　相国寺七重塔からの絵が元と考えると、「上杉本」は特に理解しやすい。

という説があります。しかしこの塔は、文明二年（一四七〇）、すなわち洛中洛外図屏風が描き始められる以前に焼失しているので、そこからの景色であれば、直接のスケッチではなく、塔上からの景色を描いた何らかの絵を元にしたことになります。そういう絵があったかどうかですが、一つの可能性として、相国寺と「花の御所」を造営した足利義満《よしみつ》などが、塔の上から見るとちょうど足下に来るはずの「花の御所」を中心とする絵を描かせていて、その絵の情報が土佐家や狩野家にも伝えられていた、と考えてみたいと思います。（相国寺に住した瑞渓周鳳《ずいけいしゅうほう》〈一三九一～一四七三〉が「塔上眺望」と題する詩を詠んでおり、塔上に上れたことは確かです。妄想に近くなりますが、雪舟《せっしゅう》〈一四二〇～一五〇六〉も相国寺にいたことがあるので、塔上からの絵を描いたことも、可能性としては排除されません。）

そして、この仮定に基づいて、洛中洛外図屏風に描かれた景色の近景・中景・遠景について、相国寺の塔から見た場合の地図上の位置関係と比較すると（図6および第四講の図2参照）、「歴博甲本」でもおよそは合うのですが、「上杉本」はそれよりもずっと良く合致するのです。「上杉本」の方がオリジナルの「塔上からの絵」の構図に近く、「歴博甲本」は、「花の御所」ではなく「柳の御所」を描け、という発注者の要請に応えるために、それを改変した、と考えると辻《つじ》棲《つま》が合います。[1]「上杉本」の方が範囲が広い、という問題もこれで説明が付きます。

試しに「上杉本」左隻の左右と下辺をカットすると、実際に「歴博甲本」の範囲になります（図6）。「上杉本」の「花の御所」の上部が残ってしまうのですが、「歴博甲本」ではそこに意味のない藪を描いてごまかしていることも分かります（第四講の図1参照）。「歴博甲本」と「上杉本」を比較すると、「相国寺塔上からの絵」を理解することができ、またそれとの関係が分かる、といえるのではないでしょうか。

初期洛中洛外図屏風の系譜関係

以上のような情報から、洛中洛外図屏風の諸本を系譜関係としてまとめると、図7のようになります。

左隻（西隻）については、元になったのは、「相国寺塔上からの絵」だったと思われます。当然、それは足下に見える「花の御所」が大きく描かれていたはずです。そして、それを元に、細川高国の要請で、「花の御所」ではなく、細川邸とそれに並ぶ「柳の御所」を中心とした構図に改めたのが「歴博甲本」です。そして、同じ細川氏である細川晴元からの要請で、左隻は細川邸中心の構図を残しながら、幕府は「花の御所」とし、無理やり右隻に移したのが「東博模本」。

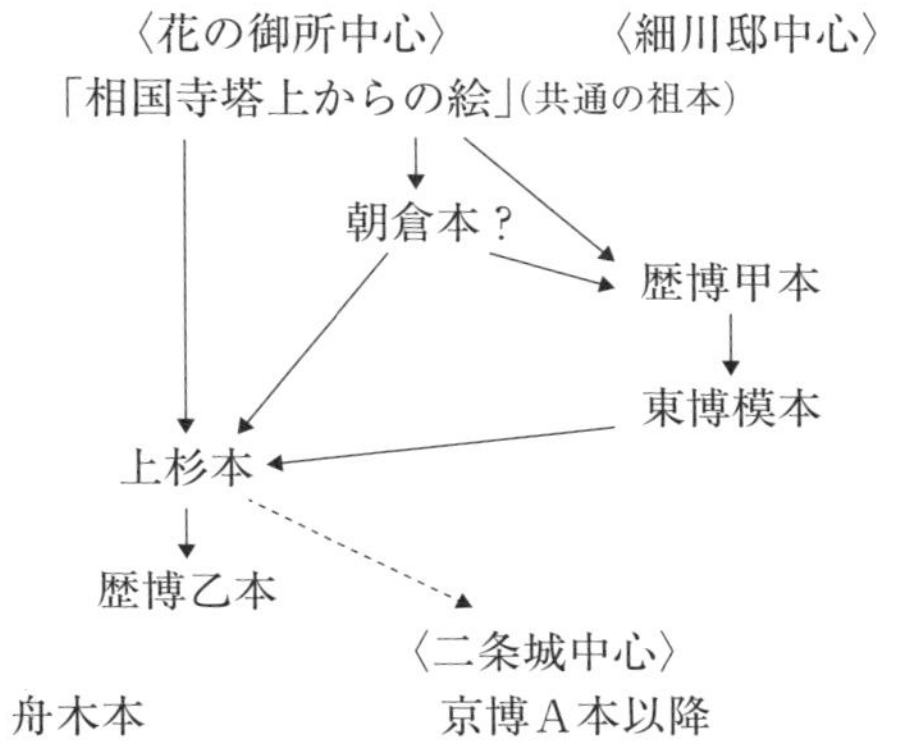

図7　洛中洛外図屏風左隻（西隻）の系譜関係

これに対し、「花の御所」を中心に、という将軍足利義輝の要請に応えて、先行する「歴博甲本」「東博模本」の構図ではなく、元の「塔上からの絵」の構図を利用したのが「上杉本」であり、さらにそれを踏襲したのが「歴博乙本」である、と整理することができます。

制作年代が「歴博甲本」や「東博模本」よりも下がる「上杉本」の方が

構図としては古い、という事情は、このように「相国寺塔上からの絵」が共通の祖本としてあったと考えるとうまく説明できます(2)。

「写本」としての史料

ここまで述べてきたように、洛中洛外図屛風という一つの史料のジャンルには、個別の史料同士の間に、先行するものを引き継ぎ、また変更していった系譜関係が認められます。洛中洛外図屛風の話に限らず、おそらく、およそ人間の作るもの、あるいは行うことはこれと同じ、つまり、先にあるものや行われたことを元に、それを踏襲しながら変えていく、前の代から受け継いだものを少し変えて、また次の世代に引き渡していく、ということではないでしょうか。それが人間の営みであり、つまり歴史ですから、史料にも、先行するものや、あるいは先行するものを参考に作られた同時代のものなどとの間に、何らかの系譜関係があるのは当然のことでしょう。

言い方を変えると、同じ主題がだんだんと形を変えていく「変奏曲」のようなものともいえると思いますし、前のものを踏襲する側面を強調すれば、一種の「写本」ともいえると思います。文献の写本も、写してはいても、たいていどこか変わってしまいますし、意図的に変更した「異本」も色々と生じたりします。

そのような関係について、次は近世の洛中洛外図屛風などを見ながら、もう少し考えてみたいと思います。

注

(1) 近景・中景・遠景を結んで塔からの景観であることを証明する手法を考案したのは、美術史家の石田尚豊氏(一九二二〜二〇一六)で、関連論稿は、同『空海の起結—現象学的史学—』(中央公論美術出版、二〇〇四年)、『洛中洛外図大観　町田家旧蔵本』(小学館、一九八七年)に収録されています。石田氏は、幕府を変更するために多くの描き換えを行った「歴博甲本」でこの検証をしたため、かなりのズレが生じていますが、幕府が「花の御所」のままの「上杉本」だと、ほぼぴったり収まります。拙稿としては、京都文化博物館特別展図録『京《みやこ》を描く―洛中洛外図屏風の時代―』（二〇一五年）で解説し、『洛中洛外図屏風―つくられた〈京都〉を読み解く―』（吉川弘文館、二〇一六年）でも触れています。

なお、「塔上からの絵」を想定するこの仮説は、必ずしも学界に広く認められている訳ではないのですが、洛中洛外図屏風の相互関係を最も良く説明できる考え方だと私は思っていますので、そこが大事と考えてご紹介した次第です（別稿を『総研大文化科学研究』第二一号に掲載予定）。この講義で取り上げている他の私の説についても同じことです。

(2) この系譜関係の説明は、例えば聖書についての研究で、新約聖書の四つの福音書（イエス・キリストの伝記）のうち、共通部分のある三つの相互関係について、「Q資料」（Qはドイツ語のQvelle＝源泉）という、ともに参照したと思われる失われた資料を想定する仮説がありますが、それと同じような話です。このような、伝存していない史料を想定する作業は、仮説として有効性がある反面、自説の論理上の都合から、実在しない架空の史料を作ってしまう危険性もあります。先述の「不在史料」についていえば、そのような仮説的な史料ではなく、確実に存在したが不在となったものだけに限りたいと思います。

補論

写真の精度と研究史――技術による史料の発見――

洛中洛外図屏風の研究史を見ると、全体の構成や、描かれた建物や街路の比定から都市の構造や年代を考えるといった形で、都市史や建築史の分野で早い時期から研究があります〈洛中洛外図屏風の研究文献〈特に上杉本〉については、黒田日出男『謎解き　洛中洛外図』〈岩波新書、一九九六年〉が詳しく、近年のものについては、藤原重雄氏が東京大学史料編纂所の自身のホームページで「『洛中洛外図屏風』文献目録」の更新を続けておられます〉。これは、古い時代には、史料の情報を得られる写真が、粗いものしか手に入りにくかったことが影響していると思います。解像度の低い写真だと細部の観察は困難ですが、街路や建築物なら、図録などに掲載されている写真や、また白黒の図版でも屏風相互の比較が可能になります。一方、描かれた人物や物、風俗などの問題になると、実物大に近い大縮尺の写真、できればカラーのものがないと十分な情報が得られないため、研究も進みにくいです。

洛中洛外図屏風のような大型で細密に描かれた絵画では、この制約が非常に大きかったのですが、大判の写真本が刊行され、またその後はデジタル技術が進歩して、CD—ROMで提供されたり、さらにネット上でも提供されたりするようになり、高精度のデジタル画像によって、近年では実物大以上の画像も使用することが可能になってきました。そのことによって、何が描かれているか〈What〉の研究が一気に進んできた訳で、歴史学分野からの研究が盛んになったのは、このような史料から得られる情報が大きく増加したことが背景にあります〈大判の写真本としては、石田尚豊氏らの監修による『洛中洛外図大観』〈小学館、一九八七年〉として、「歴博甲本〈町田家旧蔵本〉」「上杉本」「舟木本」という代表的な三つの洛中洛外図屏風が、すべての部分を細部まで読み取れる縮尺〈約七五〜八〇％〉で刊行されたのは、研究が進む上で画期的でした。デジタル画像としては、「歴博甲本」・「歴博乙本」は国立歴史民俗博物館のホームページ〈WEBギャラリー〉にあり、「東博模本」はColBaseにあり、「上杉本」はNHKの「すごい図鑑」というサイトで見られます）。

屛風の細部に注目して分かる例を一つ挙げると、図8は、「歴博甲本」の床屋の看板です。肉眼では気が付きにくいですが、看板に櫛と鋏と毛抜が描かれています。剃刀《かみそり》は中世までは仏具なので、まだ使用されていません。床屋の最古の図像と思われ、この時期に今日に続く町《ちょう》共同体ができて、町ごとに身分表象としての理髪を行う店が必要になった、という背景があります。

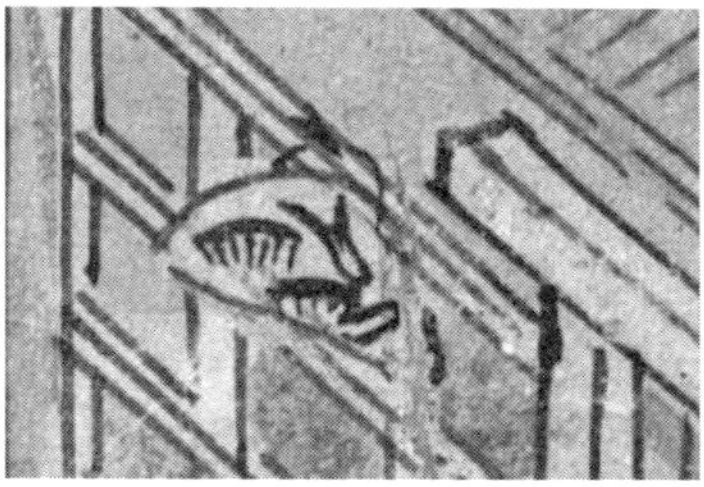
図8　床屋の看板（洛中洛外図屛風「歴博甲本」、右隻第一扇）

＊　＊　＊

このように、技術や手法の進歩によって史料についての情報が増加するのは、画像の解像度に限ったことではなく、例えば、X線、赤外線などによる観察や、元素の組成分析、炭素同位体法による年代測定といった、さまざまな科学的な分析方法の発達によって、史料の新たな側面が発見されることもそうです。「ただの木片」「ただの炭化物」のようなものが、科学分析の対象として重要な意味を持つようになったことは、新しい技術や方法によって史料が発見された、ということでもあるといえます。第一部でも申しましたが、だから、史料というのは何か決まったものがある訳ではなく、潜在的には人間が関わったものはすべて史料であり、それを史料としてどう発見していくか、そこに込められている「史料性」をどう開いていくか、という問題であることが分かります。

第六講

絵画史料③

洛中洛外図屏風における「Why」と「Whom」（続）

——近世の洛中洛外図屏風など

近世の洛中洛外図屏風—岩佐又兵衛「舟木本」とその影響

前回は、初期洛中洛外図屏風《らくちゅうらくがいずびょうぶ》（第一定型）の系譜について、それぞれの制作事情（Why）を発注者（Whom）の問題から考え、その上で、屏風間の相互関係を「共通の祖本」という仮説からまとめてみました。

引き続き、史料の制作事情の問題を、特に「誰のために作られたか」（Whom）という観点から、洛中洛外図屏風のその後の歴史をたどりながら考えてみたいと思います。洛中洛外図屏風という、史料の一つの「種」の歴史的な展開について、最後まで見ておくことも意味があるかと思います。

「舟木本」

江戸時代の洛中洛外図屏風の特徴としては、政治的な事物では、江戸幕府の成立に伴って、これまで通常は左隻《せき》（西隻）に描かれていた幕府や細川邸《ほそかわてい》を二条城《にじょうじょう》に置き換え、右隻（東隻）にはそのまま内裏などを描く「第二定型」が作られ、安定的な構図として受け継がれていったことを挙げられますが、これとは構図が異なり、風俗的な面を中心に描く「舟木本」も重要な存在です。これは戦後に見出された洛中洛外図屏風で、旧蔵者の名前から「舟木本」と通称され、現在は東京国立博物館が所蔵しています。十七世紀初頭、大坂夏の陣（一六一四〜一五）の時代の、豊臣《とよとみ》と徳川《とくがわ》の拮抗を背景とした屏風で、東寺《とうじ》の五重塔から見た景観を元にしていると思われ、右隻の右端には豊臣を象徴する大仏（方広寺《ほうこうじ》）、左隻の左端には徳川を象徴する二条城、そして中心部には秀吉の京都改造で作られた六条三筋町《みすじまち》遊廓、という特異な構図になっています（次頁図2）。

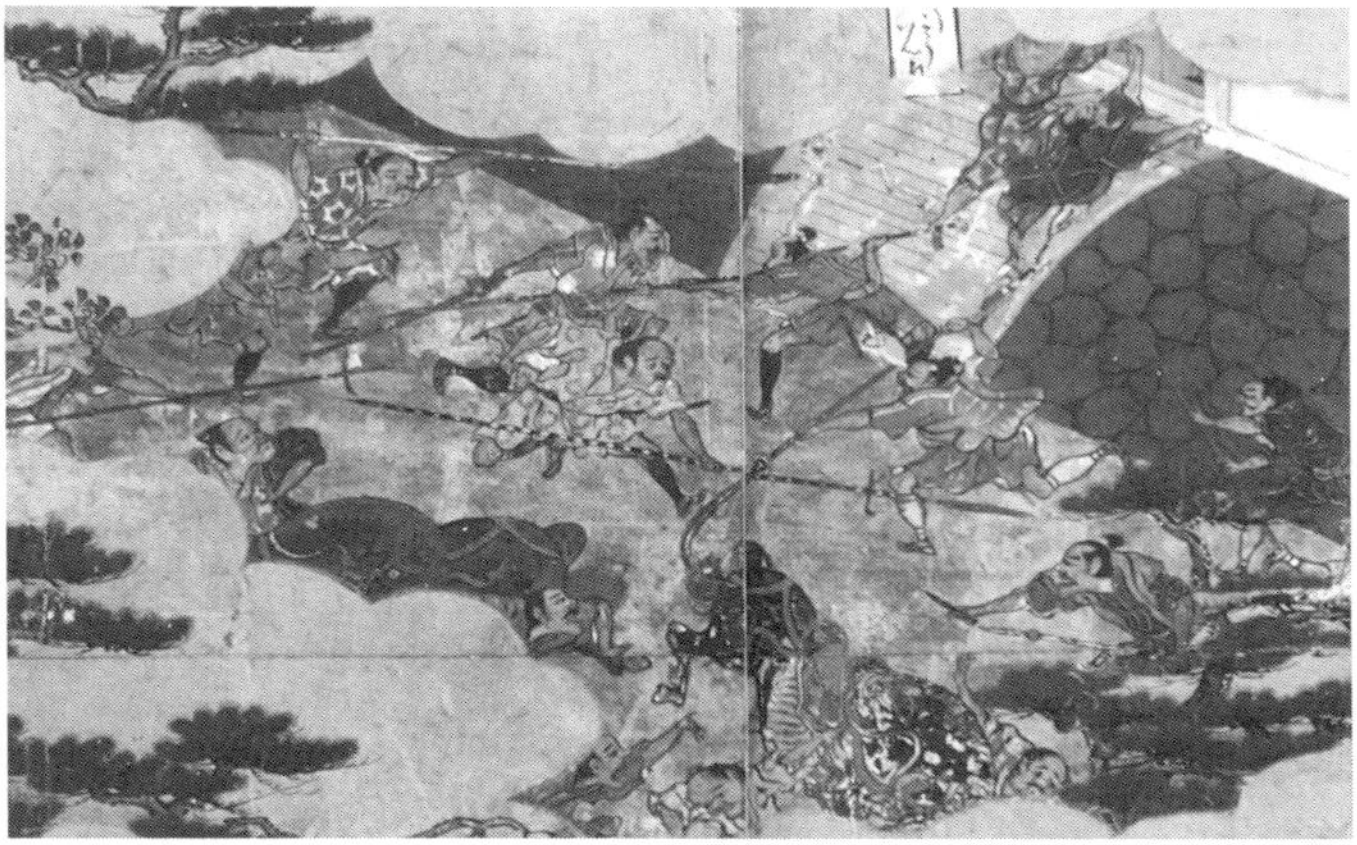

図１　「舟木本」に描かれた乱闘場面（右隻〈東隻〉第二扇）

一つの特徴は、初期洛中洛外図屏風には決して描かれなかった喧嘩、というより刀や槍を振るっての乱闘場面が、大仏の近くに描かれていることです（図1）。統治者の立場としては、治安を維持することが権力の正当性の証左となりますから、これは統治する側の見たい京都ではありません。しかし一方で、二条城は「御しろ（城）」として肯定的に描いているので、反秩序ではあるが、反体制ではない、といえます。こうしたことから、発注者は、作者の岩佐又兵衛《いわさまたべえ》（一五七八〜一六五〇）をこの後福井に招いた、家康《いえやす》の孫でありながら時の徳川幕府には反抗的だった松平忠直《まつだいらただなお》（一五九五〜一六五〇）ではないか、と私は考えています。

この絵や岩佐又兵衛の影響は非常に大きく、後述のように、同じような乱闘場面を描いた一群の屏風絵を見出すことができますが、いずれも、発注者は統治者ではないと考えられます。

なお、作者については、美術史家の辻惟雄氏が岩佐又兵衛と認め

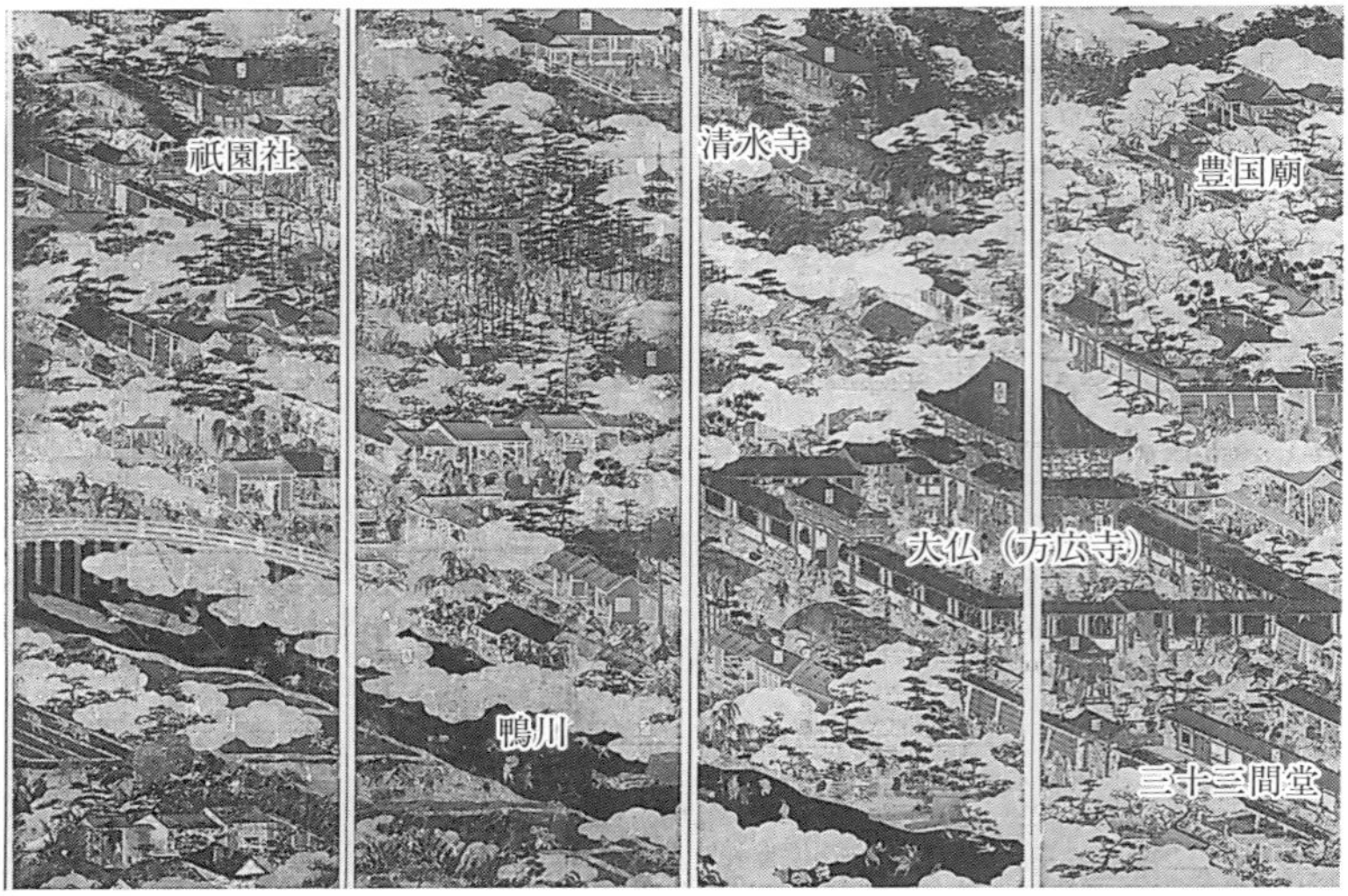

左隻（西隻）

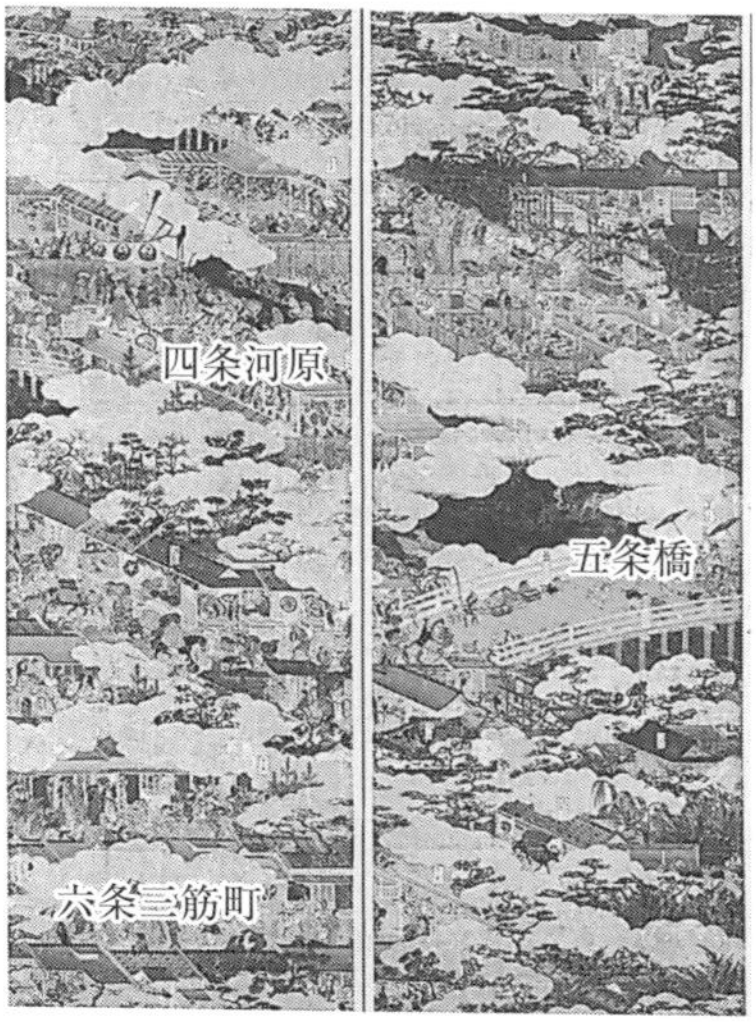

右隻（東隻）

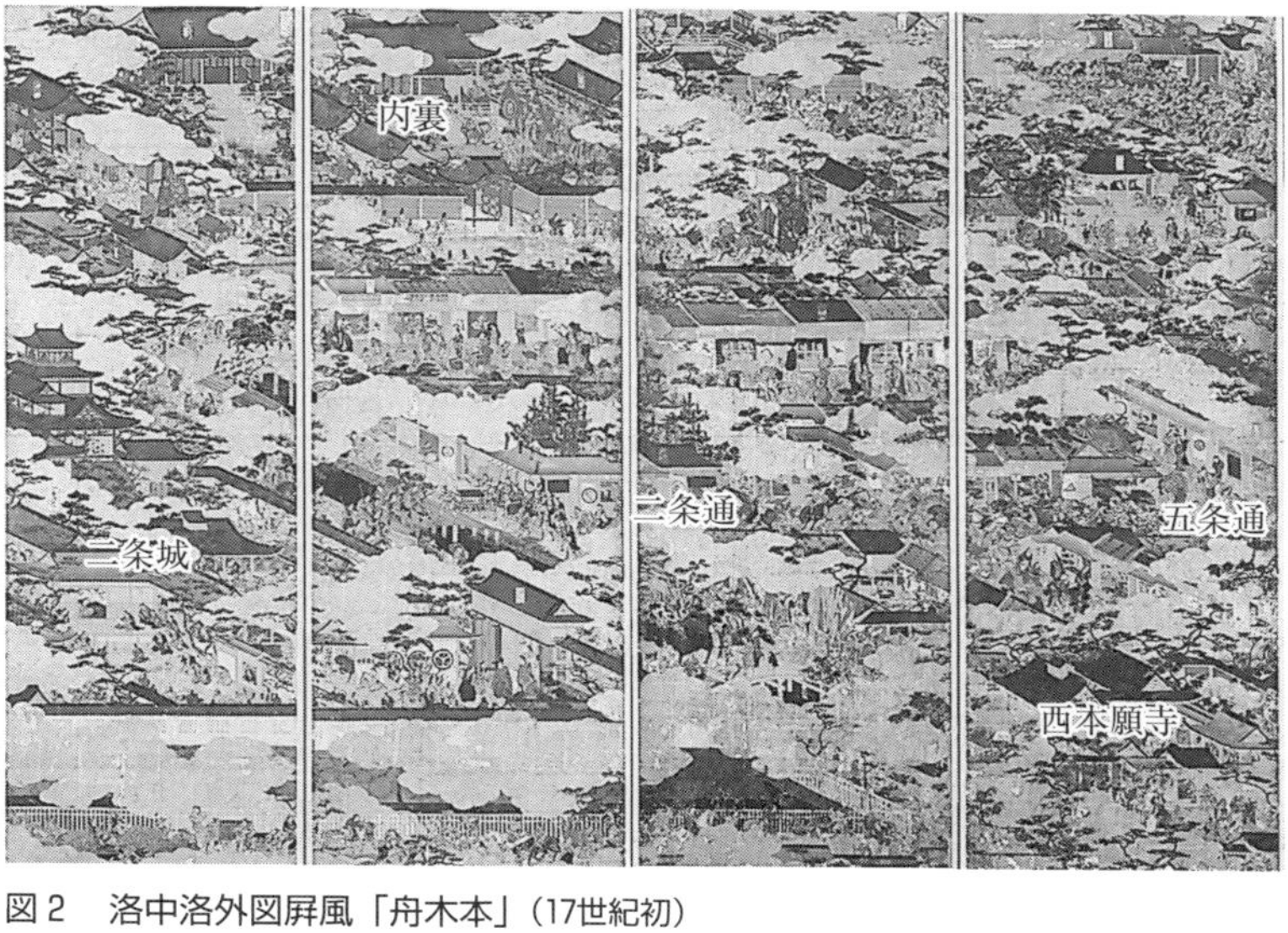

図２　洛中洛外図屏風「舟木本」（17世紀初）

たことで定説になりましたが、その判断を決定づけたのは、「筆致」や「描線」で一致を確認できた、というものでした（辻惟雄『岩佐又兵衛—浮世絵をつくった男の謎—』文春新書、二〇〇八年）。資料の理解は、このような「物」に対する訓練された見方で決まる面があります。どんな分野でもそうで、考古学の研究者が遺物を見る目などもすごいものがあり、よく感心します。

暴力的な風俗（バイオレンス）を好む時代相—「大坂夏の陣図屏風」

「舟木本」に乱闘場面が見られるのは、特殊なことではなく、時代的な特徴だと思われます。江戸時代初期、年号でいうと、慶長（一五九六〜一六一五）、元和（一六一五〜二四）から寛永（一六二四〜四四）頃までの風俗図屏風には、暴力的な場面を描いた物が多く見られます。[1] 洛中洛外図屏風以外のものも少し見てみましょう。

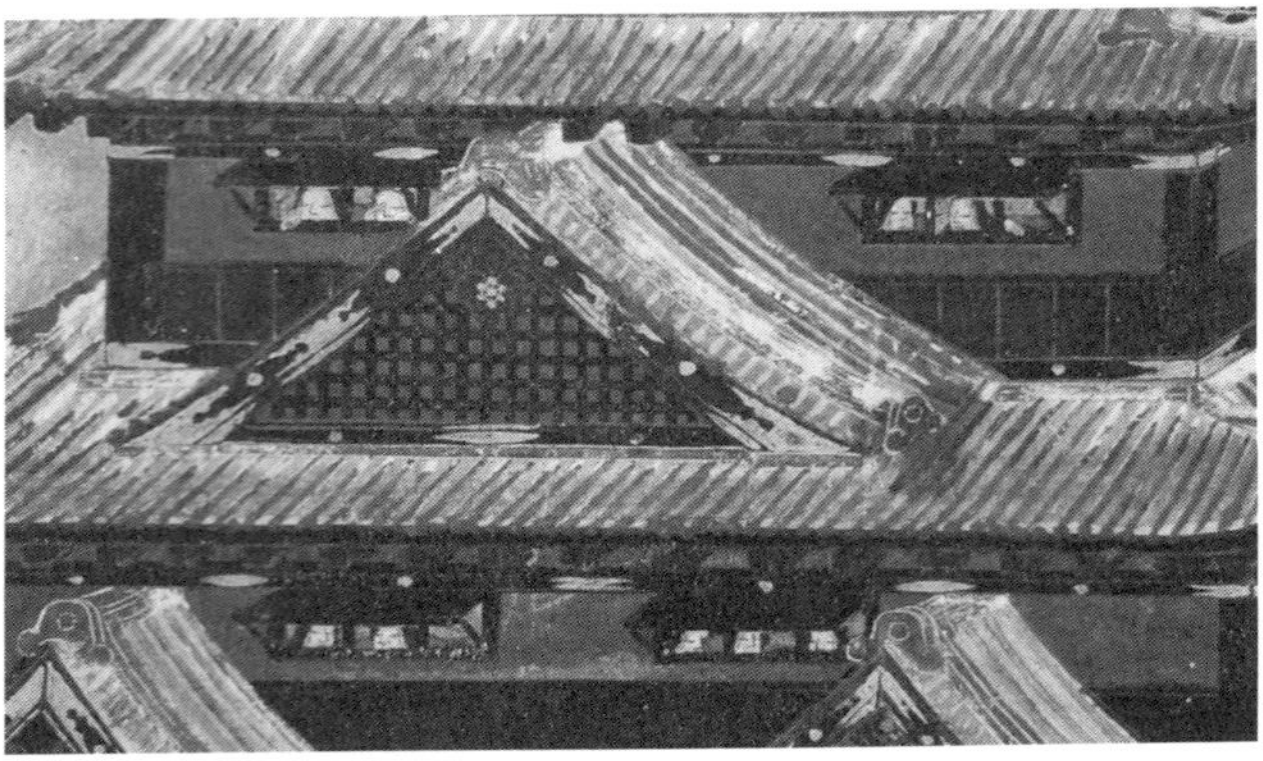

図3　「大坂夏の陣図屏風」（17世紀前期）に描かれた大坂城天守と窓に見える泣く女性たち

岩佐又兵衛の影響が認められる「大坂夏の陣図屏風」（大阪城天守閣蔵）は、左隻には逃げ惑う人々を描いていますが、特に女性や女性を中心とした家族の受難場面が多く見られます。一方、合戦場面を描く右隻では、大坂城の天守を見ると、窓の所には目に手を当てた女性たちが描かれています（図3）。こうした場面は、この絵を見る側の視点を反映していると思われます。つまり、避難中の受難や落城が近いことを嘆く女性に、見る人物、おそらく女性は、自らを重ね合わせていたと思われ、そのような立場を共感しながら見る嗜好が当時あったことを窺わせます。このような暴力的な場面が描かれるのは、戦乱の気分がまだ収まら

図４　江戸日本橋の高札場（右：「江戸図屏風」、左：「江戸名所図屏風」、ともに17世紀前期）

ず、暴力的なものをある意味で好む風潮が続いていたためと思われます。屏風が誰のために（Whom）描かれたのかを考えなければ、こうした絵を理解することはできないと思います。

「江戸名所図屏風」と「江戸図屏風」

「江戸名所図屏風」（出光美術館蔵）は、明暦の大火（一六五七年）以前の江戸を描いた絵画として有名ですが、「舟木本」の図様を元にしたと思われる乱闘場面も描かれています。そして、同じく明暦の大火以前の江戸を描いた国立歴史民俗博物館所蔵の「江戸図屏風」と比較すると、風俗の描き方が全く対照的であることが指摘されています。例えば、両者に共通する日本橋の高札場の描き方を比べると、将軍徳川家光《いえみつ》のために作られたと考えられる「江戸図屏風」では、幕府が出した御触書《おふれがき》（高札《こうさつ》）は高い位置に描かれ、人々はそれを見上げていて、幕府の威令が行き渡っている、という描き方ですが（図４―右）、「江戸名所図屏風」の方は、高札の高さは低く、周りにいる人たちは見向きもしていません（図４―左）。前者が江戸幕府の秩序に好意的、後者がそれに反抗的な立場で描かれていることは明らかです。同じ物を描いても、「誰のために描いたか」によって描写が異なってくる、という絵画史料の特性をよく理解することができます。

図５　洛中洛外図屏風「歴博Ｃ本」に描かれた将軍徳川家光の牛車（17世紀前期）

将軍が見たい京都―「権力者（統治者）とその都市」

洛中洛外図屏風に戻ると、「舟木本」のような反秩序の屏風に対して、徳川家康が造った二条城を左隻の中心に描く「第二定型」といわれる構図は、まさに権力者、京都の統治者としての将軍が「見たい京都」であり、その立場が明瞭に現れています。寛永三年（一六二六）には後水尾《ごみずのお》天皇が二条城に行幸し、徳川氏中心の政治的秩序が完成しますが、これ以降、洛中洛外図屏風にもこの行列が好んで描かれるようになります。「第二定型」の一つである「歴博Ｃ本」には、後水尾天皇に入内《じゅだい》した徳川和子《まさこ》の牛車と天皇を先導する将軍徳川家光の牛車が描かれていますが、それぞれに三葉葵の紋が描かれています。（図５）

そして、それとともに暴力的な場面や遊廓などの描写は影を潜め、そうした絵は洛中洛外図屏風からは離れて、個別の風俗画として自立していきます。

洛中洛外図屏風の大衆化

この「寛永行幸」は、これ以後も洛中洛外図屏風に描き続けられますが、それはつまり、洛中洛外図屏風が同時代を描く絵画としての意味を失い、また政治性も持たなくなって、いわば「雛飾り」のような装飾品になったことを意味します。

井原西鶴《いはらさいかく》『日本永代蔵《にほんえいたいぐら》』（元禄元年〈一六八八〉）には、次のような一節があります。

娘おとなしく（＝大人に）成りて、やがて嫁入り屏風をこしらえとらせけるに、洛中尽《づくし》を見たらば見ぬ所を歩《あ》行《り》きたがるべし……

文学作品ですが、当時、嫁入り屏風の画題として洛中洛外図屏風（「洛中尽」）が好まれたことを背景として想定できます（本章補論参照）。

洛中洛外図屏風が同時代性を失うと、行幸の行列も、行列を見る「観客」の立場で描かれるようになります。二条城には実際にはない窓が設けられ、また堀川の上には桟敷が作られて、あたかも祭礼行列の見物のように行幸を見る人々が描かれます（図6）。このような、絵の中で行列などの行事を「見る人」は、この絵を見る者が絵の中に自分を投影できる存在、一種の「アバター」として機能します。この絵が誰のために（Whom）描かれたものか、どのように機能する存在だったかを、そこから考えることができます。

京都を描いた屏風の大衆的な需要は、江戸で洛中洛外図屏風の制作を行う現象ももたらします。例えば、京都から江戸に移った住吉《すみよし》具慶《ぐけい》（一六三一〜一七〇五）の工房が洛中洛外図屏風を量産していますが、この工房の作品にいつも描かれる獅子舞は一人立ちのもので、民俗的に、京都（西国）ではなく江戸（東国）のものです（図7）。現実の京都の絵ではなくても、「京都らしい絵」として受容されたことが窺えます。「どこ（Where）」という問いには、対象地と制作地そして受容地という、複数の意味を考える必要があります。

＊　＊　＊

以上のように、洛中洛外図屏風は、歴史的に通して見ると、当初の権力者の視点から、その構図を利用した装飾的な絵画へと変化し、「誰が見たい京都か」も変わっていったことが分かります。

図6　洛中洛外図屏風「サントリー美術館本」に描かれた二条城および行幸の行列と観客（17世紀後期）

図7　洛中洛外図屏風「歴博Ｆ本」に描かれた一人立ちの獅子舞（18世紀頃）

注

（1）うどん屋の主人が暴力的な人間として描かれるのも面白い現象です。近世初頭、十七世紀前期頃に「うどん屋」が突然風俗画に描かれるようになることと、その意味について論文を書いたことがあります（「近世初期の風俗画に見える「うどん屋」について」（『国立歴史民俗博物館研究報告』第二〇〇集、二〇一六年）。

事例研究

「月次祭礼図屏風」とその制作目的　付、絵画の復元について

ここまで、絵画史料の例として、洛中洛外図屏風の歴史を、その機能や目的を特に「誰のために（Whom）」という視点で通覧してきました。ここで少し別の、といっても洛中洛外図屏風の前身と見なされる屏風ですが、「月次祭礼図《つきなみさいれいず》屏風《びょうぶ》」を取り上げて、具体的な考察を行ってみましょう。

「月次祭礼図屏風」は、現在は江戸時代の不完全な模本の、しかも本来は六曲一双だったと考えられるうちの、右隻相当（正月〜六月の祭礼）の分だけが残っています。これについて、愛知県立芸術大学が当時の技法によって絵を再現する研究を行っており、私も参加していますので、資料を復元することの意味も併せて考えてみます。図8の、上が模本、下が復元したものです。

描かれたもの（What）の問題としては、右端にあたる第一扇《せん》の中上（図8の各右中上）には、正月の幕府の弓始《ゆみはじめ》が描かれており、その向かい側（上方）には神社があるのですが、その位置関係などから、この幕府と神社は、足利義持《あしかがよしもち》の「三条坊門御所」（第四講図2の2）と、その向かいにある御所八幡（三条八幡）と想定しました。このことによって、この屏風の景観年代は、ここに幕府が営まれた応永十六年（一四〇九）〜永享三年（一四三一）に絞られます。

その上で復元された絵と模本を見比べて気付くことは、模本では行事の人物が中心だったために、建物の屋根や御簾《みす》は彩色が省略されていたのですが、色を付けてみると、これらがとても存在感があることです。「見たい物／見せたい物」を大きく描く、という原則からは、祭礼自体とは直接関係のないこの描写に重要な意味があるはずで、建物の中、御簾の内側にいて、祭礼を見ている人物の存在を示しているのではないかと考えました。「誰のため」（Whom）の手が

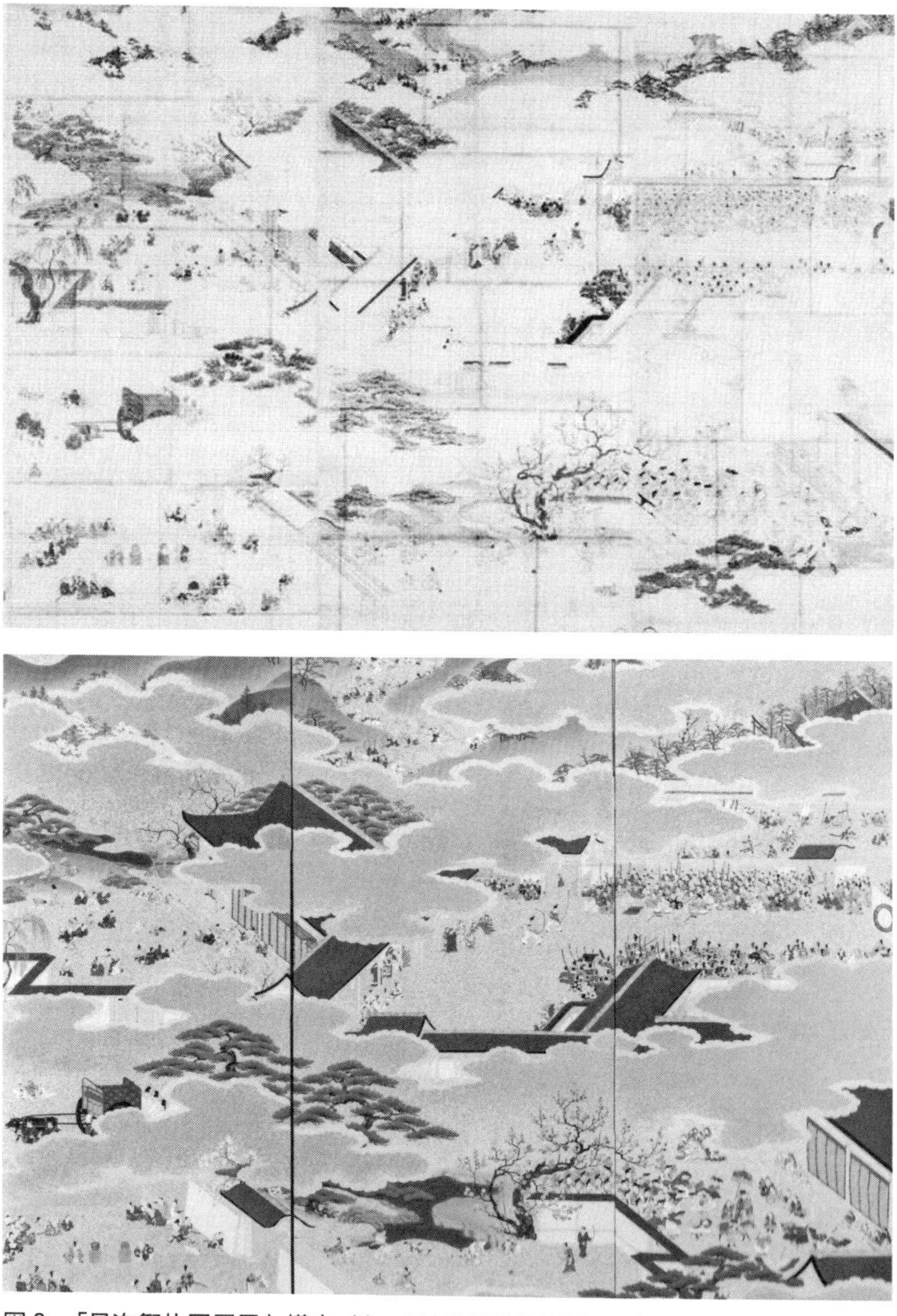

図８　「月次祭礼図屏風」模本（上、原本は15世紀前期）と復元模写（下）（ともに第一〜三扇部分）

かりです。

御簾の中の人物としては高貴な女性を考えることができ、これらの建物がいずれも幕府のものと見られることから、将軍足利義持の御台《みだい》である日野栄子《ひのえいこ》が候補になります。そして絵をよく見てみると、葵祭の行列に描かれた赤い牛車（女車《おんなぐるま》）にも、日野家の家紋である鶴丸が九個も描かれています（図9）。この絵が日野家の女性と深く関っていることは間違いないでしょう。

ただしそれは、発注者とは必ずしも一致しません。さらに観察すると、大きな屋根と御簾が描かれた三月の闘鶏の場面では、御簾の前に幼児を抱いた男性が描かれています（図10）。闘鶏は「幼主」のために行われる、という伝統があり（瀬田勝哉氏は『洛中洛外の群像』〈平凡社、初版一九九四年、増補版二〇〇九年〉で、「上杉本」に描かれた闘鶏を見る子供を幼時の足利義輝《よしてる》と推定しています）、これを次代の将軍となる子供、すなわち足利義持と日野栄子の息子で後の足利義《よし》量《かず》と考えると、男性は、日野栄子の兄で足利義量の伯父、当時公武の間で権勢を振るっていた日野重光《しげみつ》（一三七〇～一

図9 「月次祭礼図屛風」模本に描かれた牛車（女車、第三扇）

図10 「月次祭礼図屛風」模本に描かれた御簾の前で子供を抱く男性（日野重光か、第三扇）

四一三）に比定するのが妥当と思われ、この人物を発注者に比定することができそうです。そうすると景観年代は、義持の三条坊門御所への移転（一四〇九年）から日野重光の死去（一四一三年）の間に絞られてきます。

この頃は日野重光の絶頂期で、幕府だけではなく、内裏においても、従姉妹である日野資子《すけこ》が産んだ親王が称光《しょうこう》天皇（一四〇一〜二八）となるのですが、応永十九年（一四一二年）八月の即位の際には、親王は日野重光の新邸から、義持の牛車に同乗して内裏に向かっていることが文献史料から分かります。（関係記事は、編年の史料集『大日本史料』で見られます。東京大学史料編纂所のデータベースとして公開されています。日野重光邸は、万里小路《までのこうじ》で結ばれている内裏と幕府の中間にあり、まさに両者をつなぐ位置を占めていました。内裏と幕府〈三条坊門御所〉の位置関係については、第四講の図2を参照。）

失われた屏風の左隻には、こうした展開も見越して、内裏とともに日野重光の邸宅も描かれていたのではないでしょうか。そうすると制作の目的「Whom」と「Why」は、日野家の女性のためというより、日野重光の自己満足に思えてきます。日野家は中流の公家で、権力者の側近となって権勢を振るっては没落することを繰り返していますが、この屏風が、早くに左隻が失われ、右隻もかなり傷んだ状態で伝来していたという事実も、一つの家に安定的に伝わる形で保存されてこなかったという背景を示していると思われます。この絵画史料について、その内容、制作目的、伝来までを説明できる説になっていると思うのですが、どうでしょうか。

＊　＊　＊

なお、この屏風の年代を一四一〇年頃としたこの説は、美術史的にも意味があります。描かれた幕府の特定によって年代がほぼ確定したことから、絵師としては、足利義持とも関係が深く、この時代に活躍した土佐行広《とさゆきひろ》が想定されるようになりました。彩色大画面の屏風は、この時代で現存するものは少なく、「月次祭礼図屏風」も、かつては十六世紀頃のものと考えられていたのに対し、泉万里氏が他の作品との比較などから十五世紀半ば頃という説を出していたのですが、一四一〇年頃まで年代が上ると、また実際に当時の技法で再現した屏風を作って、実際にこういう極彩色の屏風が当時あったことを可視化すると、美術史的な時代像がずいぶん変わってくるようです。現存するものだけを史料として扱っているとどうしてもそれに引きずられてしまいます。歴史を共時的な視点で再現しようとすることは意味がありますし、それにはやはり失われたものも視野に入れる必要があるのでは、と思った次第です。

復元ということについてもう少し述べると、今回の復元は、デジタル技術による画像加工などではなく、当時と同じ技法を使って新たに描いたものです。技法の再現自体が一つの目的だった訳ですが、できあがった復元の性格としては、「原本が制作された直後」の状態を想定しています。復元をどの時点の状態で行うかは、制作直後から今日までの時間幅の、任意の所に設定することが可能です。この「月次祭礼図屛風」の場合も、江戸時代に原本を写した模本には、「ヤブレ」などの注記を付けて描かれていない部分もあって、既にかなり傷んでいたことが分かるので、この「模本が作られた時点」での復元も理論上はありえますが、しかし全体がどのような傷み具合になっていたかが分からないので、実際は無理です。復元というのは、中途半端に途中の段階の復元をすると、存在しなかったものを作ってしまうことになるので、実際の復元は、制作当初の時点を想定することになります。またこのことによって、完成直後から現在に至る、色々な時点で生じた傷みや汚れ、褪色《たいしょく》などの要素も、その史料がどのような履歴をたどってきたかを示す情報になるのだ、ということが分かります。

〈参考文献〉
岩永てるみ・阪野智啓・髙岸輝・小島道裕編『「月次祭礼図屛風」の復元と研究―よみがえる室町京都の輝き―』（思文閣出版、二〇二〇年）

補論

史料としての文学作品——「雛飾り」の歴史性——

社会的な風俗や習慣は、なかなか直接の史料としては残りにくいですが、文学作品の描写の中に背景となっているものを見て取ることは可能ですし、その意味でこれも有効な史料だといえます。本文で、井原西鶴（一六四二～九三）の『日本永代蔵』の例を挙げましたが、同じ頃の松尾芭蕉《まつおばしょう》（一六四四～九四）の作品『奥の細道』の冒頭には、こんな句があります。

草の戸も住替る代ぞひなの家

自分がこれまで住んでいた家に新しい住人が入って雛人形を飾っている、という内容ですが、事実かどうかはともかく、庶民が家で雛祭りを行う風俗が当時あったことを示す史料として見ることはできるでしょう。三月三日の行事は古くは闘鶏で、洛中洛外図屏風「歴博甲本」などにも闘鶏が描かれています。雛祭りが定着したのは江戸時代中期頃とされており、歴史的な用例を挙げている『日本国語大辞典』（小学館）の「ひなまつり」の項を見ると、一七一一年頃とされる浄瑠璃の「惣じて弥生の三日は娘の節供、ひなまつり」が挙げられていました。芭蕉が見た（ということになっている）江戸での雛飾りはこれよりも早いので、まだ普及してそれほど経っていない頃だったでしょう。そういう視点で句を見ると、単に家の持ち主が替わった、というだけではなく、そこに雛飾りという、自分が若い頃には見なかった新しい風俗が持ち込まれて、世の中も変わってきているのだなあ、という感慨も込められているのでは、と解釈できるでしょう。今から見て「古典」であっても、そこに描かれているものは、その当時において古くからの伝統だったものという訳ではなく、同時代の、むしろ新しい風俗が描かれているはずです。史料として、うまく使いたいものです。

第七講 絵画史料④
絵の中の人と風俗

描かれた人物を読み解く

前回まで、主に洛中洛外図屏風という、史料の一つの「種」を取り上げて、それぞれの屏風が先行する屏風の内容を引き継ぎつつ、しかし独自の内容に変わりながら、全体として変化していく過程を見てきました。

今度は、全体の変化の問題から少し視点を変えて、絵の中に描かれた個別の要素の問題として、ここでは人物像に注目し、そこから歴史についてのどんな情報を引き出せるかを考えてみましょう。服飾などの風俗がまず目に付きますし、さまざまな職業や身分の人たちの描写からは、社会的な背景についても読み取ることが可能です。

風俗図屏風のような多くの人物が描かれている絵画では、どのような人物がいるのかをカテゴライズしていく必要が生じます。しかし一人だけを取り出して、いきなり「これはこういう人」と決めるのは恣意的になりやすく、絵の中で、また他の絵とも比較して、総合的に考えていく必要があります。一つの有効な方法は、一人ずつの画像を切り出して、その要素を書き出した画像データベースを作ることで、洛中洛外図屏風《らくちゅうらくがいずびょうぶ》「歴博甲本」と「歴博乙本」については、登場するすべての人物（甲本：一四二六人、乙本：一一七二人）をデータベース化しています[1]。

人物データベースの項目

描かれた人物をデータベースとするには、まずその人物のさまざまな特徴を書き上げて、その上でどんな属性の人物なのかを判断していきます。

「洛中洛外図屛風「歴博甲本」人物データベース」の検索項目を挙げると、次のようになっています（図1）。

性別、身分等、服装、被り物、髪型、髭、持ち物、場所、行為、その他

最初の「性別」と「身分等」は判断の結果として提供している情報で、その根拠となるのが「服装」以下の項目です。「場所」と「行為」という項目を作ったのは、描かれた人物像が「誰であるか」は、見かけの身なりだけでは決めにくく、「どこで」「何をしているか」が重要だからです。

考えてみると分かりますが、街を歩いている人の職業は、服装だけでは判断できません。スーツを着ていれば、「会社員風の人」だとはいえても、実際の職業は色々な可能性があります。しかし会社で仕事をしていれば、その人は会社員と判断できる訳です。身分制社会であった前近代においては、服装や頭髪、持ち物などは身分表象でもあります

洛中洛外図屛風「歴博甲本」人物データベース

－「歴博甲本」に登場する1426人の人物像について，キーワードで情報を検索できます－

甲本 左隻 第1扇　於：幕府（柳の御所）東通り

◉甲本(のみ)　○乙本(のみ)　○甲本・乙本

検索キーワードを入力　検索実行　リセット

1426人の全てを表示

性別《せいべつ》	男《おとこ》	女《おんな》	子供《こども》	赤ん坊《あかんぼう》			
身分等《みぶんなど》	公家《くげ》	武士《ぶし》	僧侶《そうりょ》	尼僧《にそう》	農民《のうみん》	犬神人《いぬじにん》	駕輿丁《かよちょう》
服装《ふくそう》	狩衣《かりぎぬ》	直垂型《ひたたれがた》	肩衣袴《かたぎぬばかま》	法衣《ほうえ》	小袖《こそで》	胴服《どうふく》	付紐《つけひも》
被り物《かぶりもの》	烏帽子《えぼし》	編笠《あみがさ》	塗笠《ぬりがさ》	被衣《かずき》	布《ぬの》	頭巾《ずきん》	兜《かぶと》
髪型《かみがた》	たぶさ髪《たぶさがみ》	剃髪《ていはつ》	垂髪《すいはつ》	束ね髪《たばねがみ》	放髪《ほうはつ》	蓬髪《ほうはつ》	髷《まげ》
髭《ひげ》	口髭《くちひげ》	顎髭《あごひげ》	頬髭《ほおひげ》				
持ち物《もちもの》	刀《かたな》	扇《おうぎ》	槍《やり》	傘《かさ》	袋《ふくろ》	杖《つえ》	朸《おうご》
場所《ばしょ》	内裏《だいり》	幕府《ばくふ》	邸《てい》	境内《けいだい》	通《とおり》	田圃《たんぼ》	川《かわ》
行為《こうい》	歩く《あるく》	座る《すわる》	見る《みる》	待つ《まつ》	飲む《のむ》	担ぐ《かつぐ》	拝む《おがむ》
その他《そのた》	後補《こうほ》	補筆《ほひつ》	白面《はくめん》	下げ緒《さげお》	左隻《させき》	右隻《うせき》	

キーワードを選択すると関連する画像が見られます

とじる

国立歴史民俗博物館
National Museum of Japanese History

図1　洛中洛外図屛風「歴博甲本」人物データベースの検索画面

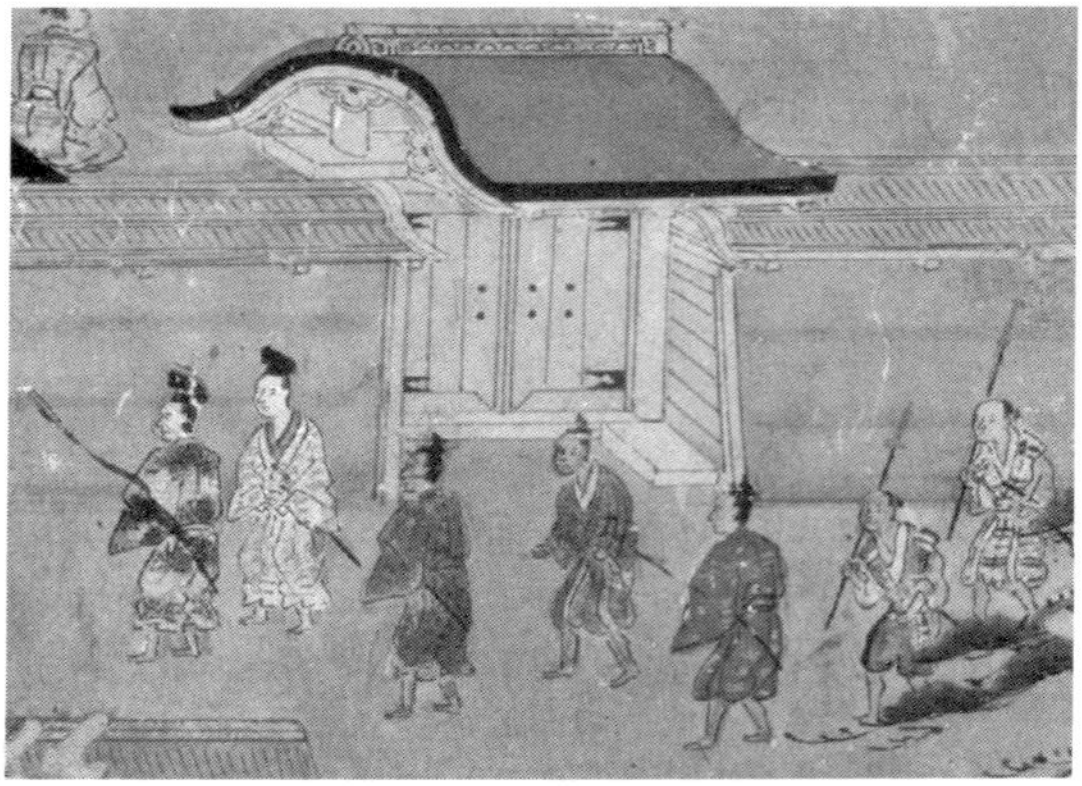

図2　洛中洛外図屏風「歴博甲本」に描かれた室町幕府の門前を歩く一行（左隻第一扇）

から、現代よりは見た目からの判断もしやすいのですが、しかし、だからこそ問題は単純ではないともいえます。

人物像の例—武家か公家か

具体的な例で考えてみます。「歴博甲本」の左隻《せき》第一扇《せん》、幕府の門前を歩くこの一団は、どういう人たちでしょうか（図2）？　先頭の二人が主人、その後ろは従者たちと見なせます。主人について注目すると、衣服は武家の正装である直垂《ひたたれ》ですから、一見武士で良さそうですが、実は公家で、当時関白だった近衛稙家《このえたねいえ》（一五〇三～六六）と父の尚通《ひさみち》（一四七二～一五四四）と判断しました。理由としては、被り物が烏帽子《えぼし》の中でも格の高い「風折《かざおり》烏帽子」で、屏風の主人公とみなせる細川家《ほそかわけ》当主の「折《おり》烏帽子（侍《さむらい》烏帽子）」よりも格上であること、顔が白面であり、女性と公家に用いられている表現であること、そして近衛氏は幕府と関係が深く、正月には参賀する「昵近《じつきん》公家衆」「直垂衆」と呼ばれる公家の一員であるといった背景を挙げることができます。この一団が向かう先に近衛邸があり、そこは主人が「留守中」の表現になっていますから、以上の解釈で整合性はあると思います。「歴博甲本」が作られた目的が、細川高国《たかくに》が擁立した足利義晴《あしかがよしはる》の新たな御所の完成記念だとすれば、そこに最高位の公家が祝福に訪れる、という図を入れたかったのではないかと推測しました。

公家だからこう描かれる、武士だからこう描かれる、とあらかじめ決めつけるのではなく、服装・持ち物・被り物などの一つ一つの要素として一度そのまま認識し、その組み合わせや人物像が置かれているシチュエーションか

ら総合的に判断する必要があります。(2)

持ち物に見る時代の変遷

持ち物の例を見てみましょう。「歴博乙本」の所で、新しいファッションとして若い女性が色や模様の付いた傘をさしていることに触れましたが、より古い「歴博甲本」の人物データベースで「傘」を検索すると三七件がヒットし、大部分は僧侶や尼が用いる身分表象的なものであることが分かります(次頁図3―1)。

これに対し「歴博乙本」で「傘」を検索すると一七件がヒットしますが、僧侶は三件、尼はいないのに対し、俗人の女性は八件、しかもみな着飾った姿で、ファッションとしての使用だとみなせます(図3―2)。もっとも、「歴博乙本」は尼や老人といった存在に冷淡で、それ自体をあまり描かないので、その点は絵の個性、すなわち発注者の好みや制作目的の問題として考慮する必要はあるのですが、それでも、十六世紀前半の「歴博甲本」と、十六世紀末頃の「歴博乙本」では、風俗の様相と、その背景となる社会が大きく変わってきていることを見て取れます。

後家尼編年

風俗図屛風の中に描かれた多くの人物像の中から、同じ種類の人物を選んで時代の異なる屛風で比較していくと、時代の変遷が見えてきます。例として、後家尼《ごけあま》という存在を見てみましょう。

後家尼というのは、夫を亡くした後、その菩提を弔うために落飾して尼姿になり、しかし家にとどまっている女性で、源頼朝《みなもとのよりとも》の妻であった北条政子《ほうじようまさこ》などはその典型です。中世では普通の存在であり、夫が生前持っていた家父長権を「家の共同経営者」として受け継ぐので、家中では嫡男よりも強い権限を持っていたことが知られます。北条政子も頼朝の死後は家長として家を仕切り、実朝《さねとも》の死後は、養子の藤原頼経《ふじわらのよりつね》が成人するまで「尼将軍」とし

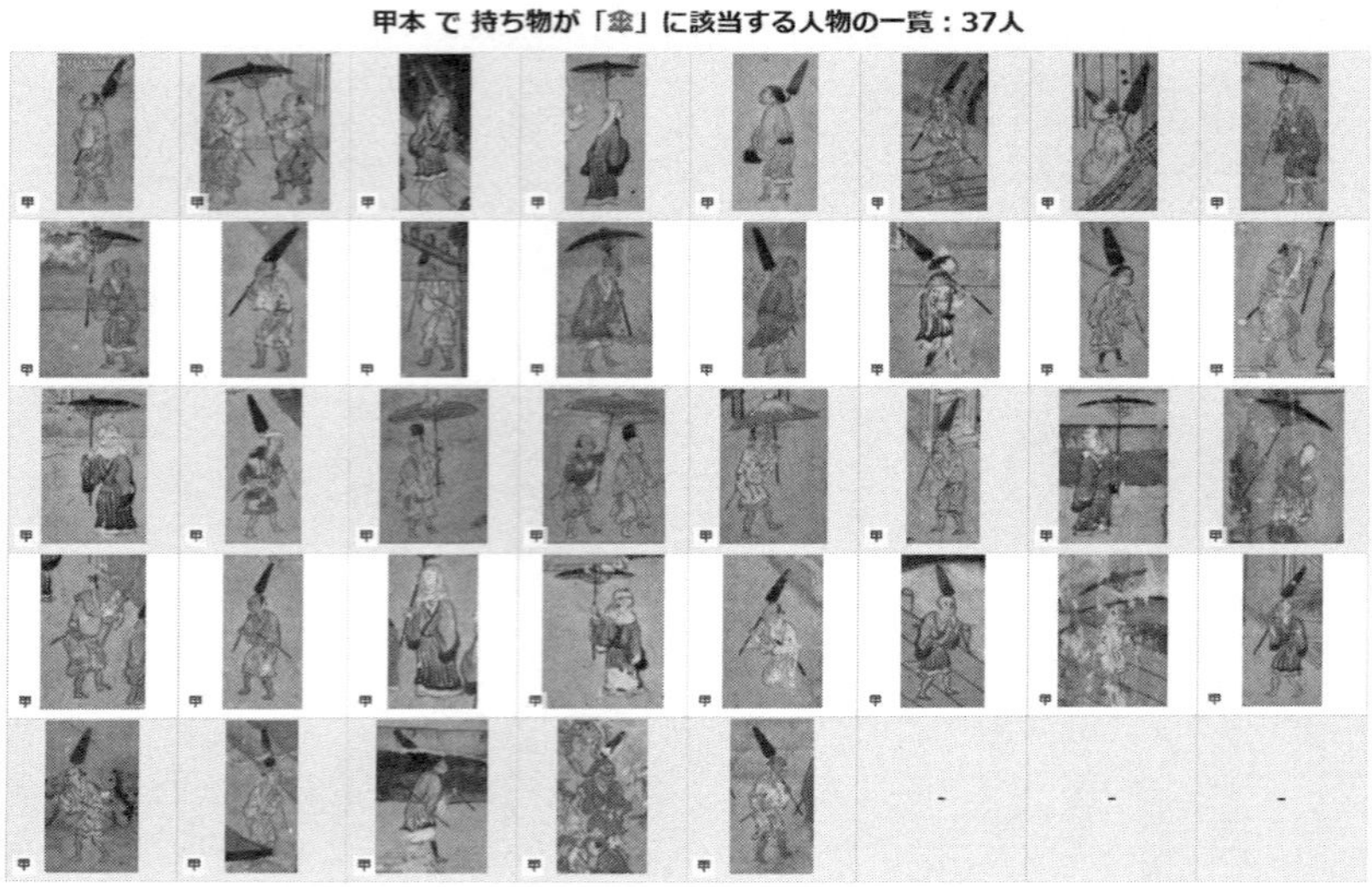

図3－1　「歴博甲本」人物データベース　「傘」の検索結果

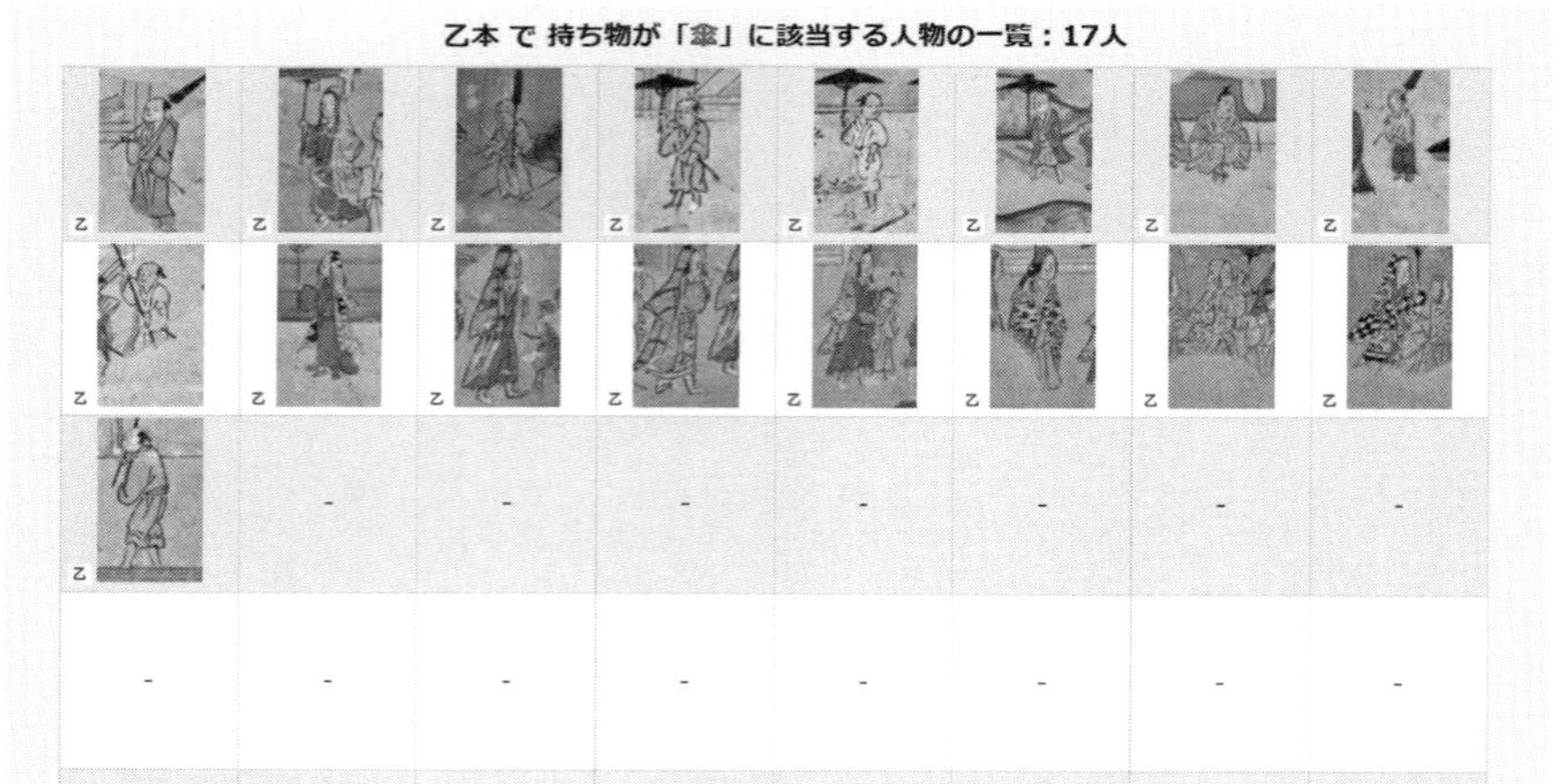

図3－2　「歴博乙本」人物データベース　「傘」の検索結果

て幕府を率いたことは有名です。

十六世紀の風俗図屏風を見ると、後家尼のあり方で一種の「編年」を作ることができます。まず、十六世紀前期の洛中洛外図屏風「歴博甲本」（一五二五年頃）と「東博模本」（一五四〇年代頃）では、後家尼は女性家族の先頭に立っています。第五講で既に述べたように、「東博模本」が特にはっきりしていて、孫と思われる子供を連れている姿も目立ちます。

しかし「後家尼」の姿は、十六世紀後半になると次第に後ろに下がってきます。洛中洛外図屏風「上杉本」では、後家尼と思われる図像は一例のみで、子供を連れた母と思われる女性の後ろを歩いています（図4）。そして、十六世紀末頃の「観楓図《かんぷうず》屏風」（東京国立博物館蔵）では、車座の宴会での主役は嫡男の母と思われる女性（左から二番目）であり、後家尼はその背後に描かれています（図5）。豊臣秀吉《とよとみひでよし》の後、豊臣家で秀頼《ひでより》を後見したのがその母の淀殿《よどの》（茶々《ちゃちゃ》）であることが思い起こされます。

図4　洛中洛外図屏風「上杉本」に描かれた後家尼（16世紀後期、左隻第四扇）

図5　「観楓図屏風」に描かれた後家尼（16世紀末期）

十七世紀に入る頃になると、後家尼の姿はあまり描かれなくなり、代わって夫婦の外出像（「歴博乙本」など）や、夫婦と子供の単婚小家族像（「舟木本」など）が描かれるようになります。

こうした現象の社会的な背景としては、近世に向かう変化の中で、女性の地位が次第に下がり、嫡男が重視されるようになったことや、女性が再婚せずに家に留まることが当然となり、尼姿になることも減ったことなどがあると推定されます[3]。

史料（資料）を見る視点

このような後家尼像の変化に気がついたのは、ジェンダー（社会的・文化的な性差）の問題に関心を持ったことによります。ジェンダーについては、国立歴史民俗博物館の企画展示「性差（ジェンダー）の日本史」[4]（二〇二〇年）の展示プロジェクトに参加したのですが、そこで展示されたものは、大部分がジェンダー資料として収集されたものではなく、ジェンダーという視点で見ることでその側面が浮かび上がり、いわば再評価されたものでした。同じ史料でも、それを見る視点によって、得られる情報は変わってきます。風俗図屛風を後家尼という家族像によって見ていく、というのもその一例です。最初に述べた「センサー」の問題ともいえますが、ですからやはり史料というのは自明なものではなく、あらゆる資料に潜在的に存在するその「史料性」を、視点によって発見していくものだと思います。

＊　＊　＊

以上、四回にわたって絵画史料の問題を扱ってきました。それぞれの絵画には時代の特質が現れており、また絵画同士を比較することで時代の変遷を見て取ることも可能ですから、恰好の学際的研究の対象として、今後さらに読み解きの精度を上げ、歴史研究に活用されていくものと思います。

一見実像のように見えてしまう絵画は、なかなか一筋縄ではいかず、史料として利用するには難しい面も多いのですが、しかしそれは絵画史料に限らない、史料というもの自体が本質的に持っている性質でもあるといえるでしよう。

次の講義からは、史料の中心と見なされてきた文字史料を取り上げて、「史料とは何か」という問題をさらに考えてみたいと思います。

注

（1）「洛中洛外図屛風「歴博甲本」データベース」と「洛中洛外図屛風「歴博乙本」データベース」として、国立歴史民俗博物館ホームページの「館蔵資料データベース」および「WEBギャラリー」で公開。

なお、同館ホームページの「研究成果・論文目録データベース」には、「近世職人画像データベース」もあり、江戸時代の日本で出版された版本二九種の挿絵から、約三千の諸職の画像を抜き出しています。近年進んでいる、画像から史料としての情報を引き出す試みの一つです。

（2）「歴博甲本」の幕府門前の人物像の問題については、小島「洛中洛外図屛風と描かれた公武関係—武士と「武士関係資料」のありかたをめぐって—」（小島編『武士と騎士—日欧比較中近世史の研究—』思文閣出版、二〇一〇年）で取り上げています。

「歴博甲本」「歴博乙本」人物データベース」の記述項目は、「歴博甲本」と「歴博乙本」では描かれた人物の内容が異なるため、少し違うものになりました。画像を分析する項目にも、普遍的なものと個別的なものがあることになります。記述項目の問題については、実際の作業に当たった下記の二つの論文で扱っています。

大藪海「洛中洛外図屛風歴博甲本人物データベース各項目の立項方法と入力語」（『国立歴史民俗博物館研究報告』第一八〇集、二〇一四年）

小島・森下佳菜・大藪海「洛中洛外図屛風「歴博甲本」と「歴博乙本」の人物データベースによる比較」（『国立歴史民俗博物館研究報告』第二〇九集、二〇一八年）

（3）小島「中世末～近世初の女性の地位をめぐって—後家尼と家族の像および財産処分文書から—」（『国立歴史民俗博物館研究報告』第二三五集〈特集：共同研究「日本列島社会の歴史とジェンダー」〉、二〇二二年）。

（4）「性差（ジェンダー）の日本史」展の内容については、同展の図録の他、展示を元にした『新書版 性差（ジェンダー）の日本史』（インターナショナル新書、二〇二一年）が刊行されています。

図6　「月次風俗図屛風」に描かれた後家尼と家族（16世紀末期頃）

補論1

風俗図屛風の予祝性――「月次風俗図屛風」から――

子供や家族の姿を積極的に描いた屛風に「月次《つきなみ》風俗図《ふうぞくず》屛風」（東京国立博物館蔵）があります。「春日《かすが》若宮《わかみや》御祭《おんまつり》」の場面で舞を見る一団（図6）は、先頭から、後家尼二人と孫、女性家族、男性家族および護衛からなる一つの家族と見なすことができ、後家尼が家族を率いている例といえます。他の場面でも子供の描写が多く、絵画の機能としても、子供の成長や家族の繁栄を予祝する意味があるように思えます。

風俗図屛風が作られた目的の一つは、この「予祝」ということではないか、と考えています。発注者にとっての「こうあってほしい世の中」を描くことで、それが実現することを願う、というものです。既に挙げた屛風では、洛中洛外図屛風「歴博甲本」は、細川高国が嫡子に家督を譲って、自らが擁立した将軍足利義晴らとともに、その新政権が統治する京都が栄える、という願望だと思いますし、「上杉本」も、上杉謙信《うえすぎけんしん》が上京し、管領となって「花の御所」に自分を訪ねてくる、という足利義輝の願望が描かれています。「月次祭礼図屛風」は、日野重光《ひのしげみつ》にとって、次の将軍（足利義量《よしかず》）と次の天皇（称光《しょうこう》天皇）がともに日野家の女性が母であり、その双方の外戚としての地位を占められることから、その栄華を屏風に現し、続くことを願ったのではないかと推測できます。

ただし実際は、いずれの場合も、発注者は屏風を描かせてから間もなく死亡しており、その願った世が続くことはありませんでした。こういう物を作るとかえって良くない、といえてしまいそうですが、厳しい不安定な時代で、権力の維持継承が難しく、だからこそそういうものが作られたのではないかと思います。

家族や子供に関する屏風という点では、「月次祭礼図屏風」に近いものとして、「犬追物図《いぬおうものず》」には、行事の部分とは関係のない、男児が遊び、女性たちが御簾《みす》の中からそれを見る光景を描き入れたものがあり（福井県立美術館所蔵本、京都大学総合博物館所蔵本）、やはり子供の成長を願い、予祝する意味なのではないかと思われます。

なお、「月次風俗図屏風」の年代としては、編年的に古い後家尼の描写が見られる他、服飾なども十六世紀前期的な描写が多いことが指摘されていますが、一方で野外での茶会（野点《のだて》）のような近世的な要素が描かれていることも指摘されていて、制作年代としては十六世紀末〜十七世紀初頃まで下がる可能性が考えられます。絵は古い手本を引用して描くことができるので、描かれた内容は制作年代とは必ずしも一致しない、というのが絵画史料の難しい点です。絵を史料として使うには、その絵がどの部分に同時代的な関心を寄せているのか、あるいはそうではないのかを見極める必要があります。

〈参考文献〉

井戸美里『戦国期風俗図の文化史―吉川・毛利氏と「月次風俗図屏風」―』（吉川弘文館、二〇一七年）

小島道裕「家族像から見た月次風俗図屏風の制作背景」（東京国立博物館研究誌『MUSEUM』No.706、二〇二三年）

小山弓弦葉「月次風俗図屏風の服飾および風俗表現に見る制作時期」（同前）

福井県立美術館図録『初公開　犬追物図屏風』（二〇二〇年）

補論2

絵の形態（媒体、メディア）による違い

絵画史料の例として、この講義では風俗図屛風を取り上げましたが、風俗画の形態は屛風だけではなく、絵巻物、版画など、さまざまなものがあります。そういったものも扱えると良いのですが、この講義は絵画史料の全体を紹介することが目的ではありませんし、講師の能力の限界もありますから、残念ながらすべてを取り上げることはできません。

その代わりに、絵画史料を「物」として、その形態から考えてみるとどうなるか、という話を最後にしたいと思います。絵画がどのような物ないし形として作成されているか、という目で見ると、屛風・掛軸・摺物《すりもの》・冊子、といったさまざまな形態があります。時代的にも特徴があって、絵巻物は平安時代～鎌倉時代に盛んに作られ、屛風絵は室町時代以降に大画面の絵画として大きく発展します。木版の浮世絵のような、印刷された絵画が発展するのは江戸時代以降ですね。

これを絵の媒体、「メディア」の特質として見ると、文字史料の場合も同じなのですが、以下のように機能的な性格を整理できると思います。

まず屛風の特徴は「公開性」でしょう。積極的に飾って人に見せることを目的として作られます。祇園祭の時には、下京《しもぎょう》の町家では玄関先に屛風を飾る風習がありますが、誰でも見て良い、というよりむしろ見せる、という機能があることになります。

これと逆なのが巻物で、その特徴は「秘匿性」といえそうです。巻物は、ふだんは大事にしまわれていて、展示などを除けば、出しっぱなしにされることはまずありません。そもそも少しずつしか開くことができず、全体を見ることは

困難です。絵を見る時のシチュエーションを考えても、誰かが少しずつ広げて見ていくものなので、一人だけか、せいぜい少人数が額を寄せ合うように見ることしか考えられません。その時だけの鑑賞という点では、「時限性」という特徴を加えることもできそうです。忍者もののマンガやアニメにも、よく秘伝の忍術の巻物が出てきますが、そんな風に、なかなか見ることができない、見せてはいけないもの、したがって持っていることや存在自体に権威があるもの、それが巻物という媒体の性格であり、機能だといえるでしょう。

木版画のような摺物は、大量に制作し、社会に流布させることが目的ですから、「社会性」という機能があります。広く販売されることからは、「市場性」が高いともいえるでしょう。

絵画史料は、絵の部分だけを本の挿絵にしてしまうと分からなくなってしまうのですが、実際は、どのような形態をしているか、媒体であるかによって、その機能が決まっている訳です。

この他の形態（媒体）の特徴、機能をさらに考えると、冊子なら、何がどこに書いてあるかがすぐわかる「検索性」だと思いますし、掛軸なら、飾られた部屋に来る少人数での鑑賞、その場や季節などに合わせた緩い時限性、といった機能や性格があることに気付きます。

史料は、「中身」だけではなく、このような「物」「形」としての意味の観点からも考えることが必要です。第一部で述べた「機能情報」をさまざまな面から具体的に考えること、見つけていくこと、ともいえるでしょう。

第八講

文字史料①

文字で書かれた史料とその機能

文字で書かれた史料にはどんなものがあるか

今回から、文字で書かれた、ないし正確には「文字を使った」史料の問題を扱います。「文献史料」ともいわれるもので、書かれた文字や文章の意味を理解する必要がある点が特徴であることはいうまでもありませんが、これまで述べてきたように、そこにも物として持つ意味や機能があって、文字情報（テキストデータ）はその一面に過ぎず、「文献」といってしまうのは少し抵抗がありますから、「文字史料」ということにしたいと思います。いずれにしても、色々な側面を見ながら総合的に考えることが大事です。

では、文字を使った史料は、実際にはどんなものがあるでしょうか？ 現代の生活の中から考えてみましょう。朝起きてから目に入る文字を考えてみると、新聞、店や駅や道路などの看板、本、メール、書類、手紙、日記、テレビやスマホの画面、といったものを挙げられそうです。

これをどう分類するかは色々な考え方ができると思いますが、物の素材としては、紙・木・金属、それからスマホのディスプレーなどはガラスといったら良いでしょうか。形態としては、一枚物・束ねた冊子・看板・画面、といったことになります。文字が活字（考えてみると古い言葉ですが）であるか手書きであるかも分類基準になりますね。

「機能」としてはどうでしょう？　前回の最後に述べた、史料の媒体、「メディア」の機能という点から考えてみると、新聞やテレビ、スマホなどに送られてくるニュースなどの情報は、いわば「発信性」のものでしょう。看板や掲示も、積極的に見せることを意図しているので発信性があり、少なくとも「公開性」は高いです。本や書類は、誰でも読むことができるものがある一方、閲覧が制限されたり、あるいは禁止される場合もあって、さまざまです。手紙や日記はプライベートなもので、普通は勝手に見られては困りますから、基本的に「秘匿性」が高い、といえるでしょう。メールやLINEは私もよく使いますが、個人間の手紙と同じようなやり取りができる他、グループで同時に共有しながらコミュニケーションを取るのは新しい性格かもしれませんし、でも手紙を家族で読んだり回し読みしたりするのと変わらないといえるかもしれません。

これまで見たように、史料には視点によってさまざまな「史料性」がありますから、文字史料の場合も色々な角度から見て史料性を見出す、意味を開いていくことが可能ですし、重要です。

一次史料と二次史料、文書・記録・編纂物

文字史料の場合、その特性から特に重視されてきた分類に、「一次史料」「二次史料」というものがあります。文字で書かれる内容は、当事者がその時の必要から書くものだけでなく、後から色々な情報を編纂して作ることもできるので、その違いに注目したものです。具体的には、次のように分けることが多いです。

一次史料　文書《もんじょ》（宛先が有る　例：手紙）

　　　　　記録（宛先が無い　例：日記）

二次史料　編纂物（歴史書、系図など）

文字史料にも、当然作った人間、残した人間の意思によるバイアスがかかっている訳ですが、当事者が書いた「一次史料」に比べると、後で誰かが編纂して作った「二次史料」の方がバイアスや誤った認識が多くなりますから、その違いを意識することは重要です。書かれた内容の真偽や性格を吟味する行為は「史料批判」と呼ばれますが、絵画史料について見てきたことと、本質的な違いはないといえます。

また、歴史学では、普通、手紙のような「宛先のあるもの」を「文書」、宛先のない日記のようなものを「記録」と呼びます。一般的な言葉としては、文字が書かれた古い書き物をすべて「古文書」と呼ぶことが多いですが、学術用語としては、「古文書」は（宛先のある）「文書」に限られます[1]。「文書」すなわち手紙や宛先のある書類は、「手紙の書き方」「ビジネス文書の書き方」「公文書作成要領」といったマニュアルがあるように、宛先とか差出とか日付とかをどのように書くかというフォーマットの規範があり、そのような「様式」が大きな意味を持ちます。

宛先の有る無しで区別して「文書」という概念をわざわざ作るのは、つまり「誰に」（Whom）という要素が大事だからです。「誰に」が宛先として直接表現されていれば、「誰が（Who）・誰に（Whom）」という問題を細かく分析していくことができる訳ですし、実際、両者の関係性には、非常に気を使って様式が作られています。この「文書様式」の問題は、また後で詳しく見ていきたいと思います。

「文書」「記録」「編纂物」といった分け方は、当然それだけで十分ではなく、例えば帳簿はどうか、一次史料と二次史料の区別はそんなに明確か、といった色々な問題があるのですが、一つの切り口としては基本的には有効だと思います。同じ「文書」つまり宛先のあるものでも、私的なもの（個人間の手紙など）と、公的なもの（申請書とか許可書とか領収書とか）といった区別をすることもできます。だから分類というのは、あまり固定的に考えずに、データベースの要領で、必要に応じて色々な項目立てを考えて使えば良いのだと思います。史料として問題になるのは機能や目的、すなわち、なぜその史料が作られ、残されている（あるいは失われている）かという、やはり「Why」を考えることだと思います。

それから、文字史料にはニセモノも多いです。文字を習得していれば、文書の偽造は比較的簡単にできますし、内容を改変することも容易です。「偽文書《ぎもんじょ》」という問題として後で述べたいと思いますが（第十二講の補論2参照）、偽物が作られるということ自体が一つの史料であり、いずれにしても、物として、機能としての、その「6W1H」を見定めていくことが大事です。

「文書」の例―卒業証書

さて、「文書」の具体的な例を一つ考えてみましょう。みなさんもお持ちだと思いますが、卒業証書などはどうでしょうか。宛先は必ずありますから、これは「文書」であり、性格としては公的な証明として出されるものです。隠すようなものではなく、必要があれば見せるものですし、額に入れて飾ったりする人もいます。公開性があるものといえるでしょう。

一つ実際の例を取り上げると、九州大学のサイトにアップされていた、大森治豊《おおもりはるとよ》という人物（一八五二〜一九一二、医師、九州大学の前身となる福岡医科大学の初代学長・附属病院長）が、明治十二年（一八七九）に東京大学医学部を卒業した時の物が興味深いので、これについて見てみましょう(2)（図1）。

大森治豊は、東京大学の第一回生として卒業しており、試問委員の教授が全員外国人でカタカナで表記されているなど、大学の最初期の様相も窺えます。

この文書を観察すると、まず周囲の飾り罫が目につきます。色は緑で、上部に太陽に向かい合う鳳凰の図柄と、四隅に「東京大学」の一文字ずつが入っています。それから、印が二つ。「東京大学医学部之印」という大きな印

図１　大森治豊東京大学卒業証書

と、人名の下に押された小さい印があり、ともに形は四角、色は赤みの濃い朱です。この文書は公的で、かつ儀礼的なものですから、色々と「権威」が表れるように工夫されていることが分かります。文字史料といっても、テキストデータ以外にもさまざまな意味が込められ、それによって一つの文書が機能している訳です。印がともに朱方印であることも、古代以来の権威の象徴を踏襲していて、こうした視覚的に訴える力が強い色や形は「機能情報」の一部であり、呪術的ともいえる要素でしょう。大きさについては、所蔵者である九州大学大学文書館のご教示によると、三三七×四五五ミリで、A3サイズ（二九七×四二〇ミリ）よりもかなり大きい大型の用紙が用いられています。おそらく厚手の物でしょう。文書の権威を示す上では、こういう「物」としての立派さも重要な要素です。

　文字が書いてある部分を右から順に見ていくと、

・冒頭の下部にある「山形県士族　大森治豊　廿

六年十一ヶ月」は宛先ですが、年齢・月齢まで書いてあるのは、本人を同定するＩＤとしての意味もあるでしょう（文書のＩＤとして、飾り罫の下辺に「医学第六号」もあります）。

・「医学卒業候事」と公文書らしく事書《ことがき》で始まる本文があり、成績の次に試問委員が書かれています。

・「明治十二年十月」という日付があり、その上に大学印が押されています（ハンコが押される位置の意味については後述します。日付に重ねていることを気にしておいてください）。

・最後には、「東京大学医学部綜理　池田謙斎（印）」と、この文書を発給する立場の人物の肩書・名前と印があります。

以上のような、文書のどの部分にどのような要素を配置するかという書式、フォーマット、そして広くは用紙や墨などに何を使うかという物としての面も含めた文書の作り方は、「様式」といわれ、文書の機能や歴史を考える上で大変重要ですので、後で通史的に扱います。

卒業証書の様式と印

卒業証書に印が二つ押されているのは、現在もほとんどの学校に共通した様式だと思います。これについて少し詳しく見てみましょう。

一つの印は、「○○学校之印」のような学校印、すなわち組織の印で、これが本来の意味での公印です。現在は名前の上の余白部分に押されている物が多いですが、先に見た東京大学医学部印のように、日付の上に押されているものも時々あります（自分の物も、確かめてみたら一部がそうでした）。

もう一つの印は、文書を発給する立場の組織の長の印、つまり「○○学校長　氏名（印）」のように、校長の氏名の後に押されるものですが、その印文は、現在では「○○学校長之印」のような、個人名ではなく、かといって組織自体の印でもない、「校長」という職の印になっていると思います。

現在「公印」と呼ばれているものの多くは、実はこの職印です。名前の最後の一字にかけて押すのも一般的な慣習ですが、これは考えてみると「署名捺印」と同じ方式、あるいは個人のサインである花押《かおう》と同じ位置に押されている訳で、公印をあたかも個人の印であるかのように使い、一種の「公私混同」になっていることになります。組織が出した文書であるなら、組織の印つまり「東京大学」のような組織名を書いた本当の公印があれば足りるはずで、実際、明治初期の小学校などの卒業証書は学校印だけで、個人名やその下の印はなかったことが知られています。

ですから、現在「公印」といっている組織の長の職印は、本来は個人印だったものです。先ほどの東京大学の卒業証書の校長印相当の印は、印文を読むと、「東京大学医／学部綜理／池田謙斎」となっていて、まだ「肩書付きの個人印」であることが分かります（図2）。

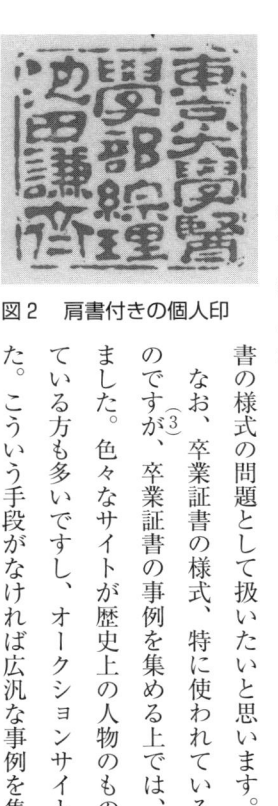

本来は個人印であった職印が、現在は「公印」として使われていることにも、もちろん歴史的な背景があります。文書様式の歴史の中で考えると、公的な文書も個人名で出して公印は使わなくなる、個人が出す書状のような様式になる、という律令国家の変容以来の、日本の文書史の大きな流れの帰結なのです。そんなことも、また後で古文書の様式の問題として扱いたいと思います。

図2　肩書付きの個人印

なお、卒業証書の様式、特に使われている印については、論文を書いたこともあるのですが[3]、卒業証書の事例を集める上では、ネット上に出ている画像が大変役に立ちました。色々なサイトが歴史上の人物のものを上げている他、自分のものをアップしている方も多いですし、オークションサイトには古い卒業証書もたくさん出ていました。こういう手段がなければ広汎な事例を集めるのは難しかったと思いますが、ネットのおかげで、多くの事例を居ながらにして収集できました。これも、技術の発達によって、史料が実質的に拡大した例の一つだと思います。

図3　「學」の古い篆書体

文字について考える

先ほど、印の色や形には呪術的ともいえる機能がある、と言いましたが、文字、特に象形文字である漢字にも呪術的な性格はあります。だから人の名前や、年号つまり「時」に付けられた名前などには、縁起の良い「嘉字」を選びます。文字だけでなく、言葉にも「呪《まじな》い」のようなものがありますし、あるいは物としても護符などがあり、これから扱う文書という史料は、そんな性格すなわち機能をはらんだものだと思います。

文字というもの自体について少し考えてみましょう。先ほどの卒業証書に押された印の中に書かれた印文を見ると、もちろん旧字体で、また「篆書《てんしょ》」という、今日でも印によく使われる字体で書かれています。この字体は、漢字の起源である甲骨文字に近いので、象形文字としての成り立ちも分かりやすいです。

例えば、「學」という字は、建物（ワ冠）の中にいる「子」を、年長者が「交（××）」わって、両方の「手」で引き上げる、という形からできていて、より古い字体では、図3のようになっています。（「學」という字は画数が多いので現在は「学」という略字になっていますが、本来の意味を知ると、何かを教え込むということではない、子供の能力を引き上げるという教育観で、とても良いです。博物館でも、近年は押しつけ感のある「教育普及」よりも、利用者を主体にした「学習支援」の語を好む傾向があります。こういう問題については、また第三部で。）

文字は、そして文字によって作られた文章は、現実（願望などを含む）を記号で表現したものです。それ自体は現実ではないですし、現実はなかなか表しきれるものではないのですが、それでも、誰かが、誰かのために、いつかどこかで、それを何とかして表そうとしたものであることを、まず確認しておきたいと思います。

漢字をどう読むか

もう少し、文字のことを歴史的に考えてみましょう。

日本における漢字の読み方には、「音読み」（中国の発音を元にした読み方）と「訓読み」（日本の固有語をあてた読み方）の二つがあることはご存知と思いますが、「音読み」にも、歴史的に生じた三種類の読み方があり、簡単にいえばこういうものです。

呉音：朝鮮半島経由の古い読み方（百済《くだら》の尼僧が対馬で経典の読み方を伝えたという伝承から「対馬音《つしまごえ》」とも呼ばれる）

漢音：遣唐使などが学んでもたらした読み方

唐音：禅僧や商人などの往来によって生じた読み方

例えば、正：ショウ、明：ミョウ、経：キョウ、令：リョウ、病：ビョウという読み方がありますが、いずれも古い時代に入った呉音が残ったものです。漢音はそれぞれ、セイ、メイ、ケイ、レイ、ヘイ。明をミン、経をキンと読むのは唐音。この読み方から、大陸から文化を取り入れる際に、まずどんな分野を学んだかも推測できます。呉音が残っているもの、つまり、天文学（暦）、仏教、法律、医学、などですね。

別の例を挙げると、「和」という字は、呉音：ワ、漢音：カ、唐音：オ、なので、鑑真和上（和尚、ワジョウ）、最澄和尚（カショウ）、一休和尚（オショウ）という宗派の違いによる呼び分けも、実は歴史的な背景を示していることが分かります。

日本の漢字の音読みは、中国の方が新しい読み方になっても既に定着した語は変更しない「別名保存」なので、それで言葉が伝わった時代が分かる訳です。同じ読み方の語は同じ時期に属する、といえるのであれば、それは一種の「編年」にもなりますから、それ自体が一つの史料であるといえるでしょう。このように、物の形や、あるいは「読み方」などが時代によって変わっているということ、これは、例えば衣服とか車の形とかでも同じですが、どういう形が、どの時代のものか、ということが分かってくると、時間軸を加えた立体感、四次元の「奥行き」のようなものが見えてくると思います。それはもう歴史であり、史料として物を見ているといってよいのではないでしょうか。

「当時の読み方」の問題

文字史料の漢字をどう読むか、というのはなかなか難しい問題です。特に漢字で表記された人名は決め手がないことが多いのですが、それでもだんだんと研究は進化していて、例えば僧侶の名前は、仏典の読み方が基本的に呉音なのですべて呉音にしがちでしたが、漢音が入ってからは同時代的な漢音読みだったらしいことが分かってきています。二〇二二年のＮＨＫ大河ドラマ「鎌倉殿の十三人」で、源頼家《みなもとのよりいえ》の長男「公暁」を「くぎょう」ではなく「こうぎょう」と呼んで話題になりましたが、これも、「公」を呉音の「ク」ではなく漢音の「コウ」で読んだものです。ただそうすると、「空海」の読みも、当時は漢音の「こうかい」だったのでは、ということになるかもしれません。

これに限らず、当時の読み方を示す仮名書きの史料が見出されたり、あるいは後述のように宣教師のローマ字の表記で当時の読み方が分かったりする場合もあるのですが、かといって、それに合わせようとすると一般の人たちに通じない、辞書を引くこともできない、という問題が生じてしまいます。博物館などでの一般向きの解説では、人名には振り仮名を付けるのが普通ですが、しかし「当時の読み方」にしてしまうと混乱するので、私は基本的には「辞書を引ける読み方」にしていました。例えば、宣教師のローマ字表記によれば、大友宗麟の「大友」は「オードモ（Vódomo、VはUと同じ）」、蒲生氏郷の「蒲生」は「カモ（Camo）」だったはずですが、そう書くことはしません。

理屈の上では正しいといえないことでも、ある程度時間が経ってしまうと、その間の歴史を無かったことにはできず、その上に新たな歴史を営まざるをえない、ということはありますね。事実は事実として明らかにするのが歴史学の仕事ですが、長く定着していることを否定して改めるべきかどうかは、また別の難しい問題です。

「方言周圏論」という原理

言葉が元々作られた中心から次第に周縁に広がっていくということは、後でまた触れる民俗学では「方言周圏論」という理論になっています。漢字文化圏である、日本・朝鮮半島・ベトナムには、同じ漢字起源の言葉があります（例えば「注意」は、朝鮮語：주의 チュイ、ベトナム語：chú ý チューイー）。「移徙《いし》」という、日本では中世頃までで廃れた転居を意味する言葉が、韓国では今でも「이사 イサ」として残っているのには驚きました。また、日本の漢籍の写本は、版本が発達する前の、遣唐使が持ち帰った古い写本のテキストをそのまま残していることが多いため、筆写の年代が新しくても意味があるそうで、その点が近年中国の学者からも注目されています。

文化の中心地、日本なら前近代に都であった京都では、新しいものが次々と生み出され、それが地方に伝播していき、結果的に中心から離れた所ほど古い言葉が残る、というのが「方言周圏論」の原理ですが、東アジアの漢字文化圏全体で見ても、同じようなことがいえるのではないかと思います。

試みに唐の都があった長安を中心に同心円を描いてみると、図4のようになります。漢字の読み方（音読み）は、日本には、呉音、漢音、唐音、と三度くらい波状的に新しいものが入ってきて今日に至っている訳ですが、朝鮮半島やベトナムではどうだったか、といった比較をすると面白そうですし、自国の歴史や文化を相対化して客観的に

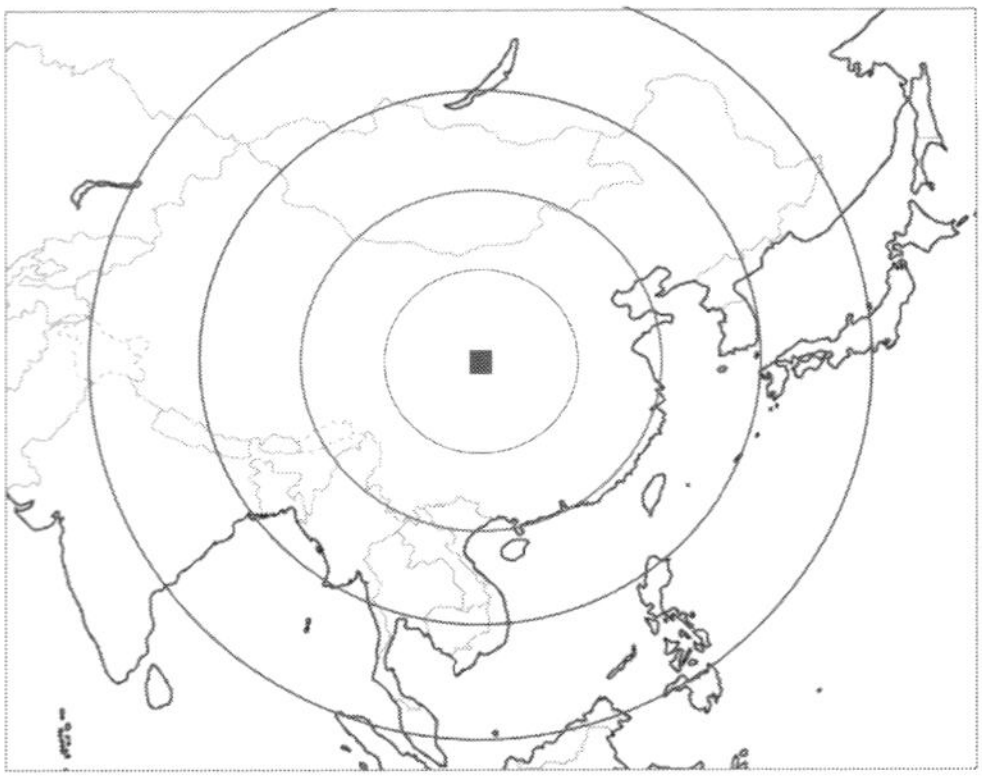

図4　長安を中心に描いた同心円図

捉えることもできるようになります。古文書の様式については、そのような国際比較を試みたことがあるので、また後で触れたいと思います。

なお、ベトナムが漢字文化圏だったことは、学生さんに聞いてみると知らなかった人も多いようですが、「ハノイ」も実は漢字名の「河内」ですし、漢字を元にしたチュノム（字喃）という文字も作られています。およそ十〜十三世紀頃、日本なら平安時代〜鎌倉時代頃に、東アジアでは、漢字を元にして各民族が独自の文字を作る動きが盛んで、契丹《きったん》文字・西夏《せいか》文字・女真《じょしん》文字などがあり、「擬似漢字」という言い方がされるそうですが、日本の平仮名・片仮名や日本独自の「国字」（畑・峠など）もその一種ですね。

なお、ハングルは漢字起源ではなく、十五世紀に新たに作られた表音文字です。このような、漢字とは別の民族固有の文字を漢字とどう使い分けるかという問題も、文字史料を考える上では大事なところで、仮名やハングルなどは、公私の別やジェンダーの問題にも関わってきます。日本の仮名文字は、女性の文字といわれることもありますが、男性も身内同士の間などでは使いますから、むしろ漢字・漢文の方が、公的、「お役所」的なものだった、と考えても良いと思います。

文字史料の持つ情報

ここで、文字を用いた史料の位置づけについて、第一部での議論を踏まえて改めて考えてみましょう（第二講の図3を参照）。

文字史料にも、それが書かれた紙などの媒体には当然「物」としての情報があります。伝来についての情報も、他の史料と同じようにあります。そして、書かれた文字が示す内容や、印の色とか形など、あるいは文書の書式などは、それらが何かを伝えようとして用いられているので、概念としては「機能情報」ということになります。この「機能情報」は、もう一度整理すると、こういうことになるでしょう。

機能情報

A　記述情報（記号として表される機能情報）

①　言語情報

文字情報

音声情報

②　非言語情報

図像情報

行為情報（所作など）

B　形状情報（物の「形」に含意される情報）

書かれた文字が示す内容は、「A　記述情報」の「①言語情報」であり、そのうちの音声ではなく文字で記述された情報、ということになります。しかし、文字の大きさ、字体、墨色、あるいは印の色や形といった視覚的な側面は、「②非言語情報」の「図像情報」になるでしょう。文書の様式は、視覚的である点では同様といえますが、そのフォーマットが「形」としての意味を持っているという点では、「B　形状情報」としての意味が強いと理解できます。分類自体はあまり意味がないことですが、文字史料の持つ機能情報も、このように多様であることはひとまず押さえておきたいと思います。

＊　＊　＊

以上、今回は文字史料の導入として、またこの講義も後半に入りますので、史料情報の全体像についても振り返ってみました。

次回からは、文字史料のうちの、「文書《もんじょ》」という分野を取り上げて、時代による変遷を追いながら、その史料としての情報の引き出し方を考えてみたいと思います。

注

（1）「宛先」の「宛」は、本来の文字は「充」です（図5）。異体字が「宛」に似ていることからの混用であり、「宛」は「かがむ、まげる」といった意味の漢字で、「あてる」の意味は無いですから、「充」が正しいのです。しかし通用していますから、本書でも一般的な場合は「宛先」「宛てる」にします。古文書学の用語としては「充所《あてどころ》」があり、これを「宛所」とするのは抵抗があるので、これはそのまま「充所」にします。

図5　「充」の異体字

余談になりますが、こういう形の類似からの混用に「杜」があります。この漢字に本来「もり（森）」の意味は無く、ヤマナシという木を意味する字なのですが、でも「もり」と読むのは、日本の神社は樹木の茂った所にあったので、「社」に「もり」という訓読みができ、似ている「杜」も「もり」と読むようになったのだそうです（『枕草子』〈石田穣二訳注、角川ソフィア文庫、一九八〇年〉は、「森」の段でこれを取り上げ、「字形の類似から誤ったものかと言う」としています）。日本での漢字の使い方には、こんなこともあります。

（2）大森治豊卒業証書を掲載しているサイトは、九州大学医学部生命科学科「医学部風姿花伝シリーズ12」（二〇〇九年九月十四日）。

（3）小島「日本の文書様式における印の問題をめぐって―公印・私印の近代への展開―」（マルクス・リュッターマン編『「かのように」の古文書世界―コミュニケーションの史的行動学―』彩流社、二〇二四年刊行予定）。

補論

言葉の初見年代――「サオトメ」はいつから?――

四月から毎週の講義を始めると、この辺で六月になります。文字史料、特に文書には、普通は日付（年月日）が書かれているので、それが「いつ（When）」なのかを当然気にするのですが、西暦が採用された明治五年（一八七二）以前だといわゆる「旧暦」なので、だいたい月遅れになり、つまり今の六月は、まだ五月ですね。従って、旧暦の「五月」は梅雨時です。文書に書かれた日付は、つい「年」だけ見て済ませがちですが、「月日」を考えることも、特に共時的に歴史を見る時には大事です。

五月の異称に「サツキ」がありますが、この語は、サ（田の神）の月、田植えの月という解釈で納得がいきます。六月の異称「水無月《みなづき》」は、「無」は「な」の当て字なので、言葉の意味としては、「水が無い月」ではなく、「水の月」と解せます。この場合の「な」は、「の」を意味する古い語（「みなと」「まなこ」など）だからです。こういう「語誌」は、国語辞書を見ると書いてあることがあって、とても興味深いです。

「五月女」などと表記する「サオトメ」は、田の神「サ」に関わる語ですし、田植えに際しての女性の宗教的な意味が説かれたりもするので、なんだか大昔、弥生文化の時代から?ずっとそうだったように思ってしまうのですが、ところが、言葉としての用例を『日本国語大辞典』（小学館、第二版二〇〇三年）で見てみると、挙がっているのは、一〇五一年の文献（「永承六年内裏根合《ねあわせ》」）でした。意外なことに、「サオトメ」の初見は十一世紀半ばまで下るようで、たしかに、「万葉集」にも「古今和歌集」にも、ありそうですが見当たりません。ジェンダー史的には、古代には男女がともに田植えをしていたことが知られていますから、超時代的な存在に見える「サオトメ」という言葉、概念、そして実態は、実はそんなに古くからのことではない、歴史的にできてきたものであることが分かります。中国では「男耕女織」という観念があって、田植えを含む農耕は男の仕事とされますから、女性が田植えを行うというのは、それとは異なる日本的な文化といえそうです。十〜十一世紀頃は、大陸から移入された文化の「和様化」が進んだ時期でもあり、これもそうした歴史の推移の中で、総合的に考えるべき問題なのだろうと思われます。

『日本国語大辞典』は、文学のみならず歴史分野の資料も用例に取り上げているので、いつ頃からその言葉が使われたかを知ることができる大変優れた辞書です。文字史料の解釈には必ず参照すべき物といえますし、この用例自体が既に歴史を表していると思います。

第九講

文字史料②

文書の様式の歴史（一）

日本の文書史の流れ

今回と次回は、「文書《もんじょ》」という文字史料の一つのジャンルを取り上げて、その日本における歴史をたどりながら、史料としての性格を考えてみたいと思います。「古文書学」というより、史料を素材にした一つの歴史、「文書史」ですね。その際、書かれた文字の内容だけでなく、さまざまな側面を含んだ全体的な史料として考えるために、主に「様式」とその機能から考えることにしたいと思います(1)。

まず日本の文書史の流れを簡単に説明すると、律令起源の公文書のような「官」の文書」と、個人の文書である「書状」の二つに大きく分けて考えることができ、次第に「書状」の系統が公的な部分にも盛んに用いられるようになっていき、そして近代を迎える——という見通しを立てることができます。この経緯をざっくりイメージ化したのが、（色々問題はあるのですが）図1です。

文書の構成要素

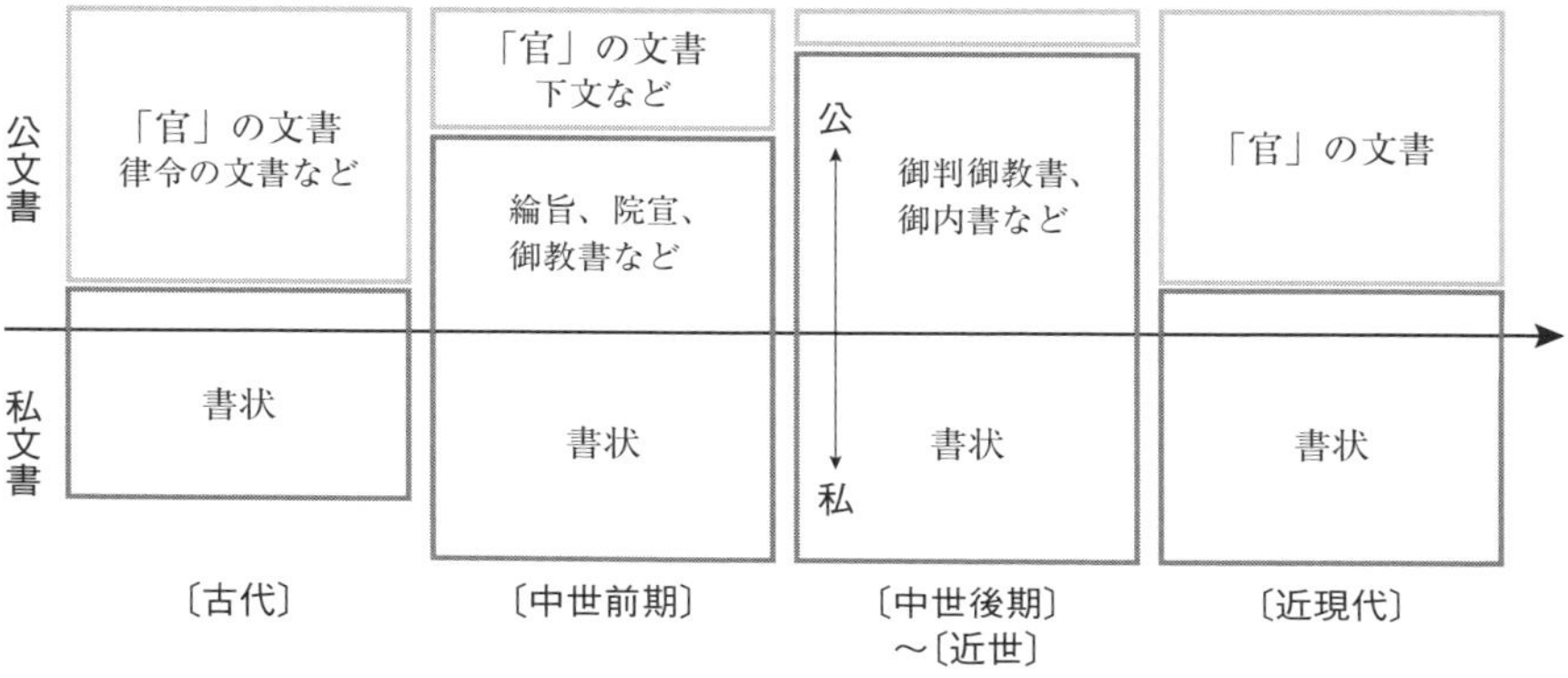

図１　日本の文書様式の時代による特徴（案）

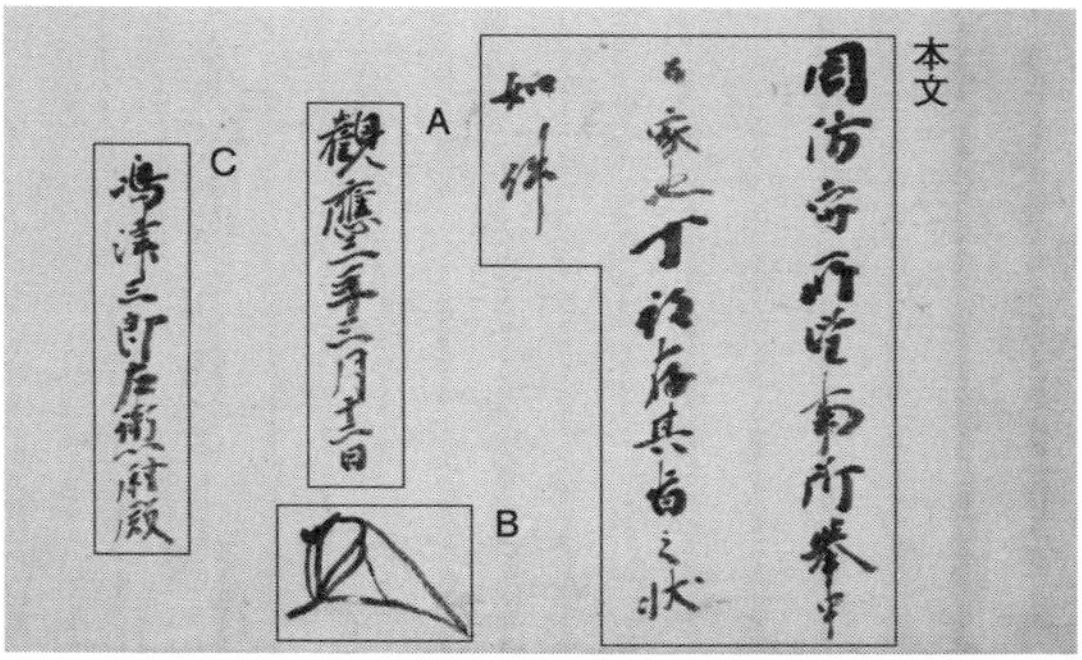

図２　文書の構成要素（文書は「足利尊氏御判御教書（官途推挙状）」観応３年〈1352〉）

文書の基本的な要素としては、本文・日付・差出・宛先（専門用語としては充所《あてどころ》）があり、これをどう配置するかで様式が変わってきます。例として、足利尊氏《あしかがたかうじ》が家臣に宛てた文書を掲げましたが（図2）、まず本文があり、その後に、日付（A）と署名（B、ここでは花押《かおう》）があり、最後に宛先（C）がある、という構成は、書状系の文書としては普遍的なものであり、今日の書状とも大きくは変わらないことが分かります。このような書状系の文書様式が、公的な文書でも広く用いられるようになった、というのが日本の文書史の特徴です。

「6W1H」については、文書の場合は多くの要素が明示されているので、絵画史料よりもずっと分かりやすいです。「いつ（日付）」「誰が（差出）」「誰に（宛先）」「何を（本文）」は、まさにそれに相当するものが、文字でちゃんと書かれています。「どのように」というのが様式に相当するともいえますし、それは後述のように差出と宛先の関係を示しますから、「なぜ」にもつながります。「どこで」は、文書の中には直接は書かれていないので見落としがちですが、通常は、差出（書いた人）と宛先（受け取った人）のいる場所が違うから文書が作られるので、これも「なぜ」につながる、必ず考えるべきことです。「どこにいる誰が、どこにいる誰に」という問題として考えていくと、それぞれの文書の意味がよく分かってきます。

文書史を通史的に見る

・律令の文書

以下、時代を追って、一通り日本における文書様式の話をしてみたいと思います。

まず律令の「公式令《くしきりょう》(2)」に定められた様式の文書（公式様文書《くしきようもんじょ》）の例として、太政官符《だじょうかんぷ》（図3）を見てみましょう。

公式様文書は、基本的に役所間の文書なので、相手との関係によって、上から下への命令や許可（符《ふ》）、下から上への申請や報告（解《げ》）、上下関係の無い組織間の連絡（移《い》・牒《ちょう》）、という様式の区別があります。

この文書は、最初に「太政官符す神祇官」とあり、太政官が神祇官に命令（符）を行う、という内容であることが分かります。本文の後、後ろから二行目が担当者二人の署名で、上の人物は、「従四位下行左中弁《さちゅうべん》兼中務大輔《なかつかさのたいふ》大伴宿禰《すくね》家持」とあり、「家持」は筆跡が異なる別筆、この場合は自署ですが、これは「万葉集」で有名な大伴家持《おおとものやかもち》（七一八？〜八五）です。自署は、後になると、名前（実名《じつみょう》(3)）のくずしなどを元にした花押になりますが、この時代はまだ楷書《かいしょ》で書いています。最後の行は日付で、「宝亀三年（七七二）正月十三日」とあります。大きな方印（「太政官印」）が、薄れている部分もありますが、文書の文字部分全体に押されています。これは公式様文書の特徴で、意味としては改竄《かいざん》の防止と考えられています(4)。

先に見た卒業証書に押された大学印と比べると、組織の名前を印文にした方形の朱印であることは同じですが、押し方は異なっていて、卒業証書の方は、名前の下と、日付の文字上、でした。名前の下の印は、花押の位置に起源すると思われますが、文字上に押された印は、このような押し方に淵源するといえるでしょう。今日ではあまり行われませんが、文字を封じて証明するという、本来的な用法といえます。

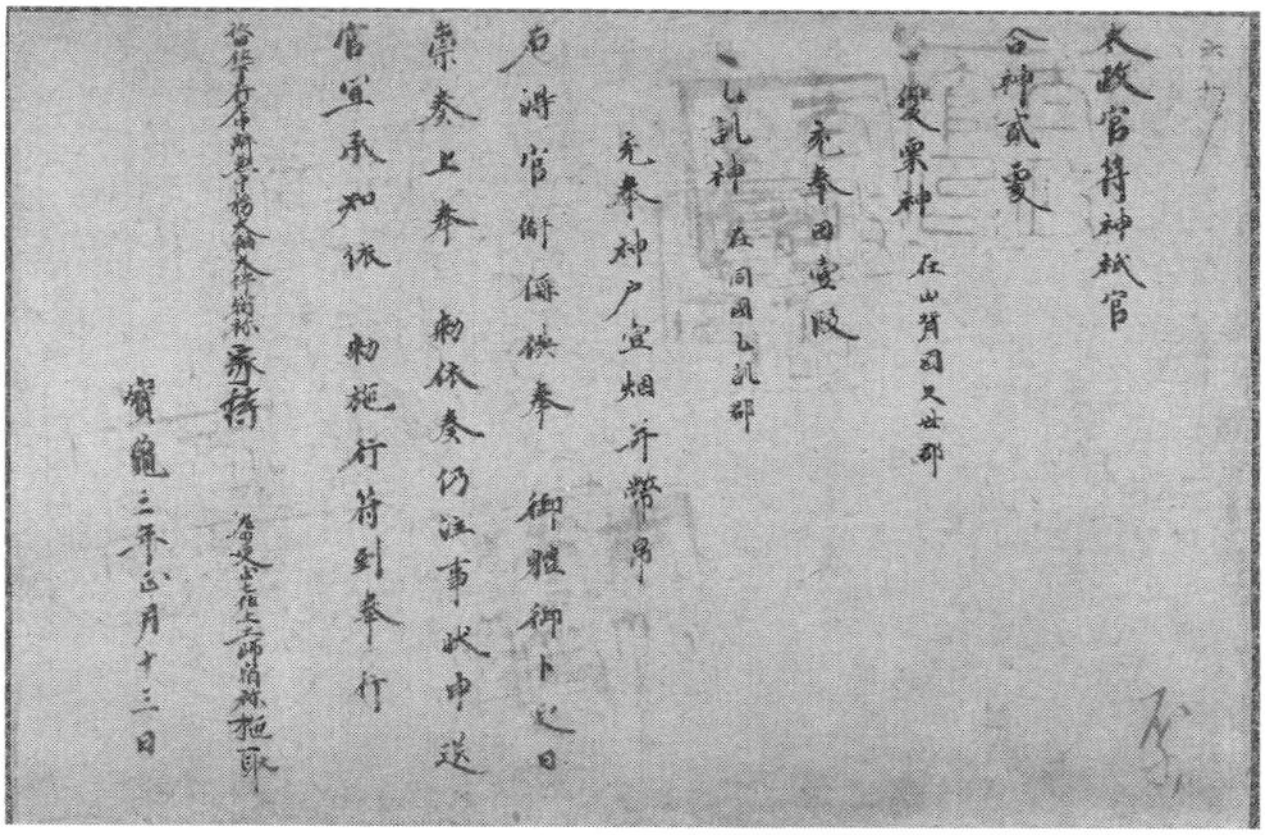

図3　太政官符（宝亀3年〈772〉）

ちなみに、韓国の文書様式は、このような律令系統のものが長く続いており、歴史的に見ると、同じ中国から受容しても、その後の変遷は日本とは大きな違いがあります。国際的な比較をすることで、日本の文書・文書史が相対化され、その独自の意味が分かってきます。

・印を使用しない公文書

次の平安時代後期の「官宣旨《かんせんじ》（弁官下文《べんかんくだしぶみ》）」（図4）は、中央の役所である「左弁官《さべんかん》」から、地方の「紀伊国《きいのくに》」に出された、律令官制の中の文書ですが、印はなく、官人のサイン（花押）だけで済ませています（後ろから二行目の「保元三年八月七日」という日付の下に「大史小槻宿禰《だいしおづきのすくね》（花押）」、次の行の上に「少弁平朝臣（花押）」とあります）。役所同士の間でも、律令の規定にはない、新しい様式の文書が生み出され、使われて

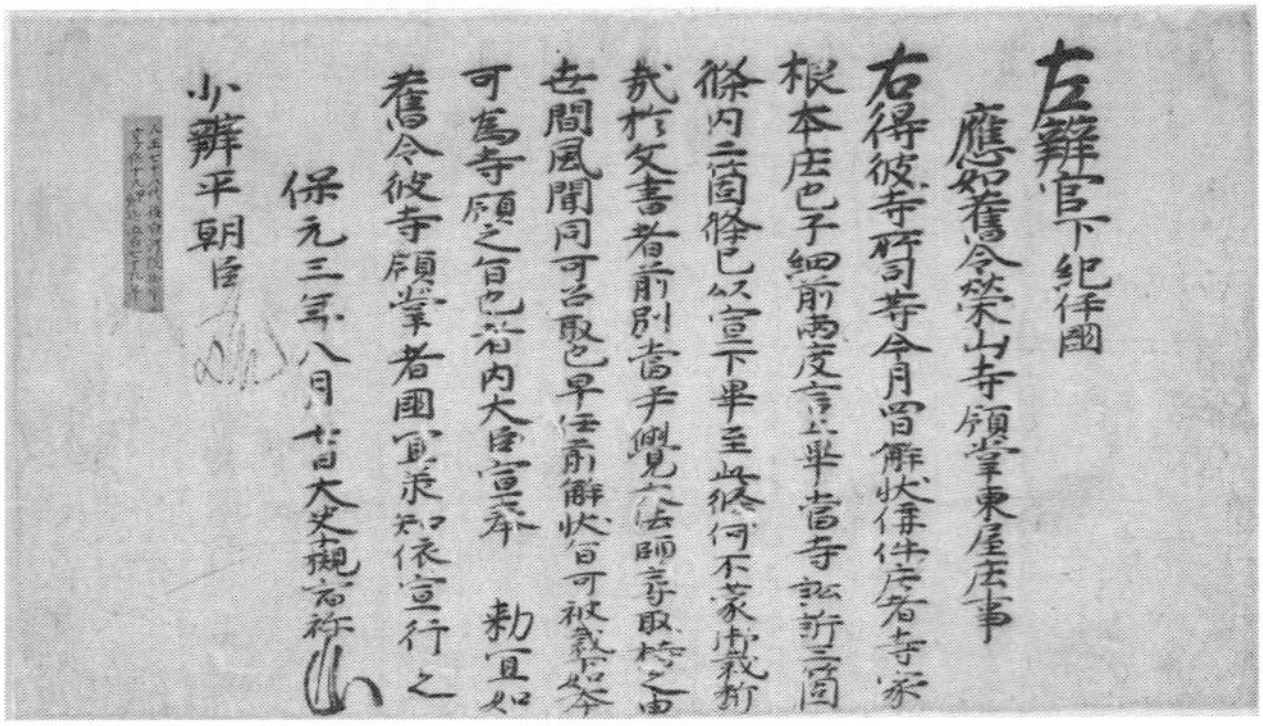

図4　官宣旨（弁官下文、保元3年〈1158〉）

いることが分かります。

また、これは上意下達の文書ですが、公式令に定められた「符す」ではなく、「下す」となっていて、その点でも律令の規定から逸脱しています。上を大きく下を小さく書くのも「上意下達」を視覚化する意味のようですが、ちょっとプリミティブな感じもします。

・個人が個人に出した文書—書状

個人が個人に宛てて出す書状形式の文書は、律令の規定にはないのですが、「書儀《しょぎ》」といわれる中国の文例集などを参考に、奈良時代から既に作られていて、正倉院文書の中にも例があります。平安時代に、貴族の間で書状のやり取りが盛んに行われていたことは、「源氏物語」などの記述でもよく知られていますね。ただ、これはその時だけのコミュニケーションツールなので、実物は廃棄されてしまうことが多いです。史料のうち、何が残り、何が残されないか、という「伝来」の問題です。

書状がどういう場合に残るかを考えてみると、

①　受け取った人間にとって、残す価値があるので残した

②　残すつもりはなかったが、たまたま残った

という二つの理由が考えられます。

①は、相手への愛情などから残す場合もあるでしょうが、無粋なことをいえば、立場が上の人からもらった手紙は、実質的に権利の保証（公験《くげん》）として機能するので、個人の出した書状形式の文書が、次第に公的な文書にも使

われるようになっていきます。

②の例として有名なものに、次頁図5の「源　義経《みなもとのよしつね》書状」があります。裏にびっしり文字が書かれていますが、この書状は、八条院《はちじょういん》という女性皇族からの問い合わせへの義経の返書で、その時だけのものですから、のちに廃棄されて反故紙《ほごがみ》としてお寺（高山寺《こうざんじ》）に寄進され、そこで裏が帳面にされて仏典が書き写され、結果として今日に残った、というものです。近代になってから、裏になっていた義経書状などの方が貴重だと見なされ、文書の方を表にして、他の文書とともに屏風に仕立てられています。このようにして残ったものを「紙背文書《しはいもんじょ》」と呼んでいます。

様式を見ると、本文の後、最後の行に「六月廿八日　左衛門少尉義経奉」と、日付と署名があります。書状では、普通はこの後に宛先が書かれますが、ここでは省略されていて、返書であるためと思われます。差出人の署名は、後になると、武士などは花押以外は秘書（右筆《ゆうひつ》）が書くようになりますが、この頃は、まだ全文自筆が普通です。源義経の数少ない筆跡として知られています。

なお、この文書だけだと宛先が無くて、問い合わせた主体である八条院の存在が分からないので、展示に出した際に、書かれた内容をイラストにしたことがあります（図6、国立歴史民俗博物館企画展示『性差《ジェンダー》の日本史』〈二〇二〇年〉で使用しました）。また第三部でお話ししたい、史料の内容をどう伝えるか、という問題です。

・「奉書」という書状

「後醍醐天皇綸旨《ごだいごてんのうりんじ》」（図7）も書状系の文書ですが、ある僧侶に寺院の継承を認める公的な内容です。中世には、このように官僚機構に依らない権力者個人の文書が公的な場面でも大きな効力を持ち、「公験」（権利保障となる文書）として機能するようになります。書状は、本来は「年」を書かないで月日だけなのですが（今でもそうですね）、ここでは、のちの証拠とするために、「三月十七日」という日付の肩に、「正中三」という年号を、受け取った側が書き込んでいます。

この文書の特徴は「奉書《ほうしょ》」であることで、文書の差出は天皇自身ではなく、秘書役の蔵人《くろうど》（「左少弁季房」）です（前の源義経書状のような、本人が自分の名前で出した文書は、「直状《じきじょう》」と呼びます）。段落を代えて「天気所候也（天気そうろう所なり）」とあるのが、「天皇の意思はこうです」と説明している文言です。料紙が黒っぽいのは、これは蔵人が

図5　源義経書状（元暦2年〈1185〉）

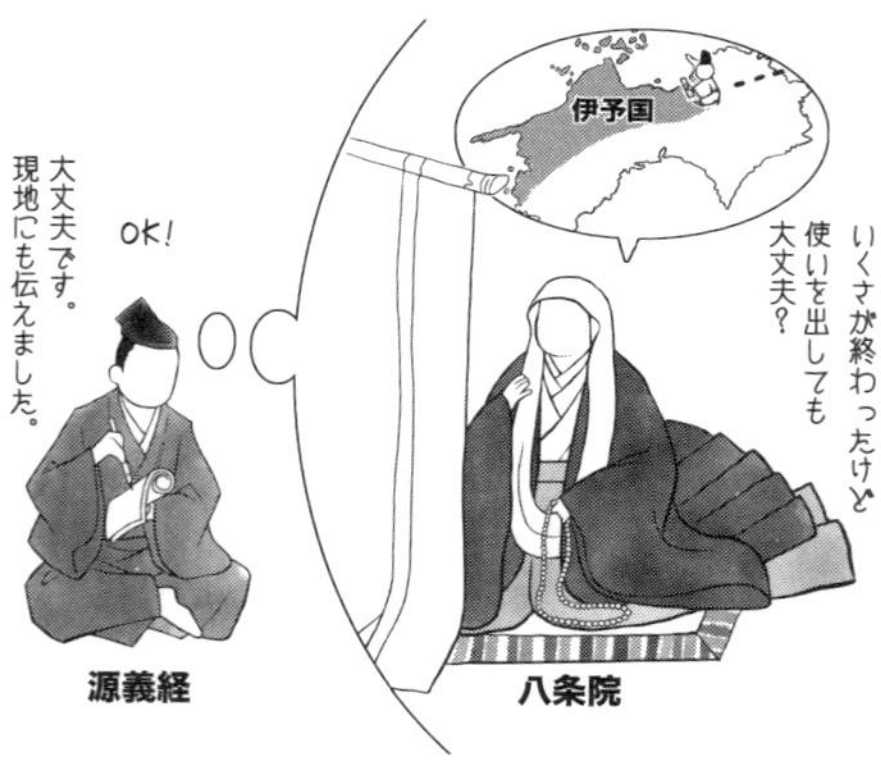

図6　「源義経書状」のイラスト化

用いた「宿紙《しゅくし》」という漉《す》き返し紙です。一種の再生紙なのですが、色がついている特殊な紙で、「天皇の文書」として尊重されるようになりました。

高貴な人物は、上下関係がつけにくい個人の文書は出しにくいため、(5)代わりに秘書役の人物が、その意思（この文書なら四行目頭の「天気」＝天皇の気持ち）を奉じたものです。

奉書は、天皇の意思の場合は「綸旨」、院の場合は「院宣《いんぜん》」、中宮《ちゅうぐう》などその他の皇族は「令旨《りょうじ》」などと呼ばれますが、いずれも同様の書状系文書です。ベトナムの「令旨」という文書も見たことがありますが、これは日付に朱方印を押した、様式的にも全く公的な文書でした。(6)同じ名前の公文書でも、日本の文書様式は書状系に大きく変わり、一種のガラパゴス的な発達をしたことが分かります。

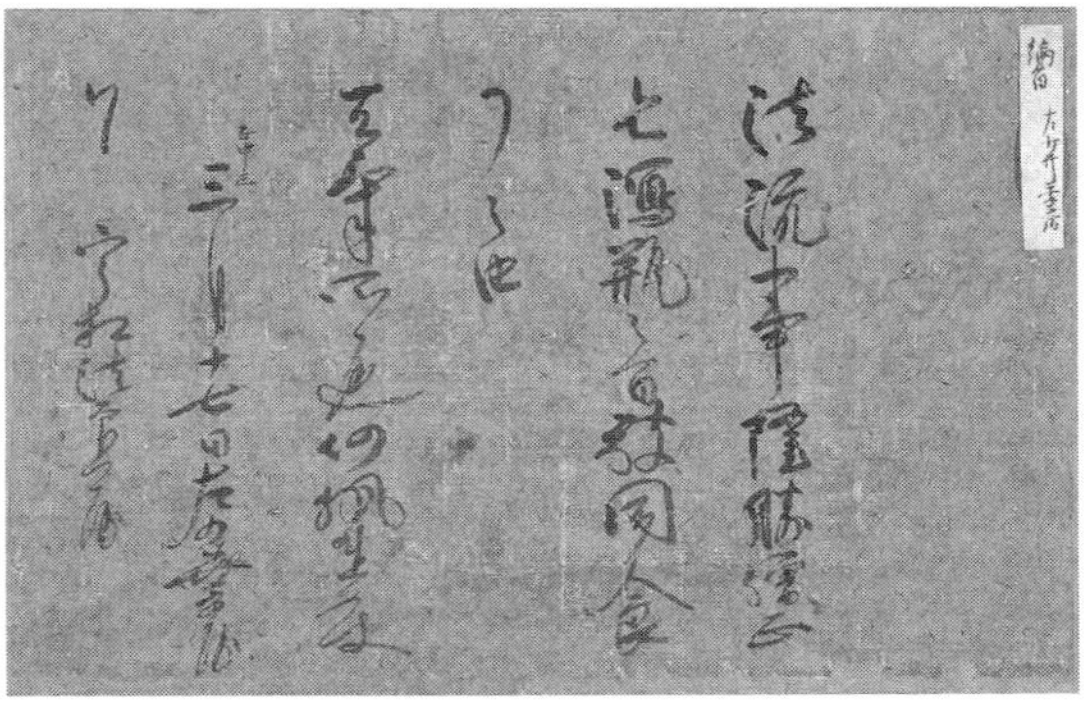

図7　後醍醐天皇綸旨（正中3年〈1326〉）

・武家の文書―鎌倉幕府

武家の文書も、律令由来の「「官」の文書」と、個人の出す書状系の文書という見方で理解できます。

例えば、図8の「源頼朝袖判下文《みなもとのよりともそではんくだしぶみ》」は、印は無く、頼朝の花押が書かれていますが、様式的には、先に見た「官宣旨（弁官下文）」と同じ、「下文」系統の文書で、文頭に「下す、下野国《しもつけのくに》左衛門尉《さえもんのじょう》（小山《おやま》）朝政《ともまさ》」と、上意下達の形で宛先が書かれています。もちろん年号も書かれていて、公文書的な様式です。将軍が家臣に領地を与える、安堵する、といった場合に使われたもので、文書の右端部分（「袖《そで》」といいます）に花押を書くのは、最も尊大な形式なのですが、領地の保証は偉い人からもらった方が良いですから、それでこういう表現になっている訳です。

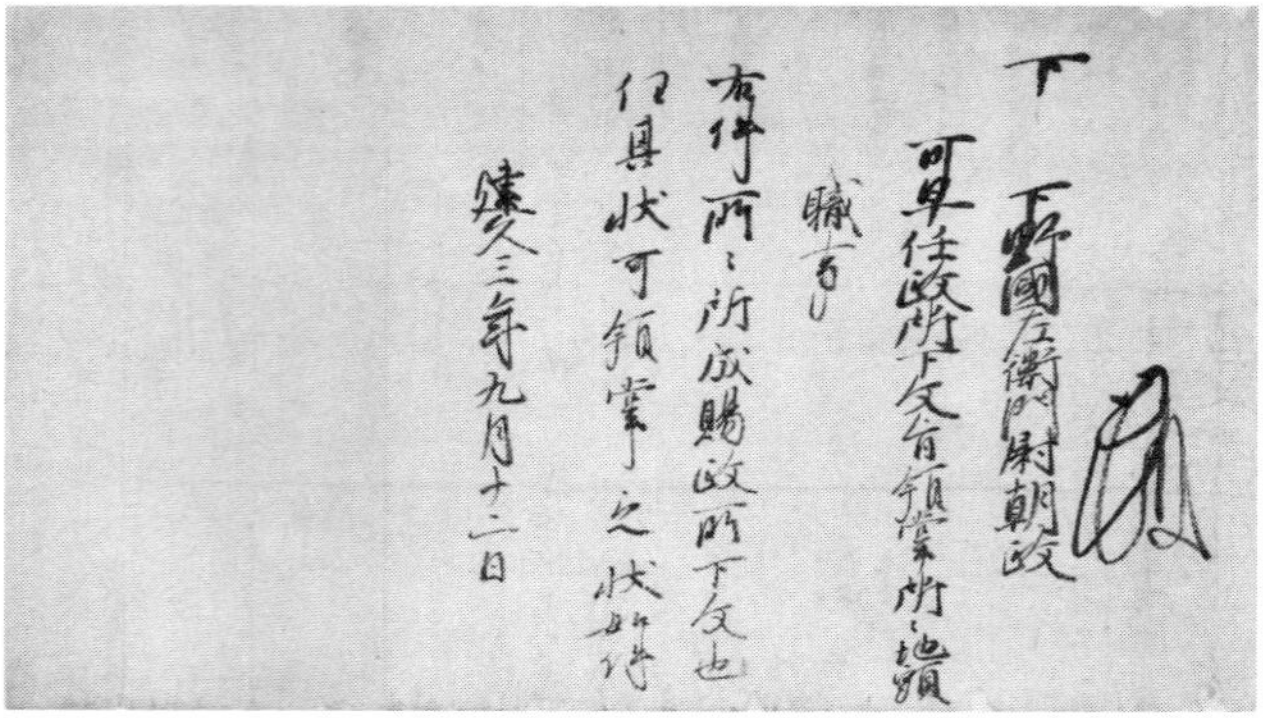

図8　源頼朝袖判下文（建久3年〈1192〉）

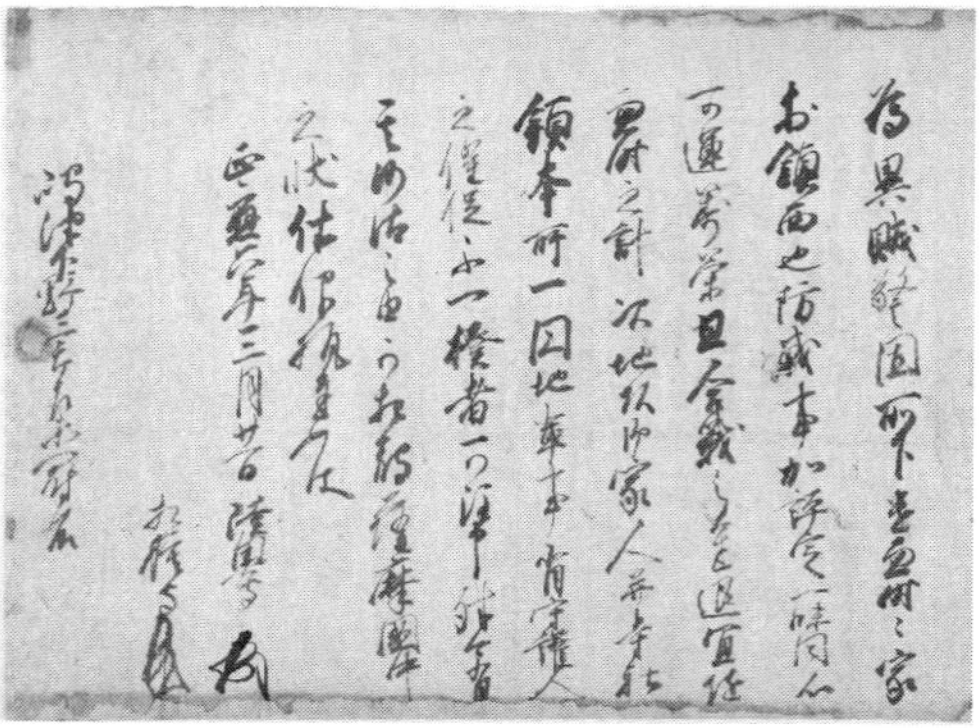

図9　関東御教書（正応6年〈1293〉）

同じ鎌倉幕府が出した文書でも、「関東《かんとう》御《み》教書《ぎょうしょ》」と呼ばれる文書は書状系のものです（図9）。本文の最後に「仰せに依り執達《しったつ》件《くだん》の如し」とあり、執権・連署が将軍の意を報じる形で出した、つまり先に見た「奉書」です。様式的には、まず本文があり、日付の下に差出人の署名がありますが、これは「袖判」とは逆にへりくだった位置です。相手の名前は最後の行にあります。日付に「年」があること、本文の書き止めが命令口調であることを除けば、書状そのものといえます。この文書の内容は、元寇に備えて「異賊警護」を命じたものですが、「公験」として機能するようなものではない、その時その時の御家人への指示などに使われた文書に使われた様式で、「下文」との間には、そのような機能による使い分けがあった訳です。

この他に、両者の中間的な「下知状《げちじょう》」という様式もありますが、このように、鎌倉幕府の文書様式は、「「官の文書」系統の物と書状系統の物のグラデーションで作られ、それぞれに応じた機能を果たしていたことを理解できます。

・武家の文書―室町幕府

室町幕府の文書も、基本的には同じです。足利尊氏の「袖判下文」（次頁図10）を見ると、源頼朝のもの（図8）と全く同じ様式です。この様式を用いることで、尊氏が頼朝のように新たな幕府を作る存在であることを示すことができる訳で、ここに様式というものの一つの意味を見ることができます。文字で表された内容以前に、文書の様式、つまり「見た目」だけで、「こういう様式の文書は将軍様から領地をもらう時のものだ」という意味が伝わる、すなわち「形」そのものに機能がある訳ですから、これはやはり第一部で整理した「機能情報」の「形状情報」に当たるのだと思います。また、洛中洛外《らくちゅうらくがい》図屏風《ずびょうぶ》の所でお話しした、史料や歴史の踏襲性、「写本」性、「変奏曲」的なあり方、といったことを見ることもできるでしょう。

ただ、文書様式の歴史としては、このような「「官」の文書」系の文書は、室町幕府では次第に使われなくなり、書状系の文書になっていきます。文書の要素の説明で使った図2の「足利尊氏御判御教書《ごはんのみぎょうしょ》」は、まさにその系統のもので、将軍親裁の傾向が強かった室町幕府ではこのような将軍自身の書状系の文書が多く用いられ、それが戦国大名や江戸幕府の文書に受け継がれていきます。

・室町幕府の奉行人奉書

室町幕府の実務的な文書としては、幕府の実務を担った武士「奉行人《ぶぎょうにん》」が発給した「奉行人連署奉書」（図11）が数多く残されています。文面としては、最後の所に「仰せ出され候の状、件の如し」と、将軍の命を奉じて出していることを示す文言があるので、奉書であることが分かります。

面白いのは、紙の上半分しか使っていないことで、こういう使い方を「折紙《おりがみ》」といいます。写真では広げていますが、実際は下半分を向こう側に折って、紙を二重にしています。本来なら裏にもう一枚紙を添えるのですが、こ

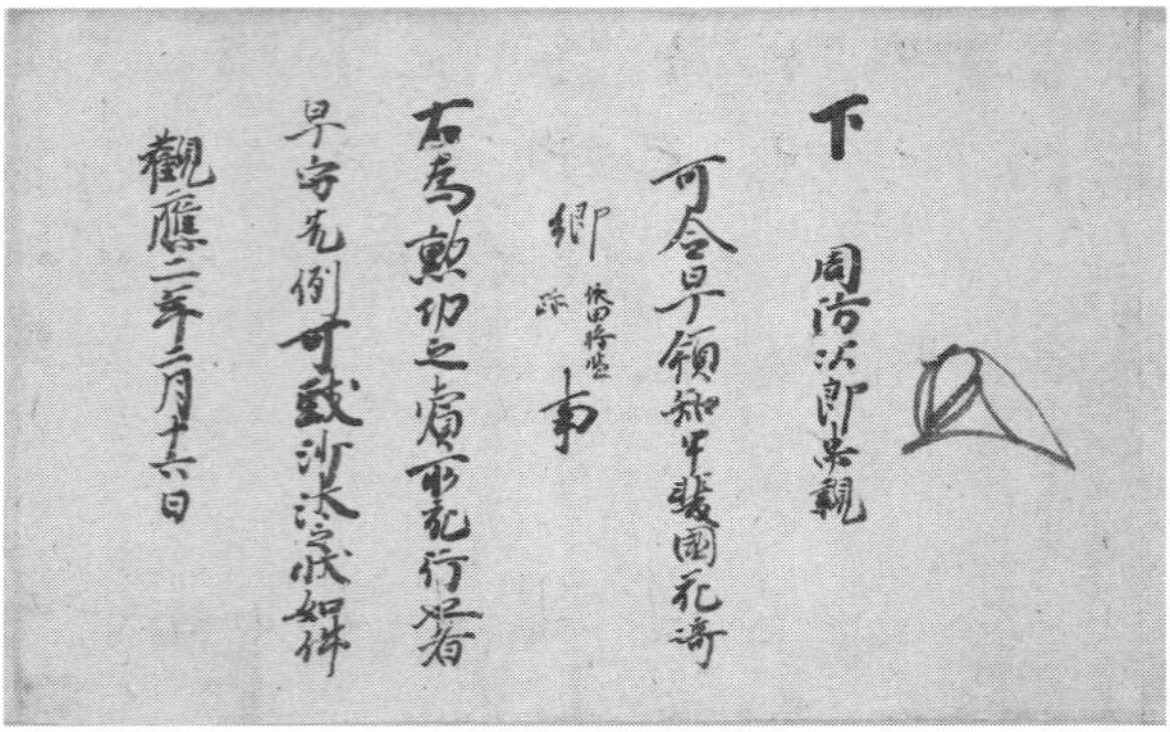

図10　足利尊氏袖判下文（観応２年〈1351〉）

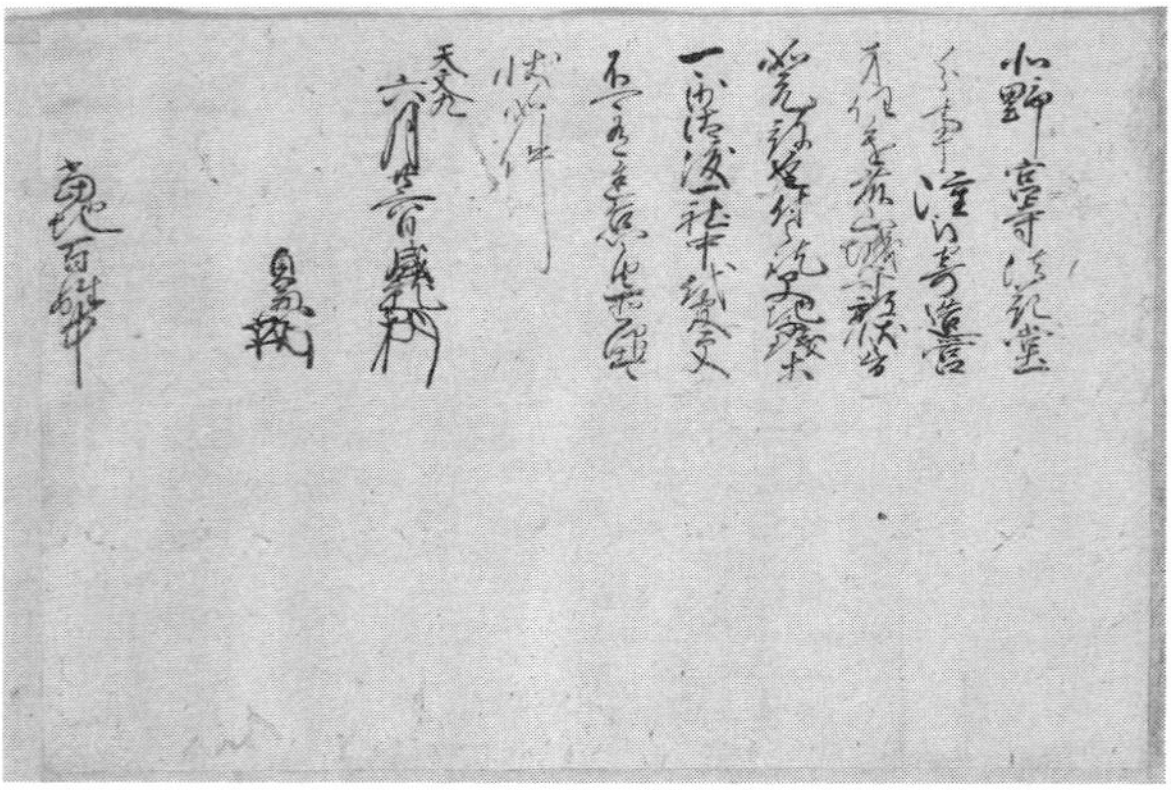

図11　室町幕府奉行人連署奉書（天文９年〈1540〉）

れはそれを一枚の紙で済ませた、つまり略式です。充所は「当地百姓中」となっていて、被支配身分の人たちに下した命令ですから、相手への尊敬度が低い紙の使い方をした訳です。相手が御家人のような尊重すべき人間であれば、紙を折らずに全体に書く「竪紙《たてがみ》」という使い方をして、紙をもう一枚添えます（この紙は普通「礼紙《らいし》」と呼ばれます）。

尊敬の度合いの高低は、「厚礼《こうれい》」「薄礼《はくれい》」といいますが、このような、差出す側と受け取る側の関係性が、つまり文書の様式には表されている訳です。ちなみに、この「折紙」は次第に普通の使い方になって、鑑定書にも用いられたことから「折紙付き」という言葉が生まれた、というのはよく知られた話です。

注

（1）中世を中心とした日本の古文書については、自宅で学ぶことのできるコンテンツ「日本の中世文書WEB」https://chuseimonjo.net/#/を国立歴史民俗博物館の橋本雄太氏と開発し、公開しています。全部で四二通の文書を収録しており、それぞれについて、下記のような画像・翻刻・読み上げ・解説を視聴できます。

・文書の写真（拡大可能）
・翻字と音声（カラオケ表示）
・解説・釈文・大意

また、「総説」として、収録した文書を日本の文書史の中で位置づけていますので、文書史の全体についても学習できます。本書で取り上げた文書の多くを収録していますので、それぞれの文書の詳細を知りたい方は、ぜひご覧ください。

古文書の読み方を学習するには音読が不可欠ですが、従来は大学の専門課程くらいしか機会がなかったので、それを広く公開したものです。ただし、読み方はもちろん当時のものではなく、現在の一つの慣用読みであることはご承知おきください。

（2）律令の漢字の読み方は、「令《りょう》」もそうですが、呉音で読むのが慣例で、岩波思想大系の『律令』の振り仮名も呉音です。ただ、とても読みにくいです。一度ご覧になってください。なお、中国のものは、「〇〇令《れい》」と呼んでいます。

（3）「実名」は、成人が名乗る公式な名前。ただし女性は、官位を得た場合や皇族と結婚した場合などの公式に記録する必要が生じた場合以外は実名がなく、幼時からの名前のままでした。

（4）公式様文書が文字部分全体に印を押すのは、中国の文書に由来すると考えられていますが、しかし中国の唐代の文書では、むしろ日付などの要所にいくつか押すことが多く、全体に押すことが普通ではないので（仁井田陸『唐宋法律文書の研究』東方文化学院東京研究所、一九三七年)、これも日本的な受容のしかたであったと思われます。

(5) 相手への敬意を表するために、今でも手紙の宛先に、「侍史」(主人の傍らに侍る記録係=秘書へ、の意味)や「机下」(机の下に置きます)といった「脇付《わきづけ》」を付けることが行われますが、これも相手を尊敬して直接の宛先にしない、という同じ原理から来ているものです。

(6) ベトナムの文書については、国立歴史民俗博物館図録『日本の中世文書』(二〇一八年)、小島他編『古文書の様式と国際比較』(勉誠出版、二〇二〇年)に写真があります。後者に収録されている藤田励夫氏の論文「安南日越外交文書の様式と伝来」に詳しい解説があります。

補論

文書の書き方・作り方

文書の作成を主人が右筆に指示している場面が、鎌倉時代の絵巻物「春日権現験記絵《かすがごんげんげんきえ》」にあります。文書の「書き方」に注目すると、丸めた紙を二枚左手に持って書いています。紙を二枚丸めているのは、今でも丁寧な人はそうしますが、先述のように、書状は一枚しか書かなくても紙は二枚使うのが本来の作り方だからです。この絵では、丸めた紙を左手に持って書いていますが、当時の日本では普通だったことで、他の絵画でも多く認められます。江戸時代中期頃からは巻紙になりますが、紙を左手で持つこの書状の書き方は、毛筆の場合は、戦前頃まで常識的に行われていたことが、その時代の「手紙の書き方」の本を見ると分かります。

文書の書き方だけでなく、相手への運び方や、受け取って読む様子など、絵巻物には多くの文書を扱った場面が登場します。そういうことに「バイアス」をかける必要はあまりないので、おそらく実際に近いだろうと思います。

図12　文書を書く場面（「春日権現験記絵」巻五、鎌倉時代〈14世紀〉）

なお、机の上に紙を置いて書く書き方は、絵巻物などでは、著作を書くような場合に見られます。最初に挙げた律令系の文書のように、きちんと楷書で書いていた時は文書もそうしていたのだろうと思いますが、書状系の文書が普通になって、文字も「くずし字」になると、手に持って書いた方が書きやすかったのだろうと思われます。

なお、手に持って書く際に紙が二枚になっていることについては、田中稔氏が注目し、「絵巻に見える書状の書き方」（『日本歴史』五二二、一九九一年。遺著『中世史料論考』〈吉川弘文館、一九九三年〉に収録）で紹介しています。

第十講

文字史料③

文書の様式の歴史（二）

文書史を通史的に見る（続）

引き続き、日本の文書の歴史を概観していきます。時代順ではありますが、少し視点を変えて、差出と宛先、Who と Whom の関係性についても考えてみたいと思います。

・相対《あいたい》（当事者間）の文書——土地売券

公的な文書を作る場合、差出（誰が）と宛先（誰に）の関係としては、命令や上申といった上下関係の他に、当事者同士が対等の立場で文書を作成する契約の文書もあります。

まず土地売券を見てみましょう。当初は国家（郡役所）に申請する決まりだったため、公式様文書《くしきようもんじょ》の上申文書である「解《げ》」の様式で作られていたものが、律令国家が形骸化して、土地所有を登記する機能が無くなると、この「解」の様式を当事者同士が用いるようになります。

図1の「尼しやうせう領地売券」はその例で、冒頭に「うりわたす地事《ちのこと》」と事書《ことがき》で内容が示されているのは、いかにも公文書風です。そして売地の場所が示され、誰にいくらで売る、という売買内容を証明する本文があり、最

後に日付と発給者（差出）の名があります。

お気づきと思いますが、この文書は基本的に仮名で書かれています。売り主（「尼しやうせう」および「ちやく女（嫡女）藤原氏女《ふじわらのうじのにょう》[1]」＝差出）と、買い主（文中の「きよわらの氏女」＝宛先）に注目すると、いずれもが女性なので、そのためと思われます。鎌倉時代頃は女性の地位が高く、不動産を自ら売買する権利があったことも知られます。

・譲状《ゆずりじょう》

相対の文書としては、親が子に財産などを譲る場合に作られる「譲状」もあります。一種の遺言状で、本人の意思を強く示すこのような文書では、男性でも肉声に近い仮名で書くことがあります。図2の「能登《のと》入道《にゅうどう》了源《りょうげん》譲《ゆずり》状《じょう》」は、自分の娘に地頭職《じとうしき》を譲る内容ですが、仮名混じりになっているのは、相手が女性だからというより、そういう意味でしょう。文字も全文自筆だと思います。

この文書での譲与する相手、つまり宛先は、一行目に「女子　あざな（字）いねごぜん（御前）、いまハ法名房」と書いています。女性は通常は実名《じつみょう》が無いので、系図でもそうですが、公式には「女子」ということになり、しかし人物を同定するために、「いね」という幼時から使っていた名を書いている訳です。娘といっても、この時点では既に出家していますから、正式には法名を書くべきなのですが、忘れてしまったのか、それともあえて自分に馴染み深い名前を書いたのか、所領を譲った父親の心中も窺えるような気がします。

・起請文《きしょうもん》とサインの方法

文書に当事者としてサインする方法には、花押《かおう》や、もっと簡単な○や十字のような略押《りゃくおう》の他、指の関節の長さを表す「画指《かくし》」という方法も東アジアに共通して見られ、日本では正倉院文書に例があります。身体を直接使った署判方法としては、爪の先に墨を付けて押す「爪印《つめいん》」、指先で押す今日の拇印的な「指印《しいん》」、手の平全体を使う「掌印《しょういん》」つまり手形などがあります。何か身体的なものを紙に加えることによって文書の真正さが担保される、と

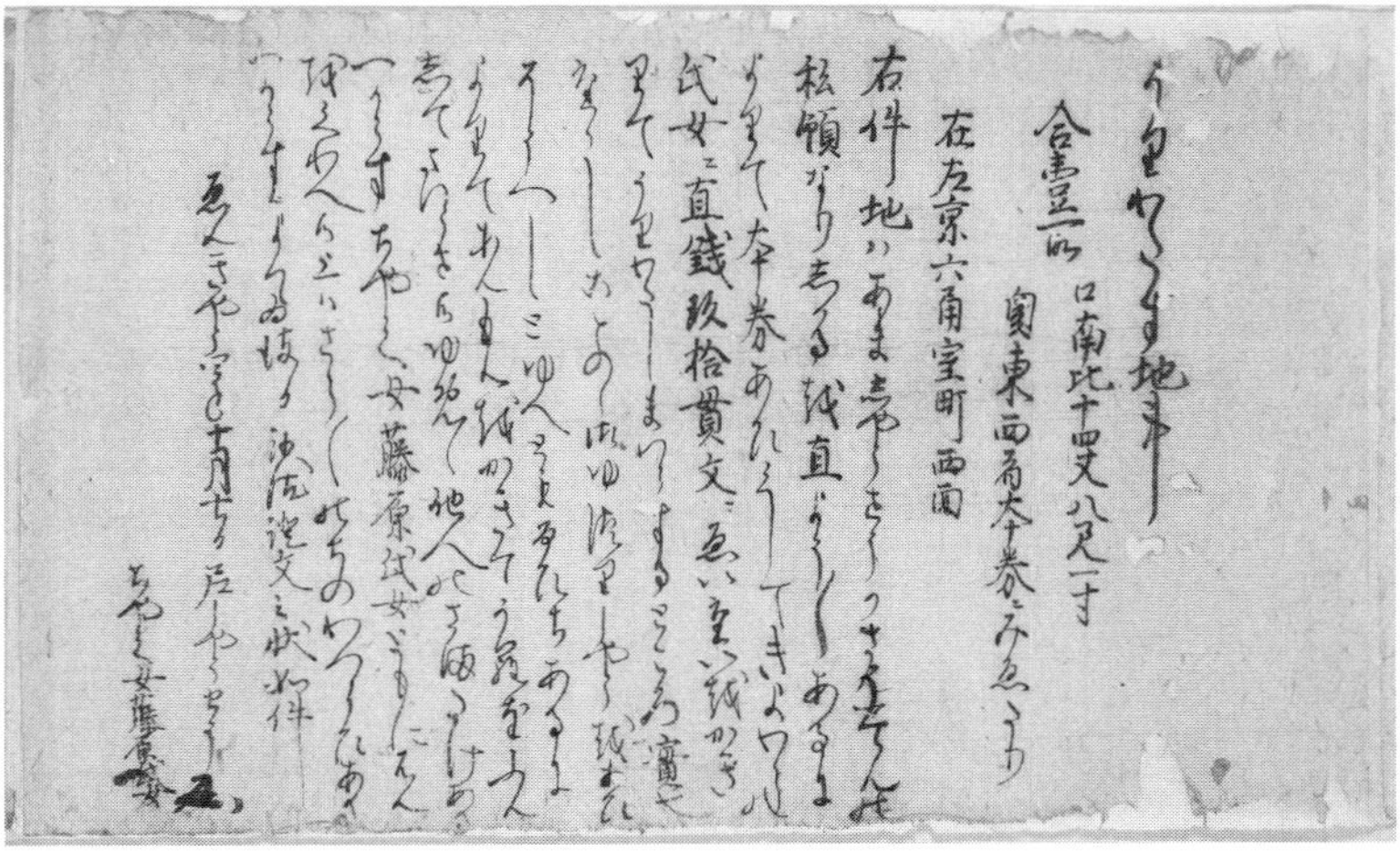

図１　尼しやうせう領地売券（延慶４年〈1311〉）

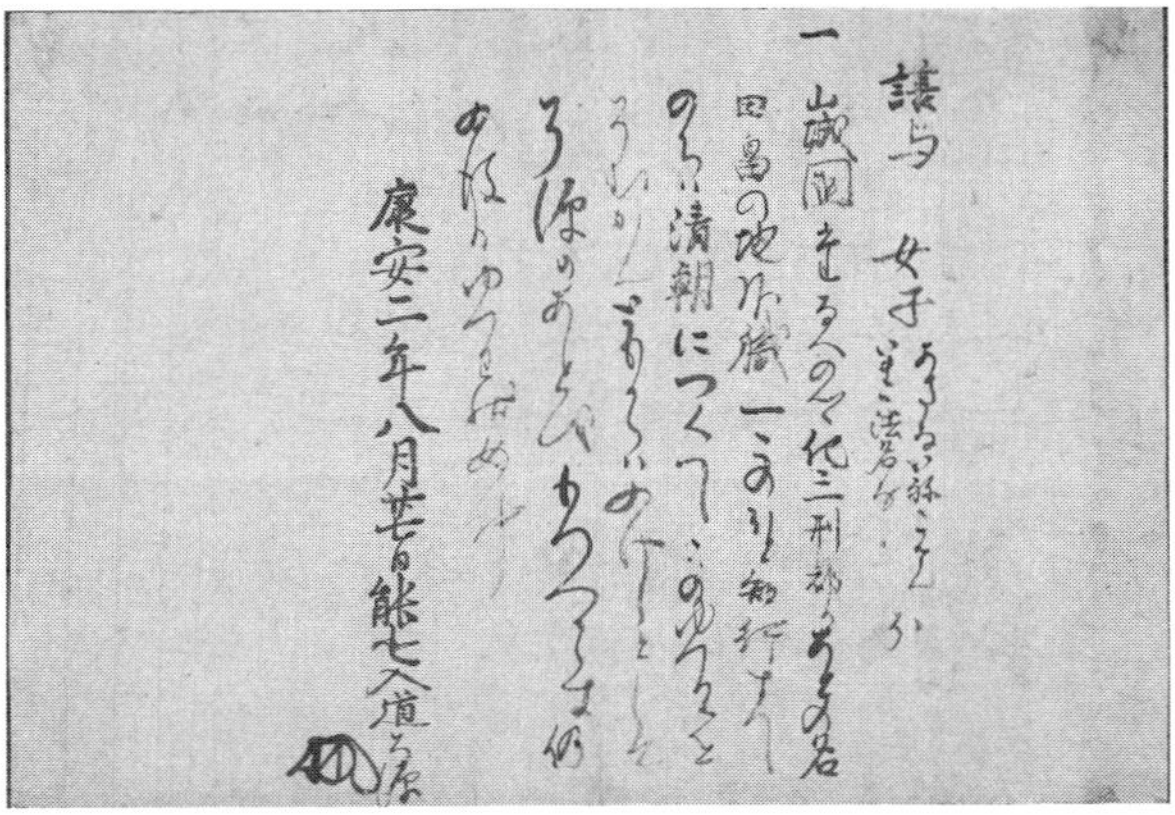

図２　能登入道了源譲状（康安２年〈1362〉）

いう関係性が認められます。

「起請文」は、何かを誓う際に作成された文書で、その宛先は誓約をする相手であるとともに、「もし約束を破ったら神仏の罰を体に受けます」という文言が伴う、というよりそれが本体（誓約内容は「前書」）なので、神仏宛の文書であるともいえます。文書の身体性という側面は、こういう場合に特に意識されます。

起請文の料紙には、「牛玉《ごおう》（王）宝印《ほういん》」という、寺社が発行する護符の裏がよく使われました。図3はその中でも有名な熊野牛玉宝印の例で、同社の神の使いとされた烏を組み合わせた文字になっています。

そこにサインする方法としては、例えば、織田信長《おだのぶなが》が近江《おうみ》に侵攻した際に村々から徴収した起請文を見ると、筆で文字を書けない村人が、名前の下に略押や、筆の軸（穂の反対側の竹の断面）を印のように押して◎の形を付ける「筆軸印《ふでじくいん》」が見られます。図4の例ではその下には茶色いシミもあり、これは「血判」の血痕と思われます。

こういうものを見ていくと、文書には文字情報だけではない、「物」としての側面が明らかにあり、その部分も丹念に見ていく必要があることがよく分かります。

書かれたものについての一般的な問題として、韓国などでは、編纂された書物、特にそれを活字で印刷したものが尊重されるようですが、日本では文書などの原本、すなわち物自体としての価値が高く評価される傾向があります。文字史料の身体性や呪術性がより強く認められている、ともいえそうです。

・文書の身体性―寄進状に押された指印

文書というものの身体性については、この「明阿弥陀仏屋地寄進状《みょうあみだぶつやちきしんじょう》」も良い例です（図5）。「明あミた仏」という名前の下にある黒いシミのようなものは、よく見ると左手の小指を押した拇印です。そして、名前の左にある五つの墨の跡は、右手の親指・人差し指・中指と、左手の人差し指、中指の爪先に墨を付けて押した爪印と思われます。全部の指でないのは、あるいは高齢で指の自由が効かなかったのかもしれません。

内容を読むと、寺に土地を寄進するのは「御《み》あかしのため」とありますが、うがった見方をすれば、この土地を持参して寺で余生を送ったのかもしれません。鎌倉～南北朝時代頃の女性には財産を処分する権限があったので、誰かに相続させずに、自らのために用いることも可能でした。

文書の伝来という点で考えると、この寄進状は単独で残ったのではなく、それまでの代々の所有者が次の所有者に売却する際、正当な所有者であることを証明するために、それまでの売券をつなげて巻物状にして渡した（「手継《てつぎ》券文《けんもん》」といいます）、その巻物の最後の部分です。この文書によって寺院に寄進された後は、新たに売券が付け加えられることなく、つまりそれ以上売買はされずに、安定的に寺院の所有地となっていたと思われます。明治に入ると、廃仏《はいぶつ》毀釈《きしゃく》の嵐の中でかなりの寺院文書が流出しましたが、この文書もおそらくそうしたものの一つで、コレクターの手を経て、現在は博物館の所蔵になっています。土地売券は、中世文書の中でも特に多くのものが残って

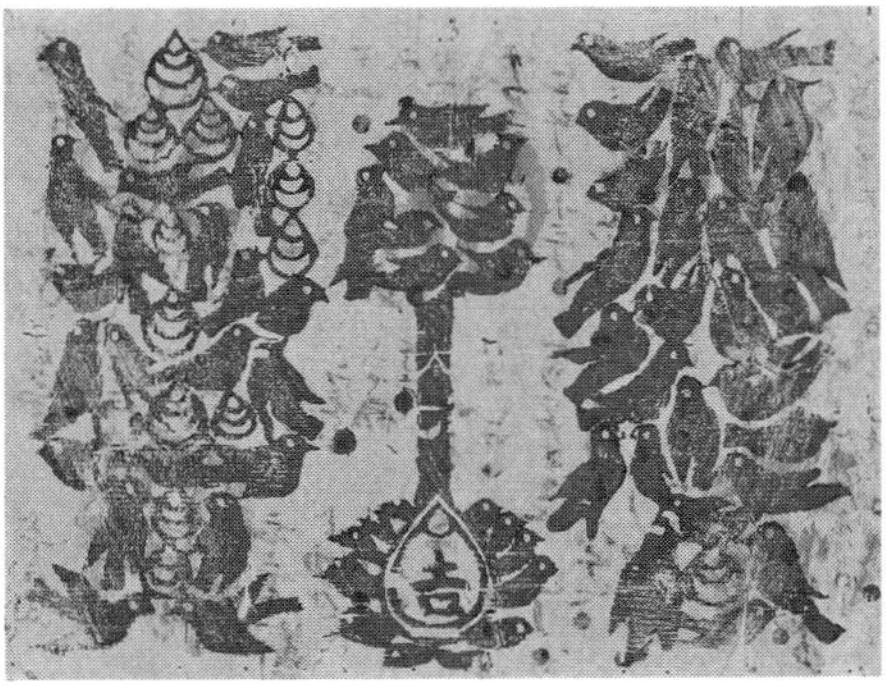

図３　熊野牛玉宝印（那智瀧宝印）の使用例（16世紀後期頃）

図４　牛玉宝印の裏に書かれた起請文の名前・筆軸印と血判（「二郎衛門尉以下二十一人起請文」元亀３年〈1572〉）

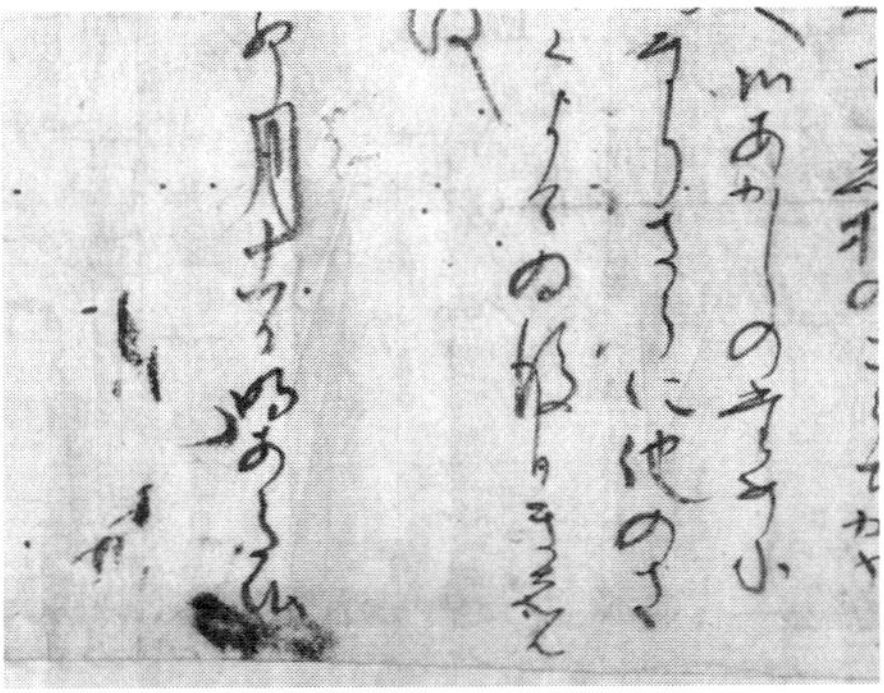

図５　指印の例（「明阿弥陀仏屋地寄進状」貞治５年〈1366〉）

おり、また公的機関や個人が所持しているものも多いのですが、その背景には、そんな歴史もあります。

・戦国大名の文書―書状系の印判状

話を武家の文書に戻して、戦国大名の文書について考えてみると、印を使った「印判状《いんばんじょう》」を多くの大名が使ったことが特徴とされます。しかし文書の様式としては、律令規定の文書に始まる「官」の文書」の系統ではなく、書状系が中心でした。

印判状で有名なものの一つに武田信玄《たけだしんげん》・勝頼《かつより》の竜の朱印がありますが、例えば図6の文書では、日付と署名の前に「眼病気故、印判を用い候」つまり、眼病なので（↑たぶん言い訳）印を使います、とわざわざ断っているように、本来は書状の署名に花押の代わりとして使われたもの、つまり個人印です。他の戦国大名も多くは同じで、だから押印の場所も、書状に通例の日付の下であることが多いです。

織田信長の印判状は、有名な「天下布武」の印が押されていますが（図7）、位置は日付の下で、やはり花押の代わりです。様式的には、前に紹介した、足利尊氏《あしかがたかうじ》の書状系の文書（第九講の図2「御判御教書《ごはんのみぎょうしょ》」など）の系譜を引くものです。日付に年がない点は、それよりもさらに書状的で、足利将軍の「御内書《ごないしょ》」と呼ばれる様式を受け継いでいると考えられます。書止めが「候也」となっていて、「恐々謹言《きょうきょうきんげん》」のような、今日なら「敬具」に当たるような尊敬表現がないことを除けば、全くの書状です。なお、紙の使い方は「折紙《おりがみ》」で、この頃は既に普通になっています。

豊臣秀吉《とよとみひでよし》の朱印状も、様式としては織田信長と同じです。しかし、身分の上昇とともに、料紙は「大高檀紙《おおたかだんし》」と呼ばれる、格段に大きく、また皺《しわ》が施された厚手の紙を使うようになり、相手との関係性を可視化ないし物として示そうとしたことが窺えます。

・庶民の印の使用

印判状は、戦国大名では、今川龍王丸《いまがわたつおうまる》（のちの氏親《うじちか》）の長享元年（一四八七）のものが初見とされますが、しかし印の使用という点では、実は庶民の方が早くから使っていて、十五世紀前半には確認できます。先ほどの「筆軸印」を、もう少しましな自分専用の印で使っていたと考えると分かりやすいでしょう。そもそも、実名の下に花押を書くというのは、花押は本来は実名のくずしで実名の意味だから本当は重複になるのですが、そのことを無視した、リテラシーの低い庶民や武士の風習です。庶民の押印文書では、印の向きが間違っているものを時々見かけますが

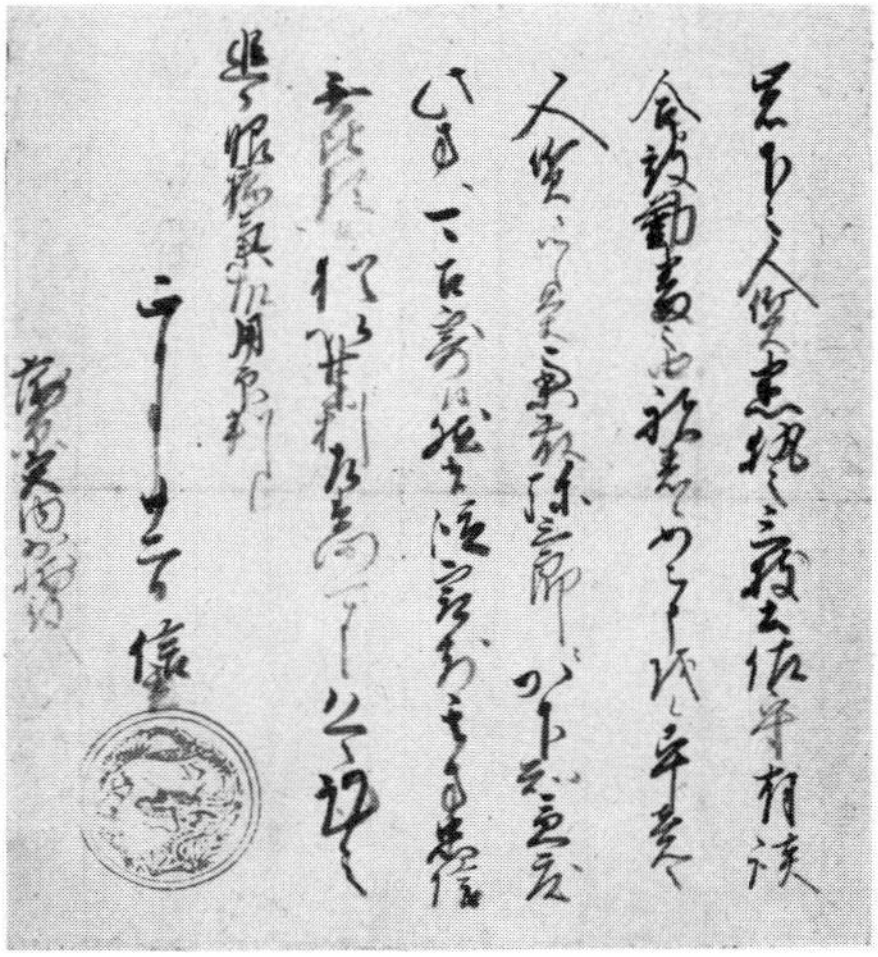

図６　武田信玄朱印状（永禄７年〈1564〉）

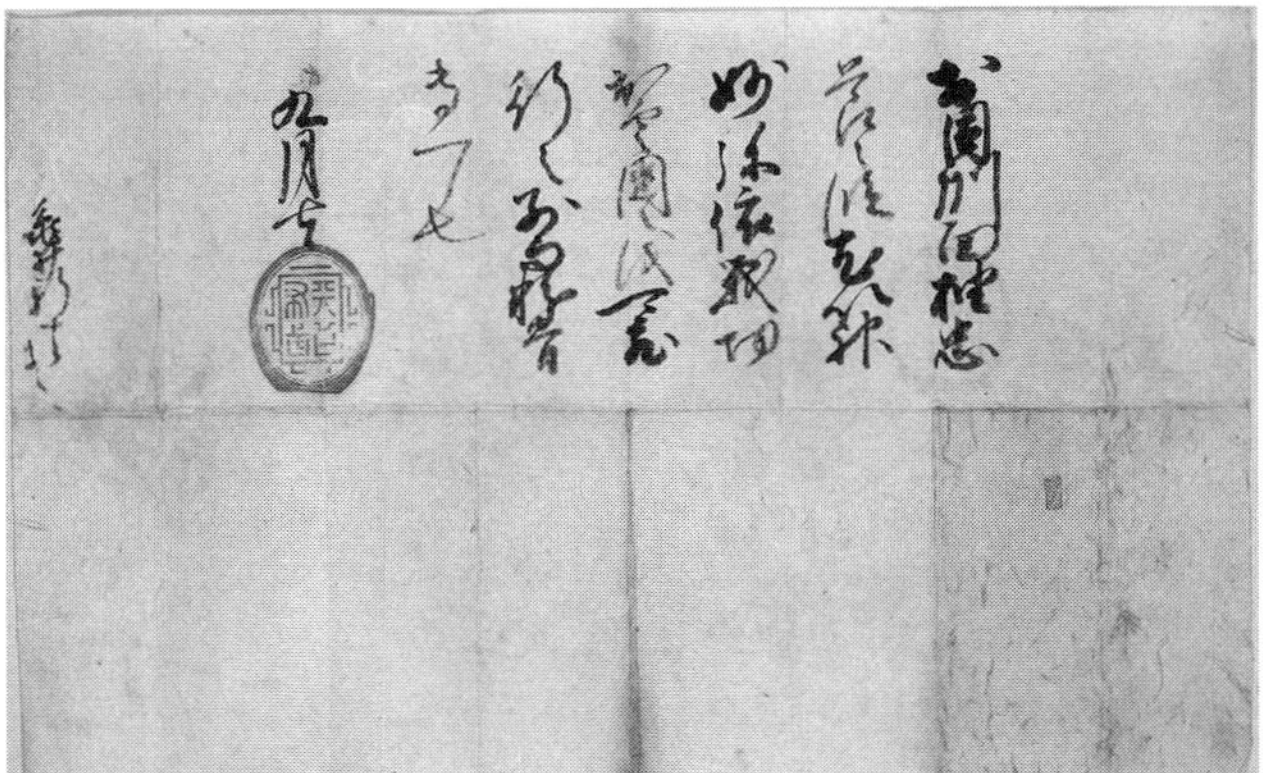

図７　織田信長朱印状（天正９年〈1581〉）

（図8）、漢字をよく分かっていない人間が使ったためではないかと思います。

・北条氏の印判状

ここまで説明した印判状は、印があるといっても、それらは花押の代わりであり、律令系の文書に使われていたような公印ではなく、私印です。しかし、唯一「公印」として最初から用いられたのが、小田原を本拠とした北《ほう》条《じょう》氏《し》の「禄寿応穏」の印（虎の印判）です（図9）。

この印は、北条氏第二代の氏綱《うじつな》（一四八七〜一五四一）から最後の第五代氏直《うじなお》（一五六二〜九一）に至るまで同じもの

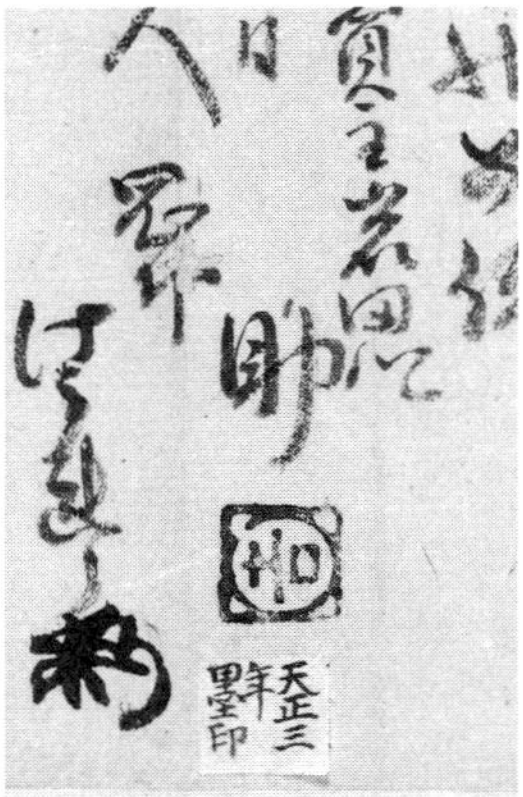

図8　庶民による印の使用例（「助田地売券」天正3年〈1575〉）

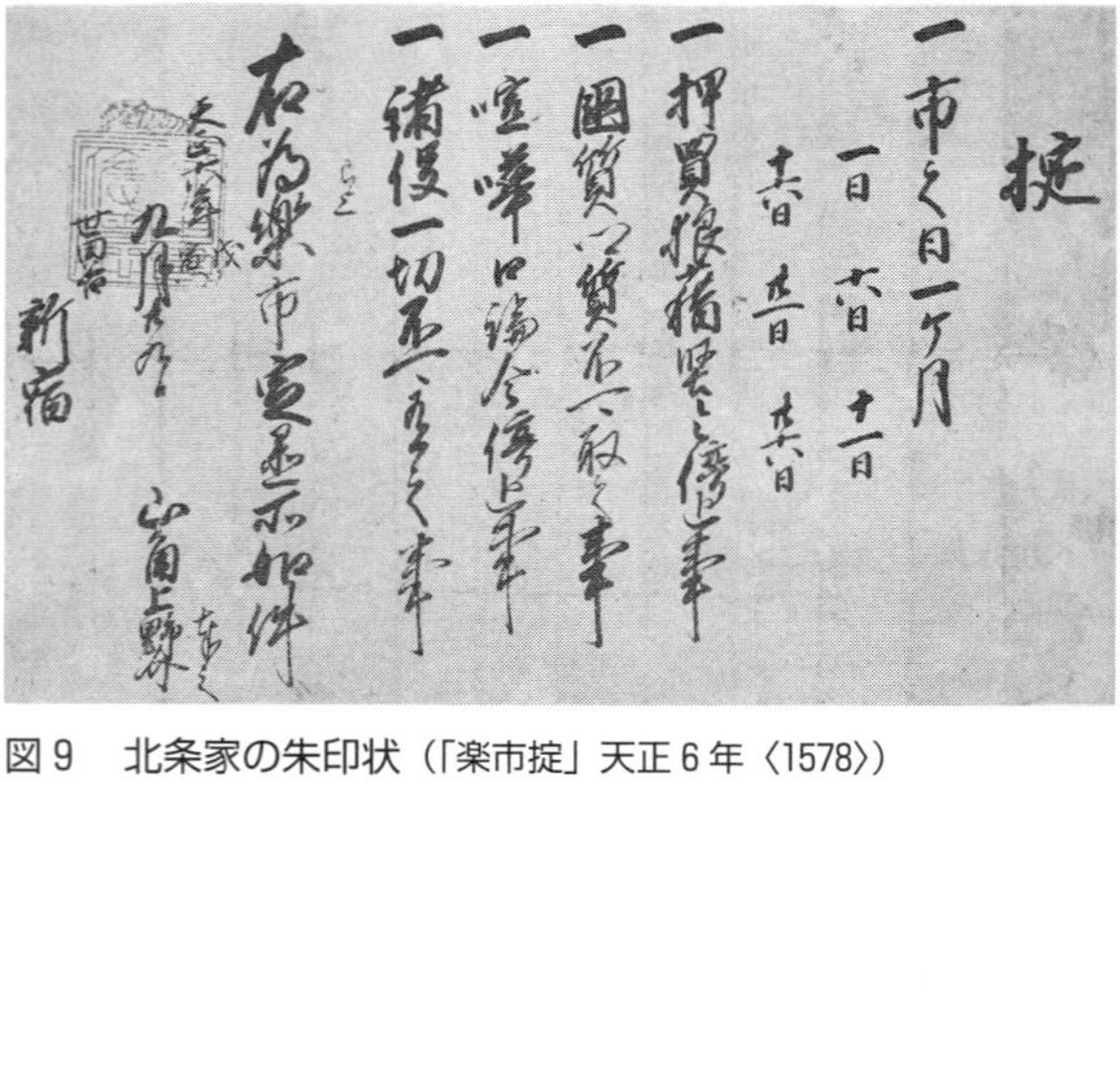

図9　北条家の朱印状（「楽市掟」天正6年〈1578〉）

が使われていて、個人印ではなく、北条家という組織の印です。必ず日付に重ねるように押されていて、花押とは明らかに異なる位置です。文字の上に押されていることは、おそらく律令系の文書に淵源するもので、日付の上に一つだけ押されているのは、当時の「東アジア標準」に倣ったのではないか、と私は考えています。

中国で公文書に押される印は、唐代頃は日付など要所の何ヵ所かに押すことが多かったのですが、十五世紀初め、明の頃までには、皇帝の文書では日付上に一つだけ押す方式が定着し、周囲の国の国王の文書もこれに倣っていたことが知られています。中国・朝鮮半島・琉球・ベトナム・ペルシア（イルハン朝）では、王命文書は、漢字朱方印を日付上に一つ押すのが標準で、東アジア漢字文化圏で公文書に公印を押さなくなったのは日本くらいです(2)。北条氏は、おそらくこのような大陸の押印方法の知識を得て、それに倣ったものと考えられます。その意味としては、幕府によらない権威を示すために、あえて国内では異例な印の用い方を取り入れたのではないでしょうか。四角い形の中に漢字の印文があるというのも、古代中国以来の、本来の公印のあり方です。丸の中に竜の絵が書いてあるだけの武田信玄の印は、それとは対極的な、プリミティブな「個人のしるし」に過ぎないことも分かります。北条氏が「公印」という概念を明確に意識していたことは間違いなく、個人の文書様式である書状が公文書として通用していった日本の文書史の中で、際立った存在だといえます。

印が押された位置というのは看過されやすい問題ですが、注目すると色々なことが分かってきます。文書には、文字以外にもさまざまな機能情報が存在することの一例です。

・近現代の押印

北条氏の日付上押印は、その勢力圏の拡大とともに関東地方に普及しましたが、しかし北条氏は豊臣秀吉に滅ぼされ、家康《いえやす》以後の徳川《とくがわ》将軍も、信長や秀吉の文書様式、すなわち室町幕府の書状系文書以来の様式を踏襲したため、これが幕末まで続きました。

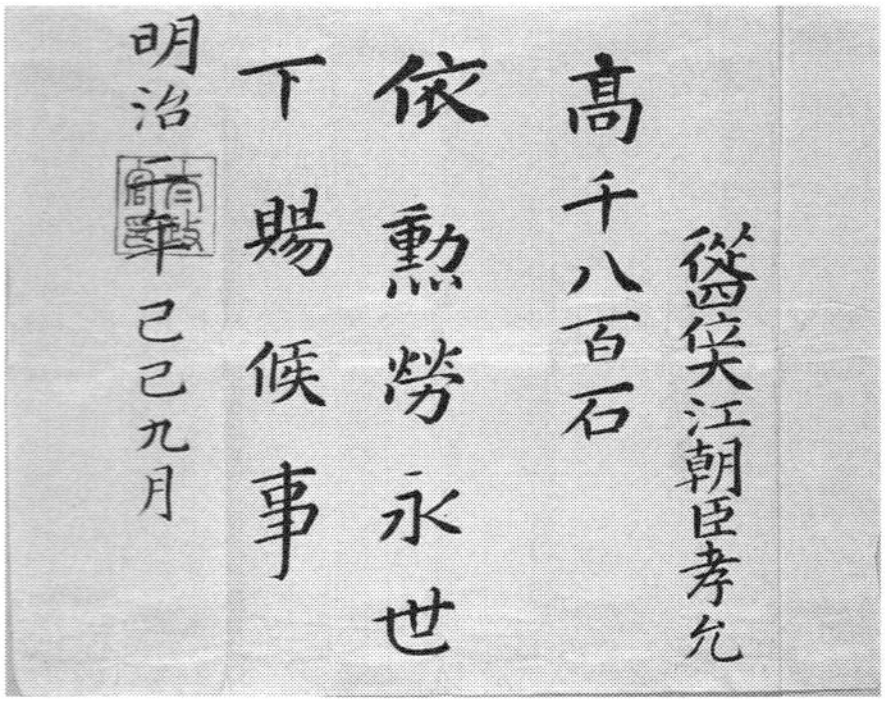

高千八百石
依勲労永世
下賜候事
明治二年己巳九月

図10　「太政官印」を押した明治政府の文書
（「太政官永世禄下賜状」明治２年〈1869〉）

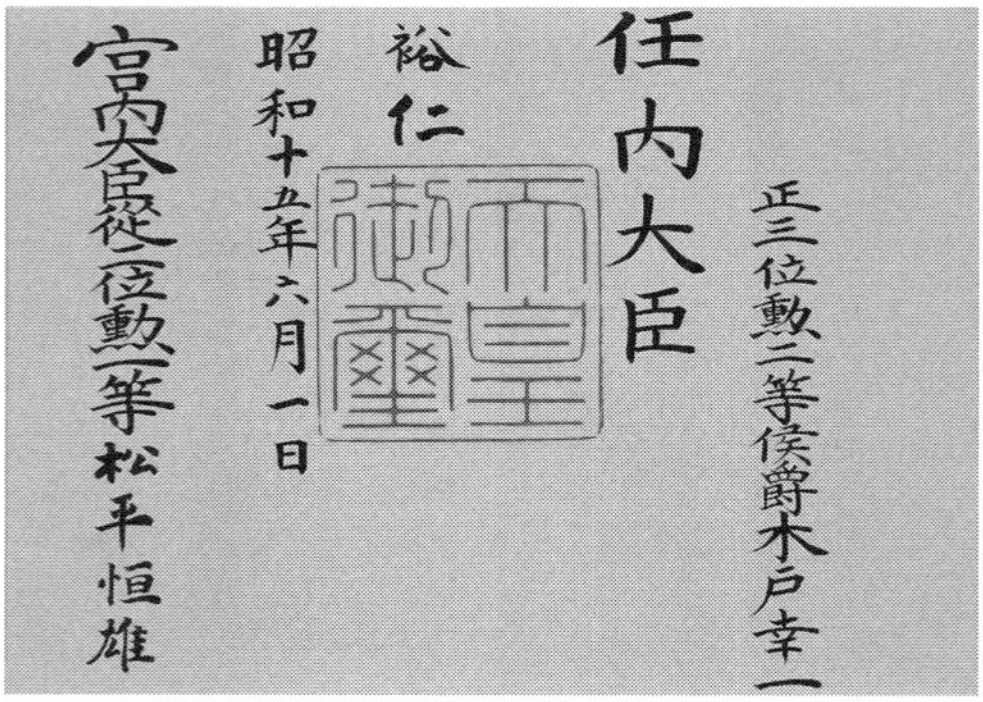

正三位勲二等侯爵木戸幸一
任内大臣
裕仁
天皇御璽
昭和十五年六月一日
宮内大臣従三位勲一等松平恒雄

図11　「御名御璽」方式の文書（「木戸幸一内大臣官記」
昭和15年〈1940〉）

「王政復古」を掲げた明治政府は、公文書には律令に倣った公印を復活させますが、押印位置については、公式様文書のような全面押印ではなく、日付上押印を採用しています。図10の「太政官印《だじょうかんいん》」を押した文書もその一例で、日付上押印ですが、「明治」の部分を避けているのは、「皇帝自身以外の文書は、（皇帝の名前である）年号の一字目を避ける」という中国式の作法を意識したものと考えられ[3]、北条氏以上に「東アジア標準」を理解し、意識的に用いていることが分かります。

この日付上押印は、戦後は用いられることが少なくなっていますが、現在でも一部の儀礼的な文書に残っており、死後叙位の際に与えられる官位を記した「位記」や、先述のように、一部の歴史の古い大学の卒業証書・学位記などに見られます。

一方、近代の押印文書としては、「御名御璽《ぎょめいぎょじ》」と呼ばれる、天皇の自署の下に「天皇御璽」印を押す方式が作られ、今日に続いています（図11）。公印中の公印である「天皇御璽」をあたかも個人印であるかのように名前の下に押すのは、律令系文書の用法からはありえないことで、その起源を調べてみたことがあるのですが、どうも西洋のサイン文化の影響のようです。既に幕末期の将軍、徳川家茂《いえもち》や徳川慶喜《よしのぶ》の時から、西洋諸国との条約批准書などに、自署の下に「経文緯武《けいぶんいぶ》」という国印を押した文書が見られるので、明治政府も「王政復古」の際に西洋諸国から国王の自署（サイン）のある文書を求められ、それに倣ったものと考えられます。それが、おそらく新たな天皇制国家の文書にふさわしいものとして、国内での文書にも用いられるようになったのでしょう。「御名御璽」という方式は、権威として公印を用いる東アジア的な伝統と、西洋のサイン文化、そして名前の下には花押か印を据える、という武家の文書で定着していた感覚が融合したものなのだろうと私は理解しています(4)。

押印位置については、「天皇御璽」を押した図11の文書は、日付の下でも文字上でもなく、印が中央にあって、これが中心であるように見えます。本来の印の意味を離れて、「神格化」といっても良いような、権威の象徴になっているといえるでしょう。今日寺社で発行される「御朱印」の感覚に近い、やはり一種の呪術的な性格が感じられるように思います。

＊　＊　＊

最初に見た卒業証書も、以上のような背景を考えると、押印位置をはじめ、なぜこのような「形」になっているのかが分かってきます。現代の文書の様式には、というよりそれぞれの時代の文書には、それまでの文書史が反映されています。それを読み解くことは、史料としての情報を読み取る上で不可欠であり、研究の進展によって、その精度、解像度を上げていくことができます。

注

（1）土地売券などに見える「○○氏女」は、女性の公式の名乗り方で、自分自身の実名がないため、父親の氏を名乗っている、ということです。母親もまた自分の父親の氏を名乗る訳ですから、母と子は氏が異なるのが普通で、「嫡女　藤原氏女」といった書き方になります。「氏女」は「うじのめ」と読む人もいますが、「うちのねう」という仮名書きの例があるので、ここでは「うじのにょう」としています。なぜ「め」ではないかというと、『日本国語大辞典』（小学館）の「め」の補注に、「古くは女性一般を意味していたが、平安時代以降、「をんな」と次第に交代し、「め」は待遇度が低下して、女性の蔑称として用いられることになった」とあり、それが背景であると思われます。「うじの「め」」では蔑称になってしまうので、「女房」のように「にょう（ねう）」と読むのでしょう。言葉の意味はどんどん変わっていきますから、文字史料を扱う際には、歴史的な変遷が分かる辞書で確認することが必須です（先述のように、『日本国語大辞典』は、文学以外の用例も取り上げており、どの言葉がいつ頃から使われ出したかとともに、言葉の歴史的な変遷も分かるので、非常に参考になります）。

なお、史料集などで「め」と翻刻しているものも見かけますが、「め」という仮名は「女」のくずしですから、漢字のくずしか仮名かの区別は難しく、実際は「女」という漢字で「にょう」と読んだ可能性があると思います。

女性の名乗り方としては、出家している場合は法名が公式なものになります。「尼しやうせう」も法名ですが、読みは、「しょうしょう」だと適当な漢字が思い当たらず、「じょうしょう」（例えば「貞照」とか）なのかもしれません。

（2）押印位置などの文書様式の国際比較については、小島・田中大喜・荒木和憲編『古文書の様式と国際比較』（勉誠出版、二〇二〇年）、国立歴史民俗博物館図録『日本の中世文書』（二〇一八年）、および『国立歴史民俗博物館研究報告』第二二四集（共同研究：中世文書の様式と機能および国際比較と活用に関する研究、二〇二一年）で扱っています。

（3）荒木和憲「公印を日付のどこに押すのか?」（前掲注（2）『日本の中世文書』）。

（4）小島「日本の文書様式における印の問題をめぐって—公印・私印の近代への展開—」（マルクス・リュッターマン編『「かのように」の古文書世界—コミュニケーションの史的行動学—』彩流社、二〇二四年刊行予定）。

補論1 「当時の読み方」問題

「印判状」の「印判」は、現在は「いんぱん」と読む人が多いと思いますが、「いんばん」が正しいとする人もいます。たしかに、辞書はまだ「いんばん」が表に出ていますし、十七世紀初頭に宣教師たちが作った『日葡辞書《にっぽじしょ》』（長崎で一六〇三～四年に刊行。日本語版は、土井忠生・森田武・長南実編訳、岩波書店、一九八〇年）も「Inban」ですから、当時の読み方は「いんばん」だと思われます。でも、こういう読み方の変化はいつも起こっていて、それをいうと、例えば「関白」も、元は「かんぱく」ではなく「かんばく」、より正確には「くゎんばく」（Quanbacu）です。『日葡辞書』や、あるいはジョアン・ロドリゲスの『日本大文典《にほんだいぶんてん》』（長崎で一六〇四～八年に刊行。日本語版は、土井忠生訳注、三省堂、一九五五年）のような宣教師の作った日本語についての文献は、ローマ字表記ですから当時の実際の読み方が分かるのがとても面白いです（なお、「くゎ」という発音〈合拗音〉は、かつては多くの漢字で区別して使われていて、今も関西学院大学の英語表記が「Kwansei」であるなど、表記の上では、あるいは地方に残った方言的なものとしては、かなりの事例があります）。

古文書の用語でも、「御教書」は、学術用語としては「みぎょうしょ」「みきょうじょ」二通りの読み方がありますが、『日本大文典』には「Miguiôxo」とあるので、当時の読み方としては「みぎょうしょ」だったようです。ただ、日付の下（の署名位置）を意味する「日下」は、今は「にっか」と読みますが、『日本大文典』だと「Finoxita（ひのした）」だし、「仍執達如件（よってしったつくだんのごとし）」の「執達」は「Xŭtat（しゅーたつ）」なので、今の読み方は、いつの間にか定着した一種の読みぐせに過ぎず、そう割り切って使うしかないと思います。ちなみに、「ŭ」や「ô」の頭に付いている記号は、「開音」と「合音」という口の開け方による発音の違いで、現在の我々は気にしませんが、古い仮名遣いではこれも区別されていて、先に見た「しやうせう」という表記も、「しやう」が開音、「せう」が合音です。「少将」と思いそうになりますが、調べたらそれは「せうしやう」でした。

文字史料は、声に出して読む必要が生じるので、どう読むかはなかなか悩ましい問題です。「当時の読み方」を追求するのは面白いのですが、でも今の我々が分からないと意味がないので、前にも述べたように、一般に通用している、言い方を変えれば「辞書を引くことができる読み方」で読み上げたり、あるいは振り仮名を付けたりすることが多いです。

古文書の学習では、生徒が読み上げるのを先生が直していく、というスタイルが普通だと思いますが、その際の読み上げ方も、実際は当時に合わせることはできないので、結局、師匠から弟子に伝えられた「流派」みたいな読み方になってしまう訳です。中世の古文書を誰でも学習できるようにしたコンテンツ「日本の中世文書WEB」に読み上げデータを載せた時も、これは「正解」ということではなくて、あくまでもそういう「一つの読み方」であることを重々お断りした次第です。

補論2 古文書の定量的な研究

①日付上押印の主体

史料を分析するには、多くの史料を集めて傾向を見る定量的な方法もあり、これは古文書の様式などでももちろん可能です。本文で取り上げた「日付上押印」の事例については、日本での事例を集めて、どれだけの主体（大名など）がそれを行ったか、というグラフを作ってみたことがあります（図12）。初見の一五一八年以後、北条氏の勢力圏が拡大するとともに、その影響下に入った領主や支城主になった一族などが採用して増えていったこと、そして一五九〇年に北条氏が秀吉に敗れると急速に失われていったことが分かります。ただ、最後の方にちょっとだけ復活した事例があって、これは徳川家康の晩年の印判状です。徳川政権では最終的には採用されなかったようですが、日付上押印が正しい、という意見が政権内部にあったのだろうと思われ、こういう知識や見解が、表からは姿を消してもどこかに残って、ひいては明治政府による日付上押印の採用の伏線になっていたのかもしれない、と考えたりします。

②売券に見る女性の地位

売券に見られる女性の地位の変化についても、処分者つまり売った人間、取得者、そして処分者の保証人として連署している人間、の三者の男女比率を数えてみたことがあります（小島「中世末～近世初の女性の地位をめぐって―後家尼と家族の像および財産処分文書から―」〈『国立歴史民俗博物館研究報告』第二三五集、二〇二二年〉）。

処分者のグラフ（図13―1）で見ると、十五世紀後半（一四五一～一五〇〇年）より後は、女性は見えなくなっていま

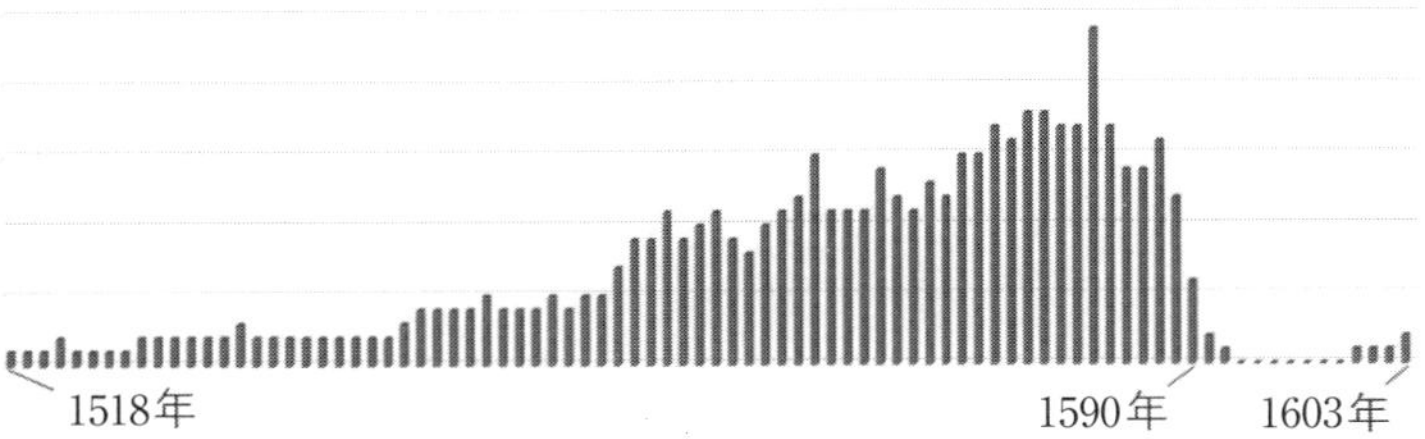

図12 「日付上押印」を行った主体の数の変遷

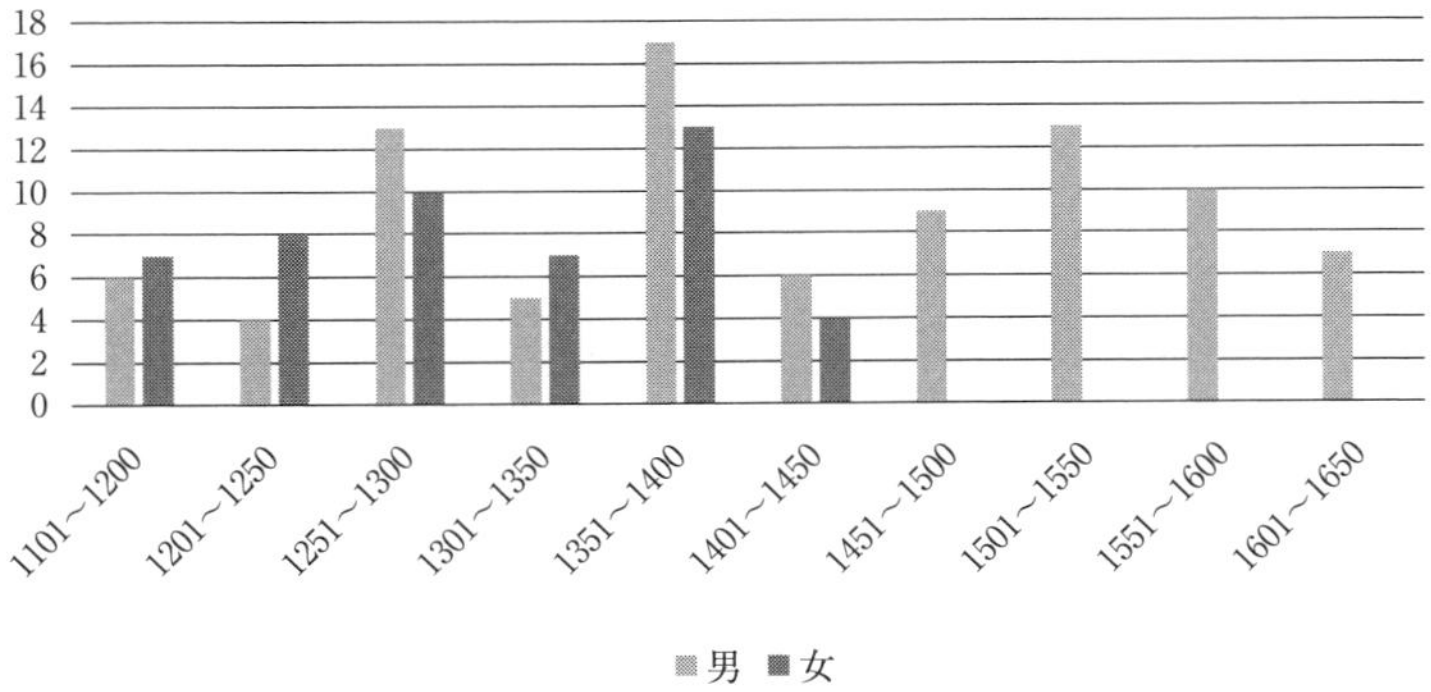

図13-1 土地売券の処分者の男女比率

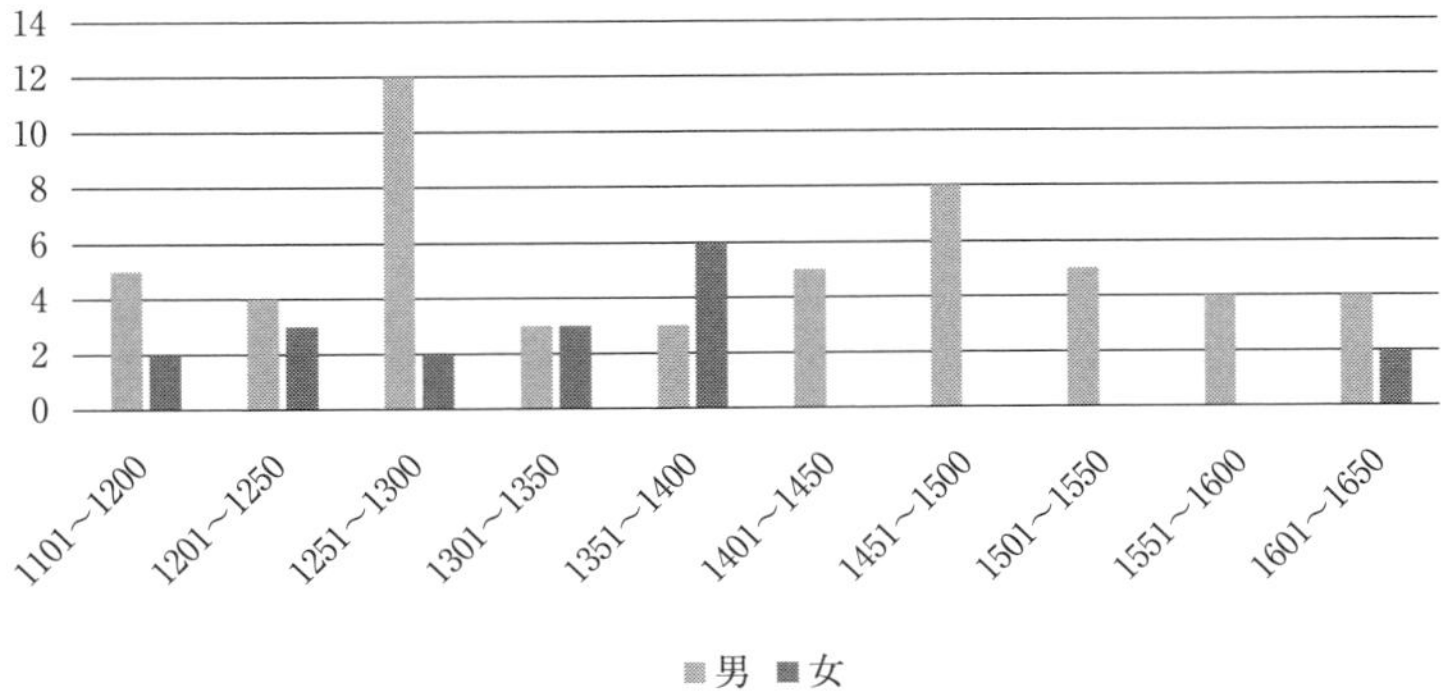

図13-2 土地売券の連署者の男女比率

す。母数が十分ではないものの、傾向としては、およそ十五世紀半ば頃から名義が男性に代わり、女性名義は無くなっていくと見て良いでしょう。

連署者のグラフ（図13―2）で見ても、十五世紀から女性はほぼいなくなっていて、同じ傾向を読み取れます。ただ、グラフの最後、右端を見ると、十七世紀、江戸時代に入ってからも女性が連署した例があって、これは処分者である男性の「母」でしたから、名義人は息子でも、家を仕切っていたのは母親だったので連署が必要とされた、という事情が推測されます。先に見たように、十六世紀の風俗画では後家尼《ごけあま》が一家を率いる像があることから考えると、近世に入っても、家の中における女性の実質的な権限は続いていた、という可能性を考えることもできるでしょう。

こんな風に、大きな傾向からは外れた所にあるちょっとした事例が、実は表向きの史料からは見えにくい現象を示していたり、あるいは何かの先触れであったり、そういうことは歴史の上でよくあるように思います。

第十一講

文字史料④

一次史料・二次史料の問題

文字史料の特性—文章の検討

前回まで、二回にわたって文書様式の話をしました。差出（Who）と宛先（Whom）の関係性がそこに表されている、という「形」としての機能情報の点を扱った訳ですが、これは、ある意味「形」を持つすべての史料に当てはまることです。文字史料の特性を考える上では、やはり物や形としての情報から切り離されても生きることができる文字が表す情報、すなわち文章の中身、テキストデータ自体を吟味する作業が必要になります。

今回は、「桶狭間《おけはざま》の戦い」という一つの事件を描いた史料を取り上げて、特に「一次史料／二次史料」という問題を考えてみたいと思います。

「桶狭間の戦い」の史料

前にも述べたように、一般に文献史料は、当事者がその時に書いた「一次史料」、例えば文書《もんじょ》や日記のようなものと、後で編纂されて作られた「二次史料」、例えば歴史書や系図のようなものに分けられ、当然前者の方が信憑性が高く、歴史の叙述をする際には、できるだけそれを参照することが求められます。

しかし、「桶狭間の戦い」については、一次史料はほぼありません。日本中世史における有力な史料である公家日記も、この時代の事をまめに書いていた山科言継《やましなときつぐ》の日記「言継卿記《ときつぐきょうき》」も欠けていて良いものがなく、もしあったとしても後日の伝聞ですから、実質的に「一次史料」とは言いがたいことになります。従って、この戦いが実際にどのようなものであったかを知るには、後になってから書かれた二次史料を使うしかありません。その中でも有名なのが、「信長公記《しんちょうこうき》」「信長記《しんちょうき》」などと呼ばれる信長《のぶなが》の一代記の記述ですが、これにも作者が異なる二つのものがあります。ともに後から編纂して作った歴史書ですから、どちらも二次史料といえばそうなのですが、性格は大きく違います。

二つの信長伝

一つは、普通「信長公記」と呼ばれる、太田牛一《おおたぎゅういち》（一五二七?～一六一〇以後）という信長の家臣だった人物の著作で、二次史料とはいっても、同時代の当事者といえる人物が自分のメモなどを元にした記述で、本人も「私作私語に非ず」「有ることを除かず、無きことを添えず」と書いているように、信長の事績を正確に書き残そうとする態度で書かれていて、事実関係については信憑性がかなり高いことが確認されています。桶狭間の戦いには、本人は直接参加していないらしいのですが、体験者から情報を集めたのでしょう、推移について時刻まで記しているので、追体験的な理解がかなり可能です。

しかし、この太田牛一の「信長公記」は、近世には写本しか作られず、一般に広く知られたのは、版本として広まった、現在は普通「甫庵信長記《ほあんしんちょうき》」と呼ばれる信長伝の方でした。これは、小瀬甫庵《おぜほあん》（一五六四～一六四〇、儒医・軍学者）という人物が太田牛一の「信長公記」などを元に作ったもので、潤色が多く、史料的価値は低いのですが、江戸時代初期から広く流布したため、後世への影響ははるかに大きいものがありました（本章補論1参照）。

「桶狭間の戦い」について

以下、ともに「二次史料」でありながら、大きく性格が異なるこの二つの信長伝を読み比べてみようと思います。まず「桶狭間の戦い」（永禄三年〈一五六〇〉）がどのようなものだったかを説明すると、関係地図（図1）で分かるように、信長の父である織田信秀《おだのぶひで》の死後、今川《いまがわ》方になっていた「鳴海城《なるみじょう》」「大高城《おおたかじょう》」という二つの城を信長が取り戻そうとし、そこへ今川義元《よしもと》が救援に向かって戦いとなったという、戦国時代の大名間の合戦に典型的な、「境目の城」をめぐる戦争です。さらに具体的には、大高城を鳴海城から遮断するために、信長が「鷲津《わしづ》」「丸根《まるね》」という二つの砦（「付け城」）を築いており、今川方はこれを突破して大高城に兵糧を入れることが当面の目的でした。

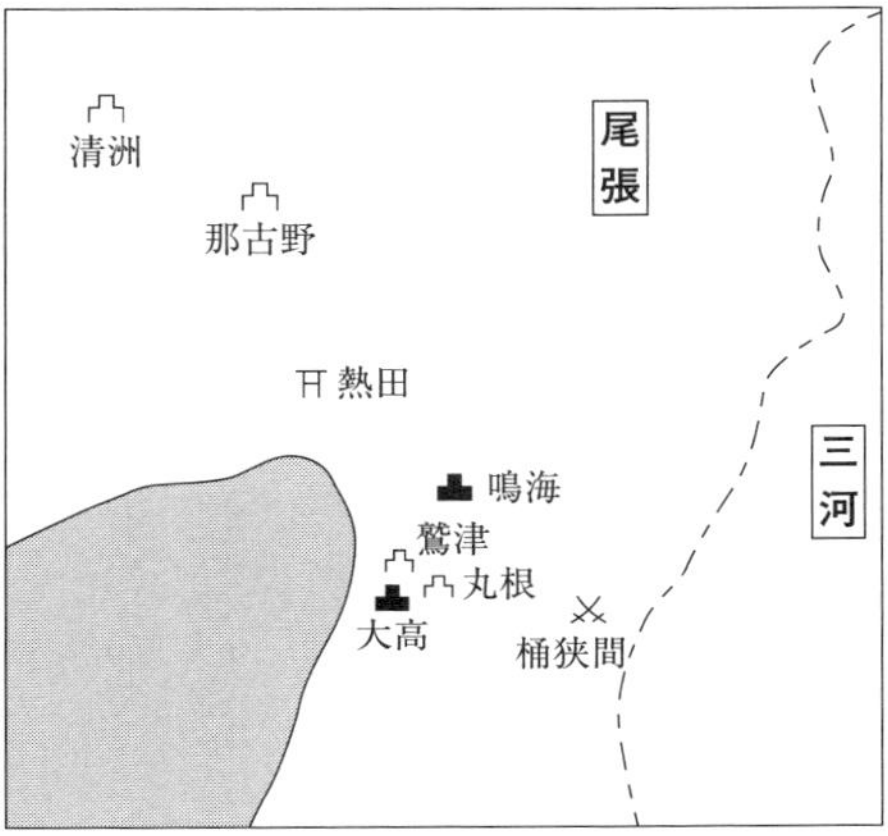

図1　「桶狭間の戦い」関係地図

「信長公記」と「甫庵信長記」を比較する

では、二つの合戦記の記述を実際に読んでみましょう。（「信長公記」は、奥野高広・岩沢愿彦校注『信長公記』〈角川日本古典文庫、一九六九年〉、「甫庵信長記」は、小瀬甫庵『信長記』〈寛永元年（一六二四）板本が底本、現代思潮社、一九八〇年〉に基づいていますが、表記などは若干変更し、振り仮名や注記を適宜加えています。）

①「桶狭間の戦い」の前夜〜信長の出陣

【太田牛一「信長公記」】

今川義元沓懸《くつかけ》へ参陣。（五月）十八日夜に入り、大高の城へ兵粮入れ、助けなき様に、十九日朝、塩（潮）の満干を勘《かん》がへ、取手《とりで》を払ふべきの旨必定《ひつじょう》と相聞え候の由、十八日夕日に及んで佐久間大学《さくまだいがく》・織田玄蕃《げんば》かたより御注進申上候処、其夜の御はなし、軍《いくさ》の行《てだて》（作戦）は努々《ゆめゆめ》これなく、色色世間の御雑談迄にて、既に深更に及ぶの間帰宅候へと御暇《おいとま》下さる。

（中略）

案のごとく夜明けがたに、佐久間大学・織田玄蕃かたより、早《はや》鷲津山・丸根山へ人数取りかけ候由、追々御注進これあり。

此時、信長敦盛《あつもり》の舞を遊ばし候。人間五十年、下天の内をくらぶれば、夢幻のごとくなり。一度生を得て滅せぬ者のあるべきか、と候て、螺《かい》ふけ、具足よこせよと仰せられ、御物具《おんもののぐ》めされ、たちながら御食をまいり、御甲《おんかぶと》をめし候て御出陣なさる。其時の御伴には、御小姓衆（人名略）、是等主従六騎、熱田《あつた》まで三里一時にかけさせられ、（後略）

この太田牛一「信長公記」では、戦いの前夜に「今川義元の軍勢は明朝、織田方の二つの砦を攻撃するに違いない」という報告が現地から入っても信長はこれを無視し、家臣を集めたが軍事行動の相談は一切せず（これは既に作戦を決めていて、反対や内通をさせないためでしょう）、明け方に「攻撃が始まった」という報せを受けると、舞を舞い、出陣の合図だけさせて、家臣たちが来るのは待たずに先に駆け出してしまった、と書かれています。

同じ場面を、「甫庵信長記」の方はどう描いているでしょうか。

【「甫庵信長記」】

爰《ここ》に今川義元は天下へ切て上り、国家の邪路を正さんとて、数万騎を率し、駿河国《するがのくに》を打立ちしより、遠《とお》江《うみ》・三河《みかわ》をも程なく切り従へ、恣《ほしいまま》に猛威を振《ふる》ひしかば、（中略）

かくて（佐久間）大学、飛脚を以て、此の由かくと申上げければ、信長急ぎ御内《みうち》外様の人々を呼び集め仰せけるは、「今川義元、智多郡《ちた》まで出張の由、飛脚到来の条、明日逆寄《さかよせ》に押寄せ合戦すべしと思ふは如何に」とありければ、林《はやし》佐渡守《さどのかみ》進み出でて、「（中略）此の城の節処へ引き請け、合戦に及び候はば宜しかりなん」と、言を憚《はばか》らず申しければ、信長卿、「（中略）必ず国の境を踏み越え合戦すべし」と宣《のたま》ひし。「（中略）同志の者は其の功を励まし、計策を廻らし候へ」と云ふもあへず酒出ださせ、「一種《いっしゅ》一瓶《いっぺい》にて祝ふべし」と仰せければ、（中略）各一途に思ひ切って酒を食べけるに、信長卿、「人間五十年、下天の内を比ぶれば、夢幻の如くなり、一度生を受け滅せぬ者のあるべきか」とて、舞はせ給へば、皆一際《きわ》興に入りて、酒宴数刻に及びければ、（後略）

「甫庵信長記」では、信長は家臣を集めて作戦を協議し、酒宴まで行って、家臣たちと一致団結して出陣した、ということになっています。また、今川義元が押寄せてきたのは、天下を取るためだった、ということにもされています。

もう一ヵ所、比較してみます。

②「桶狭間の戦い」当日、義元の陣を襲う場面

【太田牛一「信長公記」】

御敵今川義元は四万五千引率し、おけはざま山に人馬の息を休めこれあり。（中略）山際迄御人数寄せられ候の処、俄《にわか》に急雨《むらさめ》石氷を投打つ様に、敵の輔《つら》に打付くる。（中略）空晴るるを御覧じ、信長鑓《やり》をおつ取て大音《おん》声《じょう》を上げて、すはかかれかかれと仰せられ、黒煙立てて懸るを見て、水をまくるがごとく後ろへくはつと崩れたり、

今川義元は「おけはざま山」つまり高所に陣取っており、信長は急な雨が止んでから強襲した、という記述になっています。なぜ信長が勝てたのかは、これではよく分からないのですが、ともかく当事者にはこのような認識が

あり、また他の文献史料（『三河物語』など）の断片的な記述とも合致するので、おそらく事実に近いと思われます。

「甫庵信長記」の方はどうでしょうか。

【「甫庵信長記」】

信長卿、「すは首途《かどで》はよきぞ、敵勢の後の山に至て推廻すべし。……」（中略）折節黒雲頓《にわか》に村立ち来て、大雨頻りに熱田の方より降り来り、石氷を投ぐる如くに敵勢へ降りかかり、霧海を湛《たた》へて暗かりければ、（中略）敵は曾《かつ》て知らざりけるも理《ことわり》なり。（中略）

彼（信長）が陣取りし上なる山にて、旗を張らせ、「各おり立つて懸かれ」と下知し給へば、（注略）（森）三左衛門尉（中略）「唯馬を懸け入り懸け立て給へ」と申しければ、信長卿、「尤もなり。さらば我を越せや者ども」とて、馬上に鑓おつ取り、真先に進み玉ふ形勢《ありさま》は、十（の）高祖《こうそ》、百（の）張良《ちょうりょう》が怒を発せし勢ひも、是れには争《いか》で勝るべき、

「甫庵信長記」では、信長の軍勢はまず山の上に陣取り、大雨に乗じて、義元の陣へ懸け下っていった、つまり奇襲したことになっています。かつてドラマなどで描かれていたのはこれですね。また、中略部分にもあるのですが、家臣の意見も聞きながらの行動ということにもされています。全体に、「甫庵信長記」の叙述では、信長がなぜ勝ったのかが分かりやすく説明されており、また台詞や修飾文も多く、いわゆる講談調なので、物語の展開としても面白く読めます。しかし、それらは「信長公記」を潤色したものに過ぎず、流布はしていても、事実とは認め難いものです。

史料としての性格――「史料性（事実性）」と「文学性（創作性）」のグラデーション

太田牛一の「信長公記」と「甫庵信長記」の二つの信長伝について、史料としての性格を改めて考えると、とも

に「二次史料」ではありますが、その性格は次のように違います。

	「信長公記」	「甫庵信長記」
当事者性	○	×
同時代性	○	×

文字情報の内容の信憑性、すなわち史料としての価値は「信長公記」が圧倒的に高く、「甫庵信長記」は、それに基づく二次的な創作です。

この「信長公記」と「甫庵信長記」の違いは、単純な一次史料・二次史料という区分では十分扱うことができません。一般的な区分でいうと、日記などの記録は一次史料、編纂された軍記などは二次史料、ということになるのですが、今回のような事例では、そのような分類はあまり意味を持たないことが分かります。「一・五次史料」とか「三次史料」などといった概念を作ることもできると思いますが、むしろ、次のように、「史料性（事実性）」と「文学性（創作性）」という、グラデーションの中に位置づけた方が良いと思います。

史料性（事実性）

日記　（当事者、〈ほぼ〉同時。ただし伝聞も）

軍記①　（当事者、後から編纂）

軍記②　（第三者、さらに後から編纂、潤色）

小説など　（事実であることを前提としない）

↕

文学性（創作性）

いずれにしても、たとえ一次史料でも、「書いてあること」はそのまま事実ではないし、また二次史料であっても、あるいは二次史料だからこそ、それぞれの時代に歴史的な影響力を持ちます。

文字史料における「事実」

もう少し考えてみると、文字史料で確かな事実といえるのは、書かれた内容ではなくて、「その時にそう書かれた」そのこと自体です。文字あるいは言葉というものは、事実そのものではありません。文字史料の記載内容がどのような場合に事実でないかを考えると、文字や文章が現実をどこまで表せるかという問題は措くとして、次の三つの場合が考えられるでしょう。

① 書き手が事実を誤認している場合、もしくは正確に記述していない場合

② 記載内容が偽りである場合

③ 記載内容が実現しなかった場合

①は特に説明しなくてよいと思いますが、②は、例えば、裁判などにおいて事実ではない根拠を述べて権利を主張するとか、あるいは事実ではない「由緒」を作るといった、自分あるいは誰かが有利になるように偽った内容を書くものです。

③は、偽るつもりはなく、「期待される現実」が書かれたが、結果的にはそうならなかった、というもので、いわゆる「空手形」の類です。具体的な例を一つ挙げると、第九講で図10として挙げた、「足利尊氏袖判下文《あしかがたかうじそではんくだしぶみ》」の所領充行《あてがい》は、これに当てはまるかもしれません。様式的には典型的な所領充行状ですし、たしかに「甲斐国花咲郷《かいのくにはなさきごう》を勲功の賞として充行う」と書いてあるのですが、宛先の（島津《しまづ》）忠親《ただちか》は播磨《はりま》の武士です。甲斐国に所領を与えられてもおかしくはないのですが、実際にこの土地を領有していたか、他に関係する史料もなく、唐突な感じがします。

そこで「観応二年（一三五一）二月十六日」という日付に着目すると、尊氏が弟の直義《ただよし》と争った「観応《かんのう》の擾乱《じょうらん》」の最中であり、二月十六日は、尊氏が直義に敗れた「（摂津）打《うち》出《で》浜《はま》の戦い」の前日にあたります。おそらく、これ

は恩賞「の約束」に過ぎず、合戦の前に充行状を景気よく配ったが、実際は反故《ほご》になったのではないでしょうか。だとすると、これは、「書かれ、与えられた」ことは事実だが、中に書かれていることは事実ではない、ということになります。これに限らず、幕府などの出した所領回復などの命令も、実際に効力を発したかどうかは定かではありません。というより、結局は自力救済になる中世では、「実効支配」を覆すことは難しかったでしょう。

＊　＊　＊

文字で表現された「書かれていること」と事実の間には、常にギャップがあります。この点は、例えば洛中洛《らくちゅうらく》外図屏風《がいずびょうぶ》が発注者や享受者それぞれの「見たい京都」であったように、絵画史料の場合も同じであることは見てきた通りです。表象としての情報である「機能情報」が、本質的に持っている性格ともいえるでしょう。

文書のような文字史料と、それから絵画史料も、基本的には移動可能で、作られた場所と使われた場所が一致しない、むしろ、情報を一度記号化し、紙などの媒体の上に表現することで、離れた場所との情報の伝達を可能にし、またそれを主たる目的としていた、ともいえそうです。

次回からは、そのような「場」の実態との間に乖離《かいり》がある史料ではなく、歴史の事象が起こった現場に直接関わる史料を取り上げて、もう一度史料の持つさまざまな情報の意味を考えてみたいと思います。

補論1

「甫庵信長記」の影響とそれへの批判、および信長の「勝因」

「甫庵信長記」の問題については、藤本正行氏の『信長の戦争―「信長公記」に見る戦国軍事学―』（講談社学術文庫、二〇〇三年）が詳しく論じていますが、藤本氏は、桶狭間の戦いにおける信長の「奇襲」が事実（勝因）と信じられ、太平洋戦争の日本軍の作戦にも大きな影響を与えたことを指摘しており、またこの本の「解説にかえて」では、中世史家の峰岸純夫氏が次のように証言しています。

私は、少年時代を戦時中に過ごし、鬼畜米英を撃滅し大東亜共栄圏を築く聖戦に勝利しなくてはならない、小さい日本が大きな敵の米英を倒すには休みなき訓練（月々火水木金々）の積み重ねと奇襲によるしかないといわれ、そのたびごとに信長の桶狭間合戦が引き合いに出されるのを聞いてきた。

事実ではないことが、史料を批判的に読む作業を怠ったために事実と信じられ、それが後の歴史を規定してしまう力を持つことには、十分な注意が必要です。

なお、「甫庵信長記」の記述が事実でないとすると、「奇襲でないのなら信長はなぜ勝てたのか？」が問われることになるのですが、これについては、「なぜ勝てたのか」は結果論ですから、「信長は何をしようとしたのか」をまず考えるべきだと思います。私の考えを述べれば、最初にわざと自分たちの砦を攻撃させておき、「引き上げモード」に入ったところをたたくという、「捨て石」を使った、いわゆる「カウンター攻撃」の作戦と考えると、信長の行動を整合的に理解することができます。それで思い当たるのは、父織田信秀が斎藤道三《さいとうどうさん》に敗北した戦いで、この時、信秀は道三の居城である稲葉山城《いなばやまじょう》の城下（井ノ口、現岐阜市）まで攻め込みながら、夕刻になって引き上げる際に逆襲されて、壊滅的な打撃を被ります。その結果、のちに信秀は道三と和睦し、信長は道三の婿となるのですが、おそらく信長はこの時の道三の勝利に深く印象付けられ、自分もいつかやってみたいと思っていたのではないでしょうか。桶狭間でそれは成功しますが、しかし味方の犠牲もいとわないその姿勢はやがて家臣との確執を招き、本能寺に至る――このようにＮＨＫの番組（ＢＳ歴史館「信長二七歳　桶狭間に立つ」、二〇一二年九月二十日放送）で話したことを文章にしたことがあります（国立歴史民俗博物館ホームページで発表し、現在は「小島道裕の小文集」というブログに掲載しています）。

補論2

暦・時刻と共時的理解

歴史の「いつWhen」を考える時、「何世紀」とか「何年」はたいてい気にしますが、「何月何日」まではあまり注意しないのではないでしょうか。通時的に歴史を見るなら、それでも良いかもしれません。でも、共時的に、つまり歴史の現場で何かを考えるとすれば、その時が夏なのか冬なのかによって、色々なことがずいぶん変わってきます。また桶狭間の戦いで見たように、その日の何時頃の出来事なのかも関係しますし、当日の天気が大きく影響することもあります。こうしたことに気を配ると、歴史の色々なことが見えてきます。

その際、理解しておかねばならないことの一つが「暦」です。

桶狭間の戦いは、「永禄三年五月十九日」に起きた事件ですが、これは当時日本で使われていた「和暦」です。当時西洋で使われていた暦は「ユリウス暦」(古代ローマのユリウス・カエサルが作らせた暦)なので、これだと「一五六〇年六月十二日」になります。しかし、次第にずれが生じたことから、一五八二年(天正十年=信長の死んだ年)十月から「グレゴリオ暦」が採用され、現在に至っています。

つまり、桶狭間の戦いの日を、現在、一年の中の「同じ日」として共時的に考えるなら、「グレゴリオ暦」が適当です。これだと、「永禄三年五月十九日」は、「一五六〇年六月二十二日」になり、夏至の頃に起きた出来事であることがはっきりします。

なぜ「月日」を合わせることに意味があるかというと、暦の関係については、国立天文台「暦計算室」のサイトが役に立つのでご覧いただきたいのですが、「今日のこよみ」の欄で、日の出/日没だけでなく、実際に明るく/暗くなる

「薄明」まで見ると、六月二十二日の名古屋では、明るくなるのは、水平線が分かる程度の「航海薄明」だと三時三二分、戸外の作業に支障のない「常用薄明」だと四時九分。暗くなるのは、「常用薄明」だと一九時四〇分、「航海薄明」だと二〇時一七分であることが分かります。夜明けとともに出陣した信長は、ずいぶん早くから行動したことになりますし、また今川義元が討ち取られた後、敗残兵狩りが続くのですが、「信長公記」に描かれた、田の深みにはまった兵たちの殺戮の描写は、夏至の頃ですから、田植えが終わっていて田に水が張られていたことや、日の暮れるのがとても遅くて夜陰に紛れることができなかった、という季節的な条件を考えるとよく理解できます。

この他、夜のことに関しては、「月齢」も影響します。夜は月が出ていないと行動が難しく、だから例えば盆踊りのような夜の祭礼行事は、多くが満月の頃に行われます。太陽暦の月日は月齢が分からないのが弱点で、「旧暦」なら、「何日」であるかによって月の大きさや出る時刻も分かります。桶狭間前夜の「十八日」だと、月が出るのはかなり遅いですね。深更まで家臣を引き止めた背景の一つだったと見ることもできます。

＊　　＊　　＊

前に述べた「共時的な歴史の理解」というのは、当時の目で歴史を見る、つまり歴史の追体験でもあると思います。「5W1H」を一致させると追体験したことになる訳で、「全部一致」ならすなわち「タイムマシン」になるので、それはありえないのですが、でも「部分一致」は可能で、例えば、「年」は同じ物はありませんが、「月日」は毎年繰り返すので一致させることができる訳です。

このような体験の一致を「5W1H」で整理すると、こうなるでしょうか。

行為の一致＝やってみる（体験プログラム等）

物の一致＝（物としての）史料

場所の一致＝遺跡、出来事の故地

人の一致＝年齢などは想定可能（信長〈一五三四～八二〉は桶狭間の戦いの当時二十七歳）

時刻の一致＝「年」は違うが、月日と時刻は一致可（月齢も可）

理由＝考えることで一致するか

それぞれを、こんな風に意識して考えると、史料の持つ意味も有効に引き出せるのではないかと思います。

＊　＊　＊

「時刻」の問題について、もう少しお話しましょう。

例えば、「引っ越し」（移徙《いし》〈「わたまし」とも〉）がいつ行われたかは、文献史料の記事から分かることがあるのですが、中世までは夜に行われ、近世になると昼に変わったようです。私が気づいた例だと、次のようなものがあります。

藤原《ふじわらの》実資《さねすけ》　新邸へ　寛仁三年（一〇一九）十二月二十一日「子刻《ねのこく》（午前〇時頃）」（「小右記《しょうゆうき》」）

北条《ほうじょう》泰時《やすとき》　幕府北の新造亭へ　嘉禎二年（一二三六）十二月十九日「亥刻《いのこく》（午後一〇時頃）」（「吾妻鏡《あづまかがみ》」）

足利義晴《あしかがよしはる》　柳の御所へ　大永五年（一五二五）十二月十三日「戌刻《いぬのこく》（午後八時頃）」（「実隆公記《さねたかこうき》」）

いずれも夜です。ところが、

足利義昭《よしあき》　二条御所へ　永禄十二年（一五六八）四月十四日「巳刻《みのこく》（午前一〇時頃）」（「言継卿記」）

豊臣秀吉　聚楽第《じゅらくてい》へ　天正十五年（一五八七）九月十三日　山科言経《やましなときつね》が行列の見物に行っている（「貴賤群集《きせんぐんしゅう》」）ので日中（「言経卿記」）

この頃から、引っ越しを夜に行う慣習が崩れてきたように思えます。

そういえば、婚礼（輿入れ・輿迎え）も、かつては夜です。「婚」という字が女偏に「昏」（日暮れ）なのは儀式を昏時に行うから、と説明されるので、中国の古い時代もそうだったようですが、日本の慣習はどこから来ているのでしょうか。

「子刻」「亥刻」といった十二支を使った時刻については、現在の時刻に対応させると、およそこうなります（図2）。

夜明けが「卯刻《うのこく》」、日没が「酉刻《とりのこく》」で、便宜上午前六時と午後六時にしていますが、実際は季節によって変化する

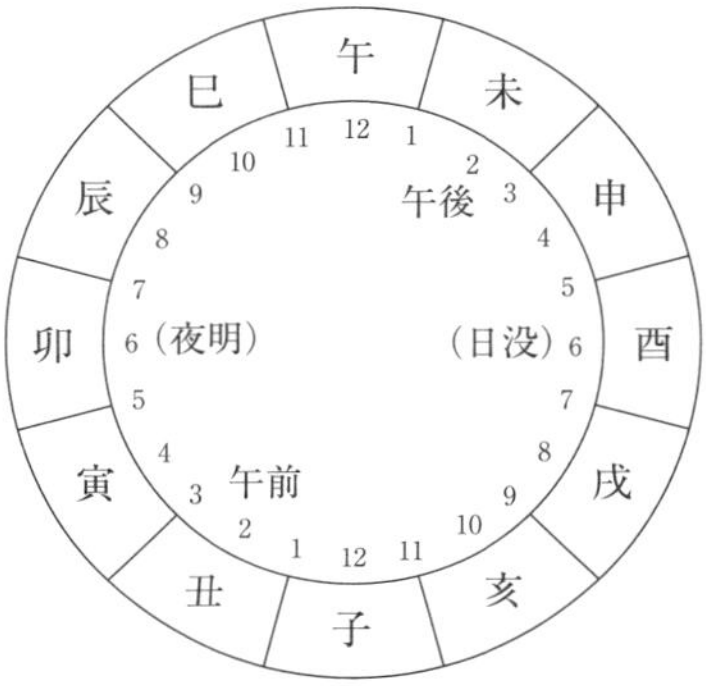

図2　十二支による時刻

「不定時法」です。

真昼は「午刻《うまのこく》」なので、現在でも「正午」とか、「午前」「午後」といった言い方が残っています。

なお、十二支は方角にも用います。例えば東北を「丑寅」（艮《うしとら》）というのはこれで、「子」が北、「午」が南になるため（だから「子午線」という）、図2の時刻表も、普通は上下を逆（「子」を上）に書いて「方位・時刻図」にするのですが、それだと真昼（午刻）が下になり、時刻が感覚的に分かりにくいので、あえて昼を上にした時刻だけの図にしてあります。

「いつ When」の問題も、具体的に、つまり共時的に考えると、色々と面白いことがありますね。次回からは、史料を「どこで Where」の具体性の中で考えてみたいと思います。

第十二講

フィールドの史料①
制札、帳簿、荘園文書

文字史料の「どこで」

この講義もそろそろ終盤に入ってきました。ここで少し視点を変えて、史料と「場」あるいは「フィールド」の関係、6W1Hでいえば「どこで Where」の問題を改めて考えてみたいと思います。まだ触れていない、考古学が主に扱ってきた遺物や遺跡のことも扱いますが、その前にもう少し文字史料の話を続けましょう。

文字史料を「どこ Where」の問題として整理してみると、まず、

① 作られた（書かれた）場所、すなわち差出人がいた所

があり、そして、

② 使われた（読まれた）場所

があります。これは「Who」（差出）と「Whom」（宛先）の関係でもあるので、文書の場合は特に分かりやすかったですね。それから、内容の伝達という一次的な機能を果たした後に、

③ 残された（保存された、遺存した）場所

もあります。さらに、

④　内容的に扱われた場所

すなわち、「どこそこの荘園の地頭職を与える」といった、史料の中で対象とされている「どこ」もあります。

以上の、①作られた場所、②使われた場所、③残された場所は、文書などに限らず、物体としての性格を持つ史料ならどれも同じことであり、同じように重要なはずなのですが、しかし文字史料の場合は、④の内容の問題に関心が集まりがちで、他の「どこ」はあまり意識されない傾向があります。それがどのような意味を持つか、特によく分かる例で考えてみましょう。

制札―「物」としての文書

・織田信長が岐阜城下に出した楽市令制札

文字史料の中でも、木に書かれた札は、文字史料でありながら「物」としての性格が強く、史料を「遺物」として考える一つの材料にもなると思います。

織田信長《おだのぶなが》が岐阜の城下に出した「楽市場」宛の制札（図1）は、楽市令の代表的な史料として著名なものです。楽市は、かつては、信長の革新的な政策の一つとして捉えられていましたが、しかし、それは制札と場の関係が視野に入っていません。この制札の充所《あてどころ》は「楽市場」という城下の一部を構成する特定の市場であり、書かれている内容は、そこへ来住する者に与えられる特権を示したものです。かつて考えられたような、一般的な経済政策ではないのです(1)。

この制札を「物」としての側面で見ると、どうでしょうか。展示用の複製を作るために実物を観察したところ、写真で分かるように、裏面に柱の跡がくっきりと残っていました。つまり、屋外に掲示されて全体が変色したが、

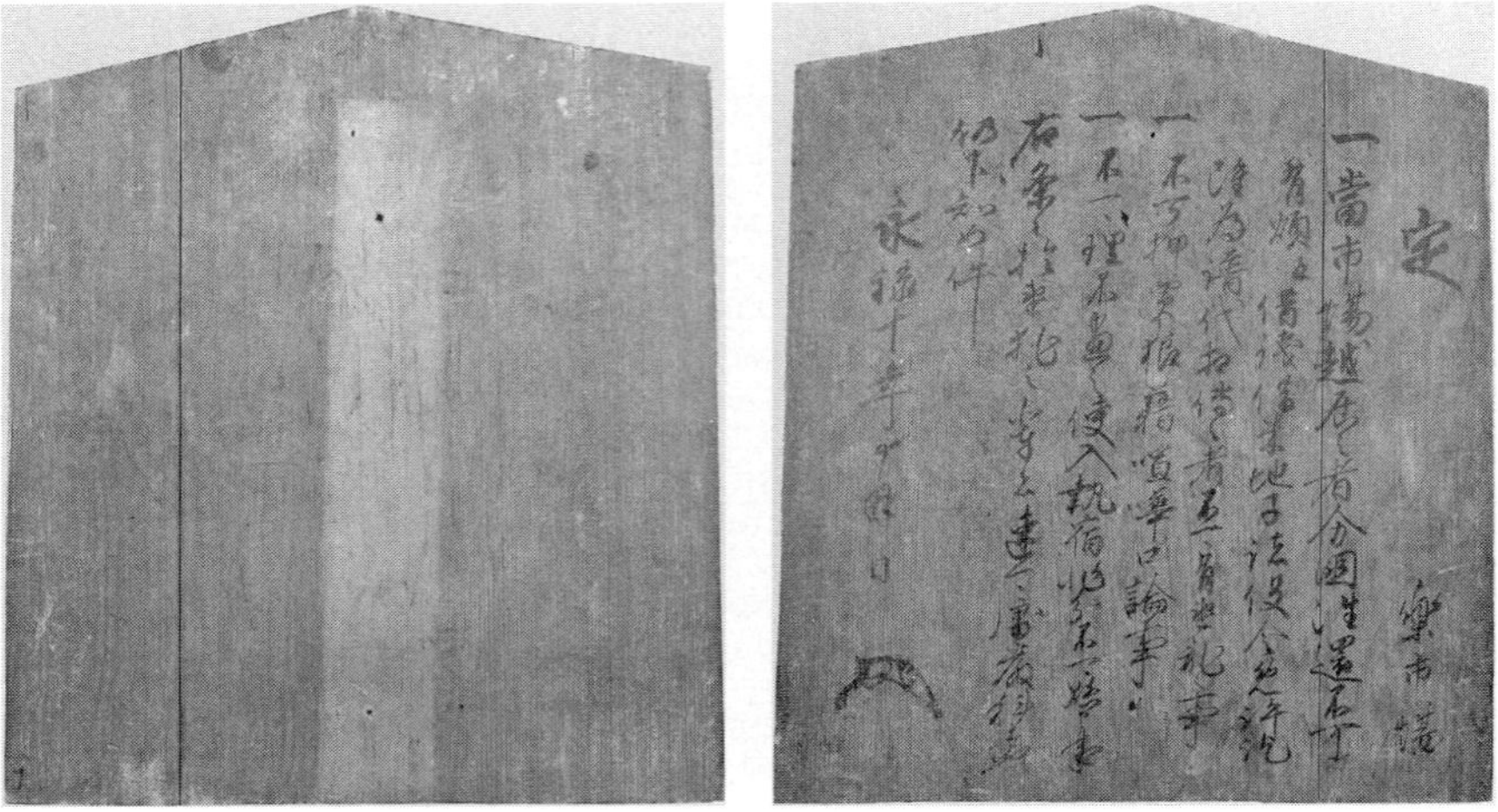

図1　「織田信長制札（楽市場宛）」の表と裏（永禄10年〈1567〉）

柱に打ち付けられていた部分だけは元の板の色が残っていた訳です。天部には屋根（笠）を付けた釘跡もあるので、実際に「立て札」として機能していたことがよく分かります。

先ほどの「どこ」の整理でいうと、①作られた（書かれた）場所は、発給者である信長のいた所と思われますが、②使われた（読まれた）場所は、この制札が立てられていた市場、ということになり、③保存された場所は、現在も所蔵している地元の円徳寺《えんとくじ》という寺院です。なぜこの寺院に伝来したかは議論があるのです[2]が、いずれにしてもこの市場があった所なので、②とほぼ一致しています。そしてこの場合は、④内容として扱われた場所、も当然この市場に関することが書かれている訳です。どこかで作られたものが、それが機能する場に運ばれ、一次的な機能を終えた後は、（何らかの事情で移動しなければ）その場に保管あるいは廃棄される、というのが、文字史料に限らず、史料の「ライフサイクル」（本章補論1参照）として一番普通のあり方だといえますが、この制札の例は、そのように場所と史料が不可分の関係にあることがよく分かる事例だと思います。

・室町幕府様式の制札と機能

制札について、もう少し考えてみましょう。文書の様式という点でいうと、先ほどの織田信長の制札の様式は、どこから来ているでしょうか。

図2（次頁）は、室町幕府の管領で丹波国《たんばのくに》の守護でもあった細川政元《ほそかわまさもと》の出した制札ですが、比べて見ると、条文が三ヶ条であることや(3)、差出、充所、日付の位置、板が縦長の柾目《まさめ》であることなど共通点が多いことが分かります。この様式は、室町幕府が意図的に作り出したものと考えられるので、信長は幕府様式の制札をあえて作り、この時はそのことによって自らの権威を示したのだと考えられます。信長の制札をよく見ると、内容的には多くのことが書かれているのですが、無理に三ヶ条に収めており、また幅が増しているのに、板を継いで縦位置で使うことにこだわっています。いずれも室町幕府と同じ様式にするためと考えられます。

・兵士の乱妨を防ぐ制札

この丹波国和田寺《わでんじ》宛の細川政元制札は、原本の他に、屋外にさらされていた痕跡が顕著な写しが存在するので、原本は大事に保管されて、写しの方が掲示されていたことが分かっています。内容は、軍勢などが寺院での徴発行為を行うことを禁じるものですから、門前に実際に掲示されて、それを防ぐための機能を果たしていたことが分かります。

このような、兵士の乱妨を禁止する制札を、「かばい（庇い）」の制札と呼びます。第一次大戦で、当時ドイツが植民地としていた中国の青島《チンタオ》を日本軍が占拠した時、味方になっている家を徴発から保護する目的で貼られた紙札の禁制類が残っているのですが（図3）、その様式は、中世の制札とよく似ています。軍隊の中に中世の制札についての知識があったのか、それとも機能が同じだと様式も同じになるのか、まだ確認できていないのですが、いずれにしても、文書が現場でどのように機能したかを考える上で、大変興味深い事例です。

・制札の「形」

木札の制札は、屋外に掲示されて、その前を通る人間に読ませるものですから、目にした瞬間に、権威を持った

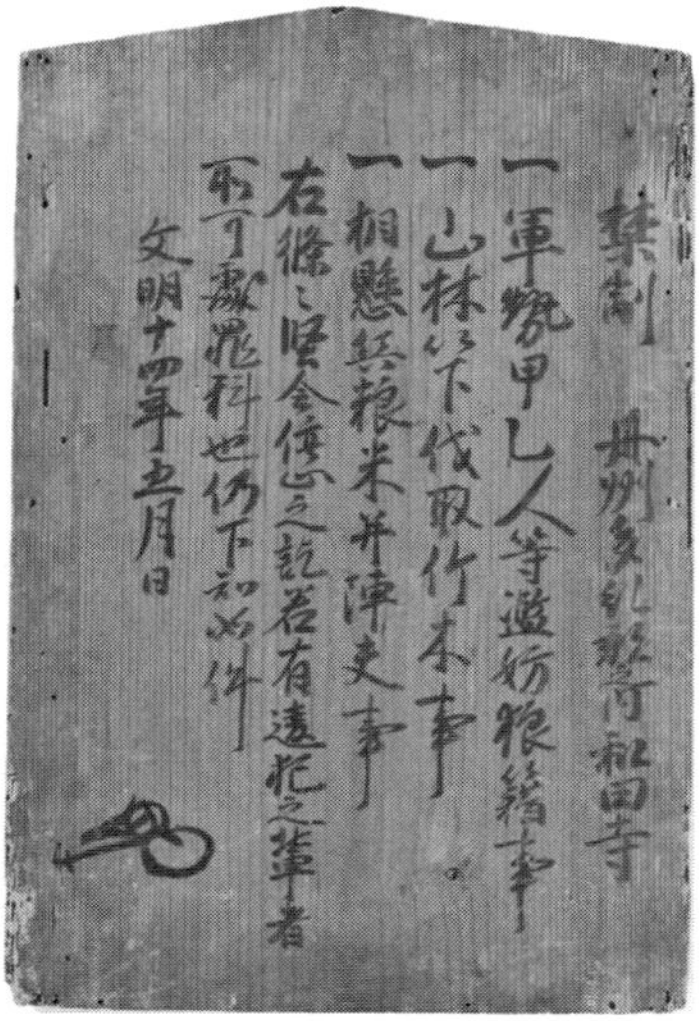

図2　室町幕府様式の制札　「細川政元制札」（文明14年〈1482〉）

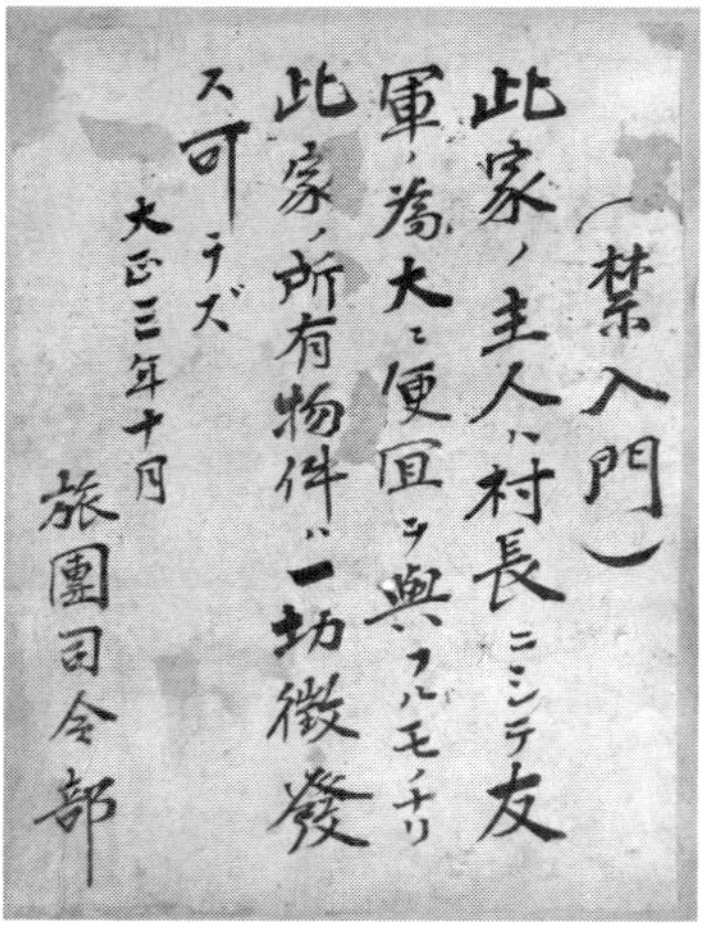

図3　日本軍が青島で出した貼り札（「日本軍旅団司令部青島民家宛禁制類掛軸」大正3年〈1914〉）

法令であることが分かること、つまり「形」の機能情報が重要です。中世以降の制札には、今日の立札類に至るまで続いている共通の「形」があります。図1や図2もそうですが、「駒札《こまふだ》」などと呼ばれる、頭の尖ったあの形です。これを立札類に使うのは日本独特の風習のようですが、「圭頭《けいとう》」とも呼ばれるこの形の起源は、おそらく古代中国以来の「圭」という玉器にあり、中国から国王に任じられる際には、この「圭」を金印などとともに受け取ったことが、制札の形の背景にあるようです。琉球国王の肖像（御後絵《おごえ》）はこの「圭」を手にしていますし、おそらく「親魏倭王」となった卑弥呼などももらったのではないでしょうか。形が持つ機能としてまとめると、権威・禁止・許可・法といったイメージが、日本ではこの形にあるといえます(4)。

制札の「形」については、もう一つ面白い問題があって、横長に作るか縦長に作るかは、地域によって差がありました。東国の物は横長にする傾向があって、北条《ほうじょう》氏《し》についていえば、先述の押印位置の問題と同様に、あえて室町幕府とは違う様式を採用し、幕府とは別の権威を樹立しようとした政治姿勢の反映と理解できますし、信長が室町幕府の様式にこだわったこととの対比にもなると思います。

帳簿とフィールド—僧侶の旅の支出帳簿

文字史料のうち、「文書」や「記録」とともに重要とされる「帳簿」の問題について、「フィールドの史料」という観点で取り上げてみたいと思います。帳簿の記述内容は、命令、申請、契約といった抽象的なものではなく、具体的な物や事柄について、数量や金額などの数字を表わしていて、それはたいていの場合、どこか特定の場と結びついています。

ここで取り上げる「永禄六年北国下《ほっこくくだ》り遣足帳《けんそくちょう》」（次頁図4）は、醍醐寺《だいごじ》の僧侶（おそらく二人）が北陸経由で北関東へ、おそらく寺務で出張した際の支出帳簿です。

記載内容を読んでみると、「四十八文　ハタコ銭廿七日夕／廿八朝　越州浅生津《あそうづ》」のように、上段に支出した金額があり、その下に費目と地名が書かれています。費目としては、宿泊と食事の他に、「橋賃」「舟チン（船賃）」「駄賃」などの交通に関わる支出があり、「昼休」とあるのは、「ヒルヤスミ　サケ（酒）以下」などとも書かれているので、おそらく昼食なのだと思います。旅の間中この帳面を持ち歩いて、支出を行うごとに、その場で記載していったと考えられます。ほぼ毎日「ハタコ（旅籠）銭」[5]の支出があり、夕食・朝食の提供を受け、しかも金額が四十八文と一定していて、まるで協定料金のような相場があったことも分かります。船や馬を料金を払って使用していることなども含めて、中世の段階で既に充実した交通インフラが存在し、経済的な関係だけで長距離の旅行ができたことが分かる貴重な史料となっています。

宿泊地や「昼休」などの場所と全体の行路を落とした地図が図5ですが、北関東の部分はほとんど記述が無く、行程が連続しません。最初その意味が分からなかったのですが、堯雅《ぎょうが》という同時代の醍醐寺僧が関東を訪れた際の付法《ふほう》（教法の伝授）の記録を見ると、ちょうどこの付近の寺院を訪れており、おそらくこの「遣足帳」も、この地

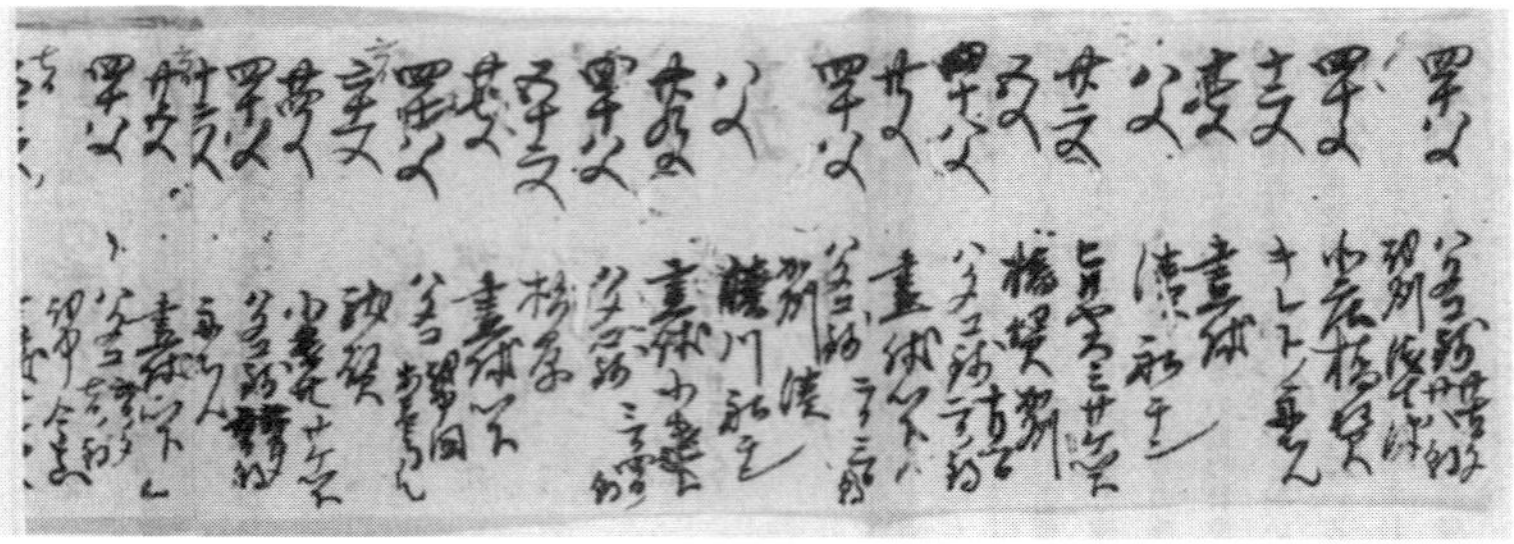

図 4　「永禄六年北国下り遣足帳」（永禄 6 〈1563〉～7 年）

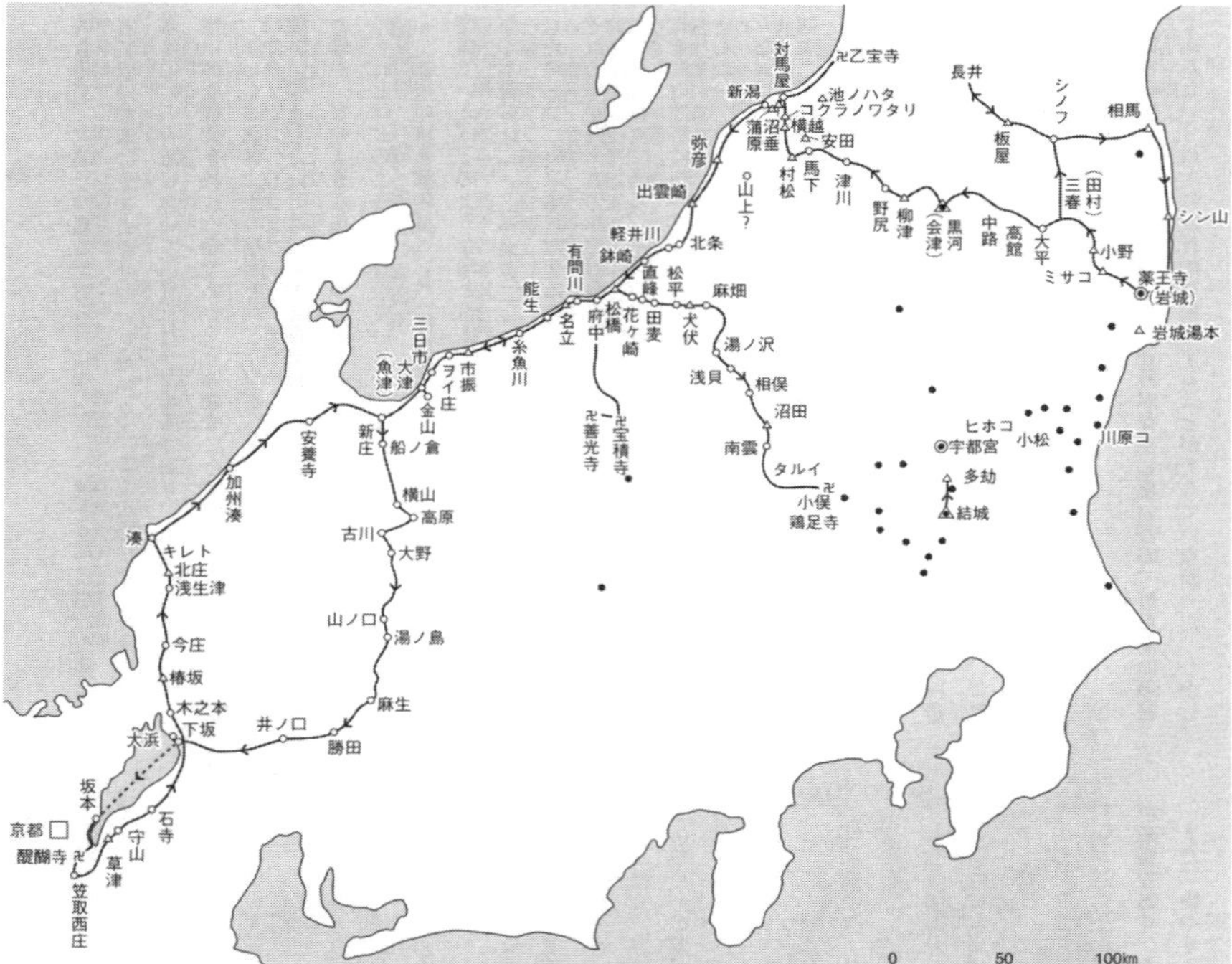

図 5　「永禄六年北国下り遣足帳」の行程　北関東付近の「・」は、醍醐寺僧堯雅の付法記録に見える地名。

域では用務のために末寺を訪ね、そこで宿泊していたと考えられます。この帳簿は旅行自体の記録ではなく、あくまでも「遣足帳」（支出帳簿）なので、支出が無ければ記載も無いのは当然なのですが、そのことに気付くまで時間がかかりました。史料、あるいは記述が「無い」ということにも意味があるのです。

「荘園文書」と現地

現地の様子を記した文字史料としては、日本の中世史だと、荘園に関する史料群が有名です。特に寺院が経営した荘園については、「東寺百合文書《とうじひゃくごうもんじょ》」(6)などの多くの文字史料が残されていて、中世社会を知る上で貴重な存在となっています。年貢の算用状や、代官の請負状などからは、荘園の産物が具体的に分かります。例として、東寺領の丹波国大山荘《おおやまのしょう》で地頭が東寺へ納入することになっていた物を書き上げた文書を見てみましょう（図6）。

現地から納めるべきものとしては、初めの方にある米や麦などは代銭納になっていますが、二枚目の写真にある最後の方は実際に納めることになっていたと思われます。そこには、餅、栃、甘栗、生栗、串桶、暑預《とろろ》、野老《ところ》（山芋）、牛蒡《ごぼう》、蒟蒻《こんにやく》、土筆《つくし》、干蕨《ほしわらび》、胡桃《くるみ》、零暑子、胡麻《ごま》、平茸、梨子、桶、足桶、杓、呂子、飯櫃《めしびつ》、折敷《おしき》、薦《こも》、続《つぎ》松《まつ》（松明《たいまつ》）、差糸、汲、油、とよく分からない物もありますが、とにかく多様な物があり、それが荘園のどこかで生産あるいは採集されていたことが窺えます。

文書に土地に関する記述があれば、どこにどのような耕地や、村や、屋敷があったかも分かってきます。そうした情報は、荘園のあった土地と不可分のものです。そこで、荘園文書が多く残された荘園では、現地調査を行って、文書の記述と突き合わせる作業が行われてきました。そうすると、地形や地名、土地利用や水利のあり方、遺跡や石造遺物、伝承など、とても多くの痕跡が残されていることが分かってきます。それぞれの荘園についての多くの

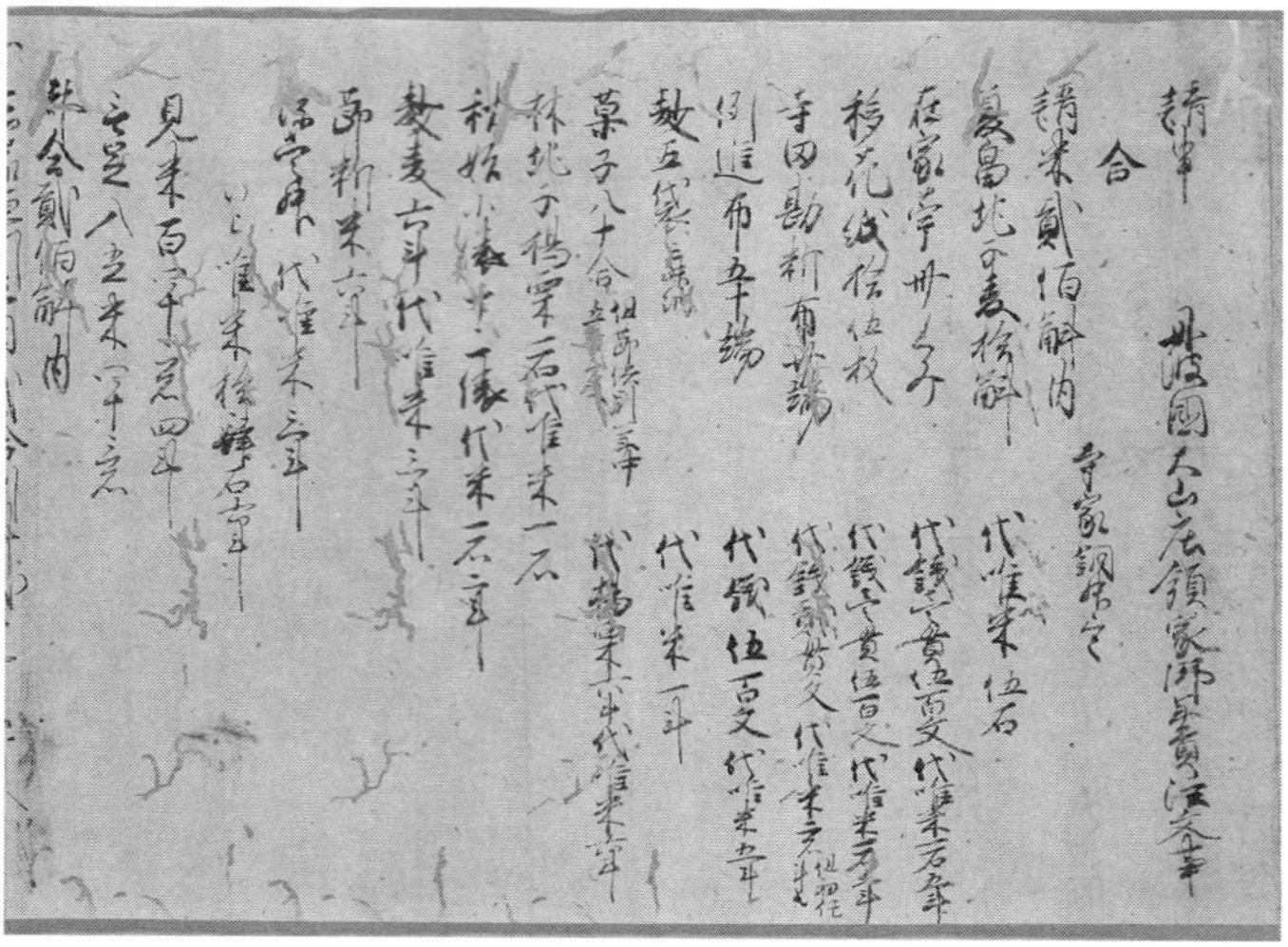

（中略）

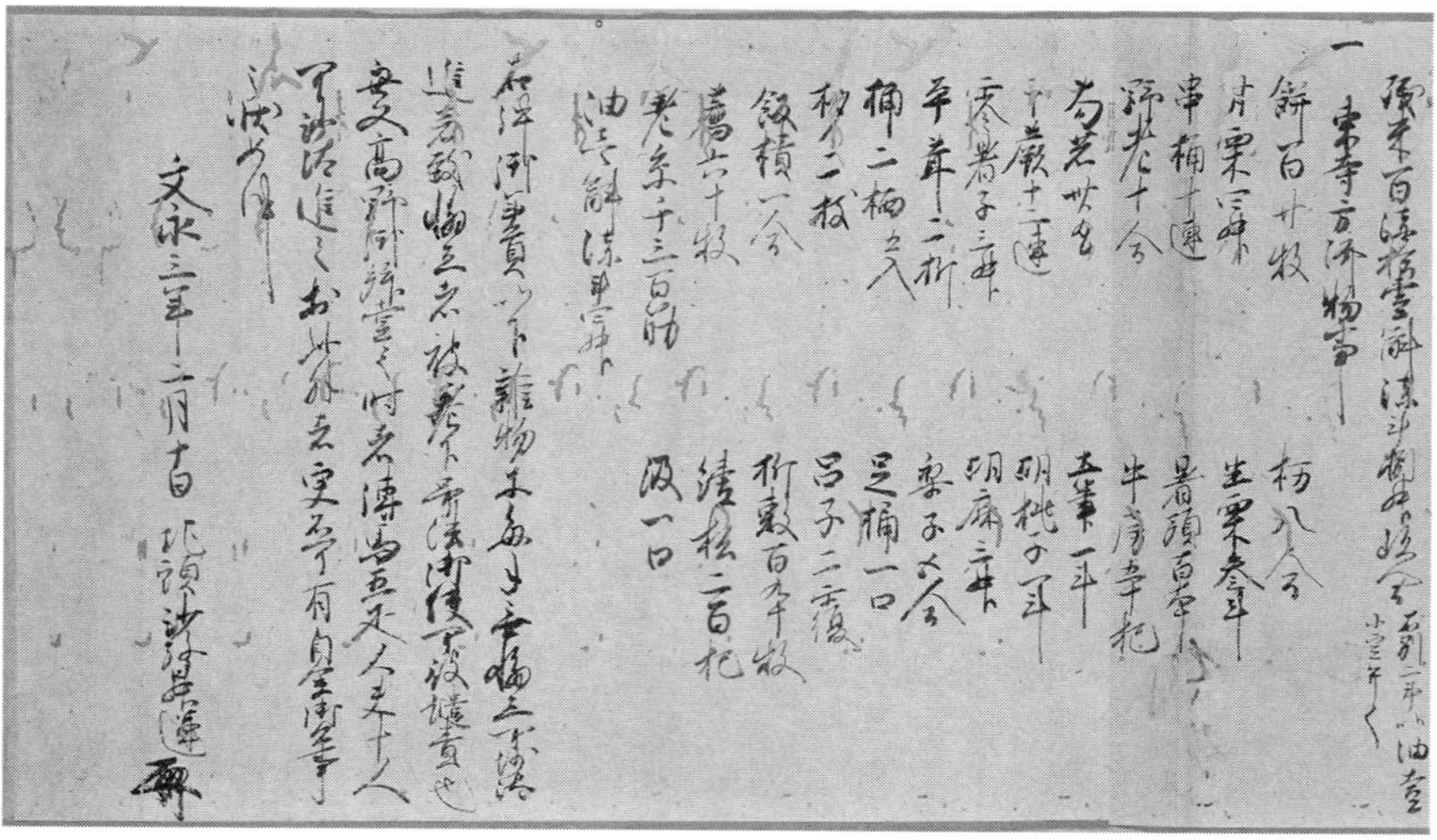

図6　「大山荘領家年貢注文」（文永3年〈1266〉）

報告書にもまとめられていますし、近年は歴史的な景観を残す荘園の故地自体が史跡として指定されるようにもなっています。(7)

ただ、文書が残っていない荘園であっても、あるいは荘園などであったかが分からない所でも、中世に人が活動していた土地なら、現地に行けば中世のさまざまな痕跡は残されていますから、最初に述べた「センサー」を働かせば、そうした情報は見えてきます。ですから、荘園文書があるからその歴史的な景観が大事という見方は、ある意味倒錯的なものでもある訳で、文書があろうとなかろうと、歴史的な景観は、それ自体が歴史を物語る史料です。

荘園文書については、現地（地方）で作られたものでも、伝来としては東寺のような中央の荘園領主の所に残された訳で、現地についての情報でありながら京都に残されているという現象、すなわち史料の偏在性が生じています。現地についての文字史料が現地に集積されるようになるのは一般的には近世になってからで、(8)村落の自治が認められるようになった結果、村の共有文書や庄屋などを務めた家の文書が「地方《じかた》文書」として大量に残されており、その整理や分析が重要な課題となっています。文字史料の歴史としては、地方の現地においてそれが普通に蓄積される時代になり、景観や伝承、遺跡・遺物などのさまざまな史料とともに、どこであっても総合的に歴史を解明できる時代になったといえるでしょう。

文字史料についてはとりあえず以上で終わりにして、次回からは、「土地に刻まれた歴史」ともいわれる、場、フィールド自体に残された史料情報の色々と、その読み解き方について考えたいと思います。

注

（1）楽市令の研究史については、小島『戦国・織豊期の都市と地域』（青史出版、二〇〇五年）、および小島「研究展望　戦国期城下町と楽市令再考―仁木宏氏の批判に応えて―」（『日本史研究』五八七、二〇一一年）をご参照ください。市場や都市を新設ないし再興する際に特定の場に与えられた都市法というべきものです（第十講の図9、北条氏の朱印状として取り上げた文書も内容は楽市令で、これは「世田谷新宿」に出されています）。

（2）円徳寺に制札が保管されていることについては、「楽市場」がその寺内町だったためとする説がありましたが、制札には地子免除の条項があって、寺内町であれば、信長が土地代の徴収を禁止するのは他人の権限を勝手に侵すことになるので無理があります（脇田晴子『日本中世都市論』東京大学出版会、一九八一年）。信長が、この場の領主として、住民の来住を促したものと考えるべきでしょう。

信長は、翌年にも同様の制札を「加納」に出していますが、こちらは掲示された痕跡（使用痕）がありません。おそらく、最初の制札の効果で「楽市場」に住人が定着し、「加納」という町共同体ができたので、今度はそこに与えられ、これはよくあることなのですが、共同体の紐帯として機能していた寺院に保管された、と私は解釈しています。

（3）室町幕府の制札や信長の制札が、一つ書きの三ヶ条で出されているのは意味があって、『史記』に記された漢の高祖の「法三章」の故事、すなわち、秦の厳しい法律を改めて、法は三つ（殺人・傷害・窃盗を処罰する）だけとしたことから来ていると考えられています。応仁文明の乱の時に東軍（幕府方）の制札から始まるので、おそらく幕府の中で誰かが考え出したのでしょう。縦長の形状にもマッチして、戦国時代頃には広く使われました。しかし江戸時代になると、幕府の制札（高札）は、書かれる内容が多くなって三ヶ条では済まなくなったこともあり、北条氏などが用いていた「東国流」ともいえる横長の制札が一般化しました。「権威の形」の歴史として理解できると思います。

（4）「中世の『札』―その形と意味―」（『歴史と地理』七二七、二〇一九年）で、この形の色々な例について考察しました。なお、中世の制札の全体については、前掲注(1)小島『戦国・織豊期の都市と地域』にも一覧と考察を収録しています。

（5）「旅籠」は「旅宿ノ食也」と「文明本節用集」（十五世紀半ば成立の辞書）は述べており、本来食事をさしていた言葉です。「遺足帳」に、「夕」「朝」と書いてあるのも食事代の意味で、宿泊というより、食事の提供を受けることが重要だったことが分かります。

なお、「永禄六年北国下り遣足帳」については、『国立歴史民俗博物館研究報告』第三九集（一九九二年）と同第一一三集（二〇〇四年）に史料紹介と論文を載せています。同館のリポジトリで見られます。

（6）京都の東寺（教王護国寺）に伝来した「東寺百合文書」は、江戸時代に寄進された百の木箱に納められていたことからこの名があります。現在は京都府立京都学・歴彩館（旧京都府立総合資料館）が所蔵し、デジタルデータによる公開も行われています。国宝・世界記憶遺産にも指定されています。

（7）史跡となった荘園遺跡には、次のようなものがあります。東大寺領横江《よこえ》荘遺跡（石川県金沢市・白山市）、日根野《ひねの》荘遺跡（大阪府泉佐野市）、骨寺《ほねでら》村荘園遺跡（岩手県一関市）、新田《にった》荘遺跡（群馬県太田市）、弓削島《ゆげしま》荘遺跡（愛媛県上島町）。

（8）現地に残った中世文書も存在し、近年はそれについての研究も盛んになっています。春田直紀編『中世地下文書の世界―史料論のフロンティア―』（勉誠出版、二〇一七年）など。

補論1 史料のライフサイクル

史料をその作成から保管まで一連の「ライフサイクル」として捉えることは、文書管理、アーカイブズの分野でよく説かれますが、史料を見る上でも当然有効な考え方で、最初の史料情報の整理では「伝来情報」に当たります。アーカイブズ的には「作成と保管」ということになると思いますが、歴史的な見方としては、それが「どう機能したか」「どう使われたか」を考えることが重要だと思います。そこを含めて、史料の一生、ライフサイクルを考えるとどうでしょうか。

一つの文書で考えると、何かの内容を伝達する、あるいは証明するといった一次的な機能を果たした後も、保存され所持されることによって、例えば将軍などの権威ある人物から文書をもらった由緒ある家だ、といったことを証拠立てるものとして機能します。戦国大名の発給した文書は、江戸時代には仕官の際に身分証明のように使われたようですし、あるいは、嫁入りの時に、先祖が受け取った文書を一通持参したものが、嫁ぎ先の家の文書の中に混じっていた例も見たことがあります。このような事情で文書を手放すことはよくあったと思われ、家分け文書の中に、そんな際に作られたと思われる精巧な写しが残っていたこともあります。

また、売却などで元の持ち主の手を離れると、宛先を切ったり偽造したりして同様の権威に使われたりもしますし、掛け軸にして茶掛けとして利用されたり、源義経《みなもとのよしつね》書状で見たように、反故紙《ほごがみ》として寺院に寄進されて裏が利用されたりすることもあります。文化財として博物館に収蔵され、展示に使われることも、やはり一つの機能といえるでしょう。

本来的な機能あるいは一次的な機能というものは当然ありますから、以下、二次機能、三次機能……としていくことも可能ですが、実際のあり方はさまざまで、どの機能が重要だとも決めがたいですから、「史料はそのライフサイクルの中でいくつもの機能を果たしていく」ということを念頭に、史料の持つ「伝来情報」を整理していくことが大事なのではないかと思います。

補論2

機能するニセモノ（偽文書）

史料についての重要な問題の一つに「ニセモノ（偽物）」があります。世の中に偽造された物はたくさんあるので、真偽の鑑定はもちろん大切なのですが、ただ、「本物かどうか」というのは、史料をその機能から考えるなら、なかなか単純に決めがたい部分もあります。

国立歴史民俗博物館で「大ニセモノ博覧会」（二〇一五年）という「ニセモノ」をテーマにした企画展示が行われたことがあり、図7は、その時に展示された羽柴秀吉《はしばひでよし》の掟書です。

かつての鑑定でニセモノと判断されたために出品されたこの文書は、たしかに文字の感じは見るからに怪しく、紙も粗悪で、秀吉の発給した実物とは考えられないのですが、しかし秀吉の文書が集成されて（名古屋市博物館編『豊臣秀吉文書集』全九巻、吉川弘文館、二〇一五～二四年）、他の文書も参照できる今日の目で見ると、同時期にほぼ同じ文面のものが複数あることが判明します。充所は書かれていないので、偽造というより、むしろ「写」と考えた方が良さそうです。

ではこのような「写」がなぜ作られたかを考えると、内容的には、先に見た制札と同様、自軍の兵士の徴発や乱暴狼藉を防ぐための物ですから、これを持っていると秀吉軍の兵士たちを追い返すことができる訳です。そのような効果を期待して、どこかの村が写して持っていたのではないか、というのが一つの推測です。徴発に来た兵士の方も、秀吉の花押《かおう》だけでも分かれば、それで引き返すかもしれませんから。つまり、本人が発給した文書でなくても、それが本人の意図を越えて機能することはありうるのです。だから、以上の推測が正しければ、この文書が実際に機能した可能性が

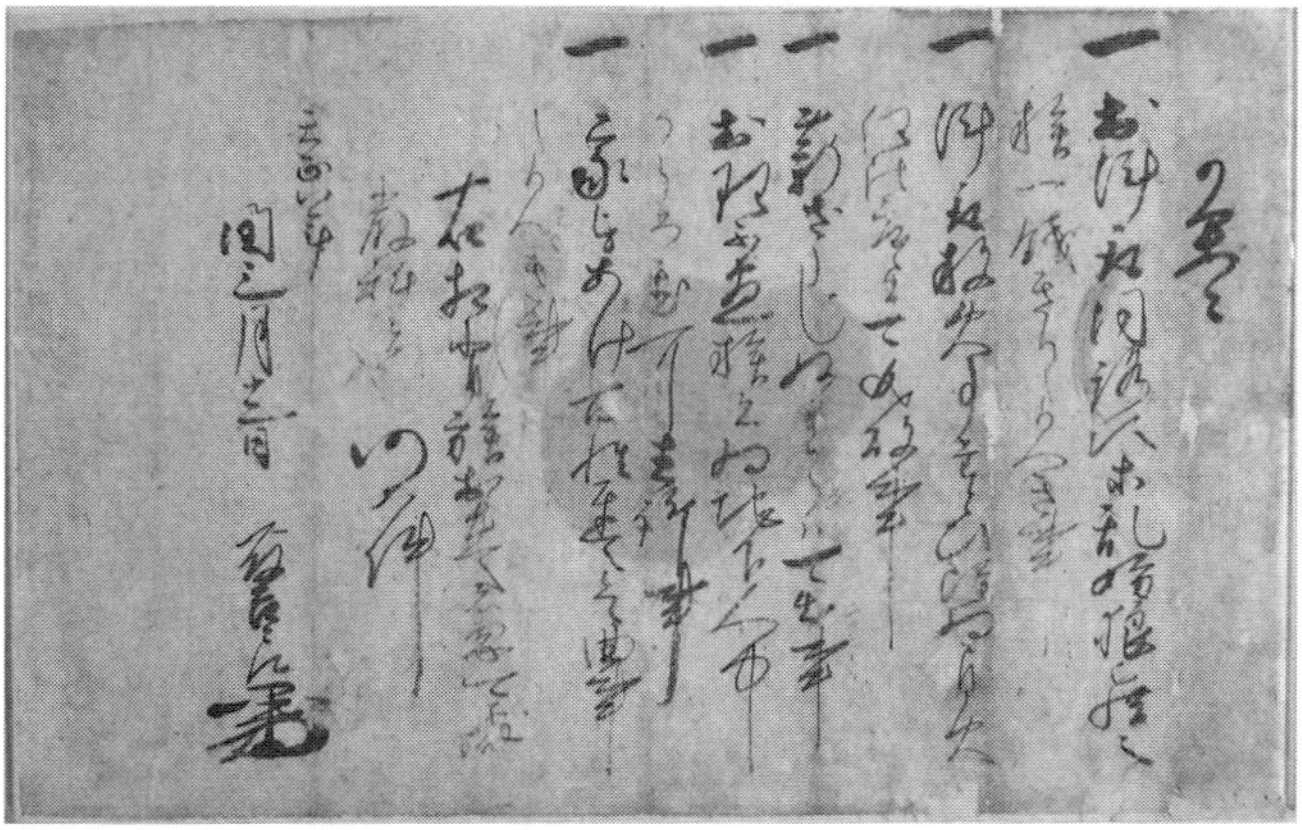

図７　「羽柴藤吉郎掟書案」（天正８年〈1580〉）

ある、少なくともそれが期待された、という意味において、当時の史料としての価値があります。

性格を整理すれば、

当事者性　×

同時代性　○　（機能もたぶん○）

というケースになるでしょう。

＊　＊

足利尊氏《あしかがたかうじ》の文書も、花押はかなり色々なものがあって、右筆《ゆうひつ》などが書いた可能性が考えられていますが、しかし当時それが尊氏の文書として機能したなら、その意味ではニセモノとはいえないことになります。内容的に問題がある捏造《ねつぞう》された文書、すなわち偽文書であっても、それが何らかの形で機能していたなら、その事実もまた一つの歴史なので、その限りでは史料ということになります。

本物と偽物の間も、実際は色々です。何がどう違うか、どこまでかけ離れているかは、これも「グラデーション」として、実際のあり方とその意味を理解することが大事なのだと思います。

第十三講

フィールドの史料②
地図、絵図、地域での史料の総合化

レイヤー（層）としての歴史と地図・絵図

さまざまな歴史事象は、必ずどこかの場所で起こっています。歴史をその現場、すなわち特定の地域、「どこで Where」で考えるには、地図の上で考えることが必要になり、また絵図や地図はそれ自体が重要な史料です(1)。

前に扱った洛中洛外《らくちゅうらくがい》図《ず》屏風《びょうぶ》の場合も、京都という場所を描いた絵図として読むことができます。絵画史料は、既に見たように、描かれているものは現実そのものではなく、描きたい物を選択し、見たい物を強調し、あるいは足したり削ったりしながら作られたものであり、当然、それは絵図や地図の類一般についても当てはまりますが、そのことはもう繰り返さなくても良いでしょう。

そして、これも既に述べたように、ある場所における歴史は、重層的な景観、「レイヤー（層）」の積み重なったものとして理解することができます。ある時点で、ある場所を考えると、そこには、新しいか古いかは別として、その時点で存在して機能してい

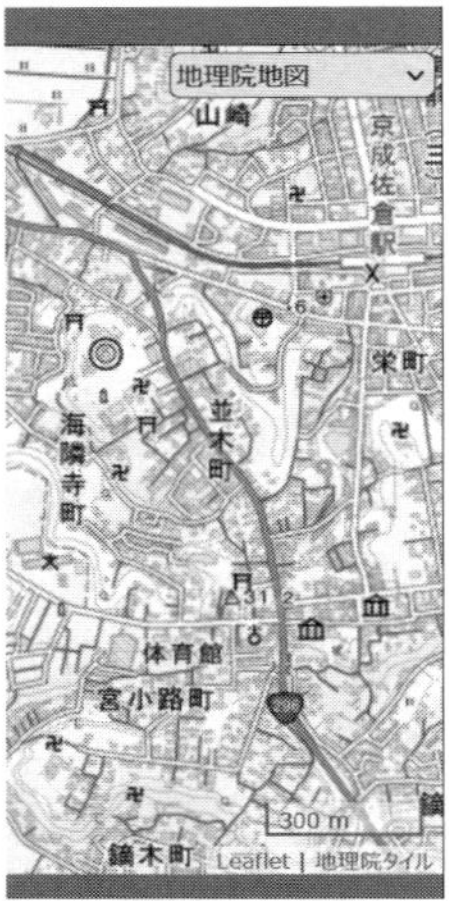

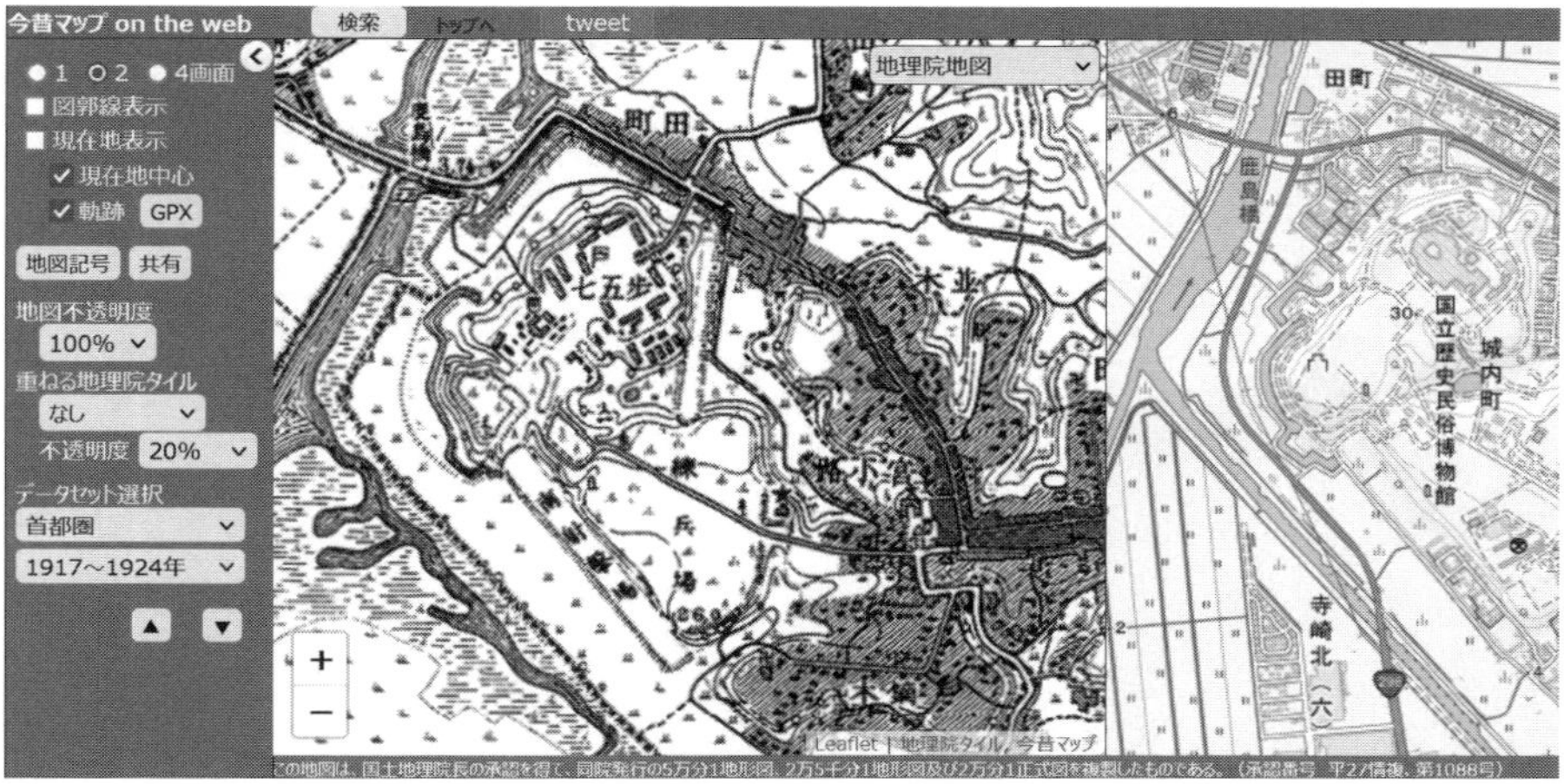

図１　約100年前の地形図と現在の地形図の比較（「今昔マップ on the web」の画面）

るもの——建物とか道とか耕地とか——が当然ありますが、その他に、本来の機能を失って「遺跡」として残ったり、あるいは伝承や地名のような記憶として残っているものも存在し、それらもまたその場を構成する要素となっています。逆に、「これから作られるもの」は、まだその時点のレイヤーには存在しません。このレイヤーを上下、つまり時代の新旧で動かせば、その時点の層が現れる訳で、そのような、地域の中に「時の断面」を見ようとする研究方法は、歴史地理学と呼ばれます。

新旧の地形図

地形図で考えてみましょう。洛中洛外図屏風のところで使った五万分一地形図（第四講の図2）は、現代といっても一九七六（昭和五十一）～七八年に発行された物なので、よく見ると、その頃に廃止された市電の線路がまだ描かれているなど、現在とはかなり違っている面があります。近代の地形図であっても、作成された年代が異なれば当然色々な変化を読み取ることができ、それは歴史そのものでもあります。

図1は、千葉県佐倉市《さくらし》の佐倉城跡付近の新旧の地形図を比較したものです（「今昔マップ on the web」という、国土地理院〈古い物は旧

参謀本部陸地測量部・内務省地理調査所〉の作成したさまざまな年代の地形図を、現在の地図と比較できる、大変ありがたいサイトから引用しています)。

左側の古い地図は、二万五〇〇〇分一地形図「佐倉」(一九二一年〈大正十〉測図、一九二五年五月三十日発行)で、およそ一〇〇年前のものです。右側の現在の地形図と見比べて、変わった部分/変わらない部分を考えると、こんな所を挙げられます。

・丘陵上にある佐倉城址とその城下の有様は大きくは変わっていない。
・しかし、現在は周辺の宅地化が進み、道筋も変わっているので、旧地形図の方が、町や村の元の範囲やかつての土地利用などがよく分かる。
・鉄道が通り、「京成佐倉駅」ができている。道路も新設や位置の変化がある。
・城址では、「歩五七」(歩兵第五十七連隊)の建物群(兵営)があった所が「国立歴史民俗博物館」になっている。
・「練兵場」のあった所には学校が二つできている。
・役場の位置が変わっている。
・寺社の所在や位置はあまり変化がない。

こうしたさまざまな変化/不変化の中に、この一〇〇年の歴史が現れています。

また、こうした古い地形図は、言い方を変えれば現在よりも過去の時代に近いのですが、単純に年数の分だけ近いというだけでなく、日本の社会のあり方は、一九六〇年代頃から高度経済成長によって大きく変わりましたから、それ以前のものは、今と比べればむしろ近世のあり方に近く、もっといえば中世にも近いです。一般的にいえば、農村部の集落、そして基本的な耕地や水利のあり方が現在まで続く位置になったのが、およそ十五世紀～十六世紀頃のこととされますから、まだあまり近代的な開発が進んでいない時期の地図だと、室町時代頃の社会を考える上

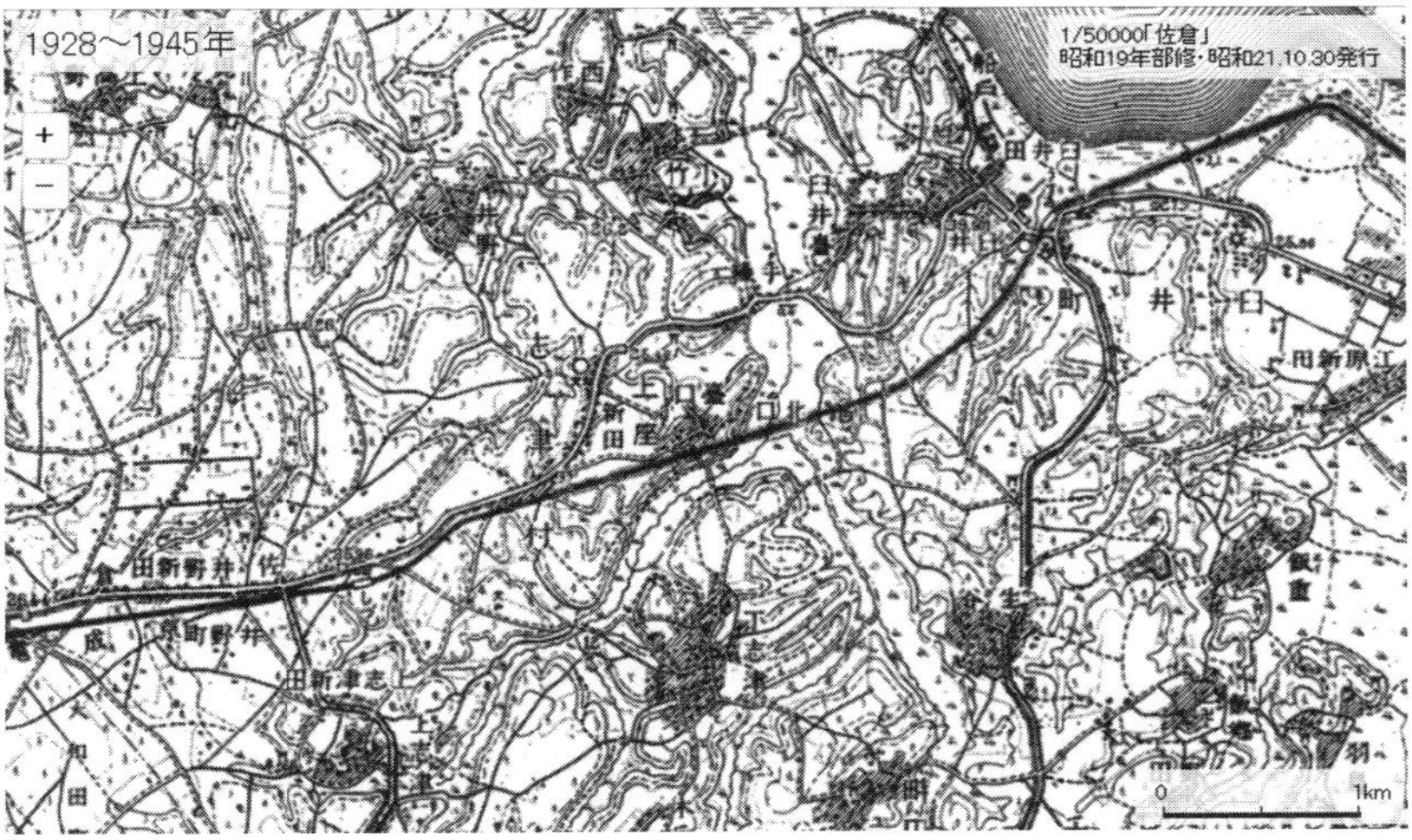

図2　旧地形図に見る農村部の景観

でも大変参考になる訳です。村の鎮守、氏神などとされる神社が現在の位置に定着するのも、多くはやはりその頃のことだろうと思われます。(2) 地形図、特に古いものは、そのような歴史的な事物を落とし込んでいくベースマップとして、とても有効です。

ベースマップとしての地形図

同じ佐倉市内の、農村部だった所の古い地形図も見てみましょう（図2）。先ほどの佐倉城下町よりも少し西の地域で、上にちょっと見えているのは印旛沼《いんばぬま》です。現在は新しい住宅地が多くなっていますが、地形図の中に色々な要素を読み取ったり、現地の情報を落としたりしていくと、その地域の歴史が見えてきます。

地形でまず気が付くのは谷が多いことで、関東では「谷戸《やと》」「谷津《やつ》」などと呼ばれます。この地図ではそこを川が流れ、田になっていますが、こういう所は自然の水利を利用できるので、古くから水田として開発されていたと考えられます。実際、歩いていたら「兼丸《かねまる》」という地名がありましたが、中世の名田《みようでん》に由来するものでしょう。谷から台地の方を見ると、斜面は林になっているのですが、上に上がると集落があり、その周囲は畑として利用されています。つまり、一つの集落には、田・畑・林という要素がセットになっていて、それによって日常の生産と生活が成り立っていた、ということが窺えます。前回見た大山荘《おおやまのしょう》のさまざまな年貢も、そんな環境の中から生み出されていたのでしょうし、文書は残っていなくても、同じような生活がここにもあったことが偲ばれます。

神社の名前を調べてみると、「春日神社」（下志津《しもしづ》、畦田《あぜた》）と「熊野神社」（上座《じょうざ》）がありました。おそらく平安〜鎌倉時代頃に摂関家領や院領となっていた時期があり、その時に荘園に勧請《かんじょう》されたものが、のちに村の鎮守となったのではないでしょうか。寺院や仏像も、室町時代以来のものが多くありますし、臼井城《うすいじょう》は千葉氏《ちばし》の有力家臣だった原氏《はらし》の城で、地形図でも町場的な様相が窺えます（図2の上部中央やや右）。

谷戸の田になっている所は、縄文時代には海が入り込んでいて、井野長割《いのながわり》遺跡（国史跡）や上座貝塚がありますから、縄文時代からずっと人々の生活が営まれていたことが分かります。こういう色々な要素を総合化して地域の歴史として見ていく上で、地形図はとても有効です(3)。

地籍図—地名と地割

地図には、さまざまな縮尺のものがあります。先ほど見た五万分一地形図、あるいはもう少し大きい二万五〇〇〇分一地形図だと、村がいくつか含まれる程度の範囲を見渡して考えるには具合が良いですが、一つの村の領域、あるいはその中に含まれる遺跡、といったレベルの範囲を対象にするには粗すぎます。縮尺の大きい地図としては、自治体が二五〇〇分一の「都市計画基本図」を作っており、遺跡の調査などには大変役に立ちますが、しかしこうした地形図では、土地の一筆一筆の形や小字名《こあざめい》などの情報については分からないので、それについては「地籍図」が大変役に立ちます。これは土地台帳に付属する地図で、明治時代の初期から作り始められているので、歴史的な古い地図としても貴重です。

地籍図は、ある土地を誰が所有しているかを確定し、それによって所有者から税金を取るために作られますから、土地の境（地割）、地名（小字名）、地番、地目《ちもく》（土地の種類）などが記載されており、制度などが変わるたびに、いくつかのものが作られています。行政用の資料としては、本来は税務課の固定資産税を扱う所などにあり、私も色々な役場で税務課のお世話になりましたが、明治期などの古いものは、近年は文化財として管理されるようになってきました。

どのようなものがあるかは地方によって差がありますが、例えば私が中世城館遺跡の分布調査に従事していた滋賀県の場合だと、明治六年（一八七三）に村の全体を六〇〇分一（一間《けん》〈約一・八メートル〉を一寸〈約三センチ〉に縮小）で描き、地目を色分けした美麗な村絵図が作られ、多くの自治体に残っていました。[4] このような村絵図型の地籍図がなくても、小字単位で作られた切絵図型の地籍図は必ずありますから、できるだけ古いものを探して継ぎ合わせれば、同じように使うことができます。

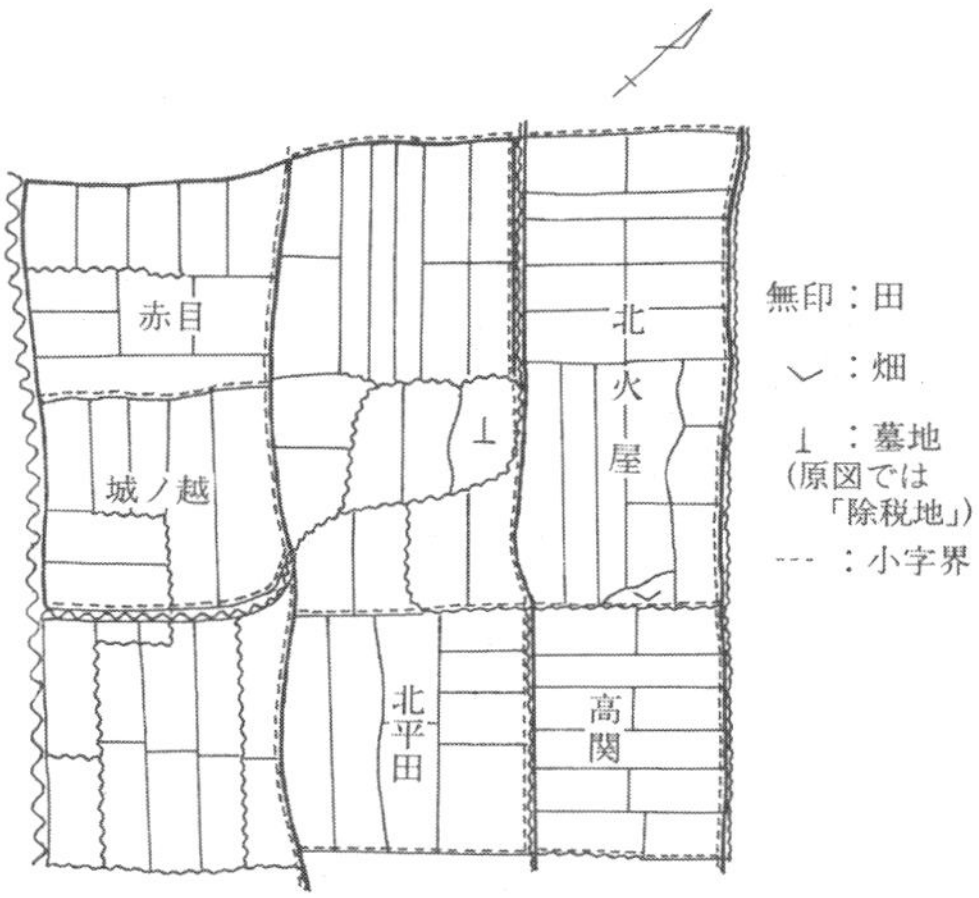

図３　地籍図で検出された城館址（守山市勝部の地籍図、原本は19世紀末頃）

地籍図から分かること

地籍図を使った調査の例を一つご紹介します。図3は、滋賀県守山市《もりやまし》勝部《かつべ》の地籍図の一部をトレースしたものです。全体が方形に区画され、その中は基本的に細長い田になっていて、条里地割であることがまず分かります。

ここで注目したのは、図の左中に「城ノ越」という小字名で、これは中世城館址に伴う典型的な地名の一つです。おそらく本来の意味としては「城の腰」（「腰」は、裾、麓の意）で、城に隣接する土地に多く見られます。手順としては、先に「城ノ越」という地名（小字名）の存在に気付いて、その場所の地籍図をチェックした訳です。「城ノ越」自体は条里地割で、遺跡の徴証は特にありませんが、その隣の小字を見ると、右隣の区画の中に水路で囲まれた部分があり、これが城館の堀跡ではないかと考えられました。また、この囲まれた範囲の三筆のうち、右側（東北側）の一筆は墓地の記号を付けましたが、元の地図では地目は「除税地」で、実際は墓地があります。右側の小字名が「北火屋」となっているのは、これに基づくものでしょう（この地籍図には小字名が欠けていますが、後述の明治十五年〈一八八二〉の「滋賀県小字取調書」には「火屋」と「火屋之北」があるので「火屋」と思われます。中世城館分布調査では「勝部火屋城」という名称にしました）。

東北の方角は「鬼門」とされ、鬼門除けの意味で宗教施設が作られることがあります。規模の大きいものとしては、平安京における比叡山《ひえいざん》のような関係ですが、城館遺跡でもしばしば見られ、それが廃絶した後に村の墓地として続いている例は、他でも見たことがあります。このように、本来は城や領主の施設だったものが、のちに村のものになる、という例は多く見られ、先ほど触れた「氏神」などもその例です(5)。この「勝部火屋城」は、城館と宗教施設がともに廃絶していることに加えて、付近の集落とも隣接していない点から、やや古い時期のものではないかと思われます。

地籍図を用いると、地名や地割、地目が、遺跡やかつての土地利用を考えるための有力な情報になりますし、現地に行けば、土塁や堀跡などが地形として残っていることもあります。土地の状況や、言い伝えられた伝承、あるいは現地に古文書なども残されている場合もありますから、それらを総合して、地域の歴史を考察することができます。

土地の状況については、城館調査でいえば、城などがあった所は土地がやや高い微高地として残り、土地利用としては、田になりにくいので畑になっている場合が多く見られます。また陶磁器や土器などの遺物の破片もよく散布しています。土塁や堀などの様子については、城の構造を示す簡略な実測図として「縄張り図」も作られます。(6)

フィールドの史料を総合的に考える―滋賀県東南部の村と水利と祭礼から

フィールドに残された史料を総合的に考察するには、実際にどこかの地域を対象として、現地にどんな史料があるかを実地で見ていくのが良いので、この講義でも本当はご一緒にどこかに出かけたいのですが、残念ながらそれはかないません。代わりに、以下、一つの地域に残るさまざまな史料を取り上げてみたいと思います。

対象として選んだのは、私が若い頃からお世話になってきた、滋賀県の東南部、現在の守山市の付近です（図4。先ほどの城館跡の地籍図の例＝「勝部火屋城」もここで、図4の右下になります）。

この地域は、歴史的には、寛正《かんしょう》六年（一四六五）に京都の本願寺《ほんがんじ》を比叡山が攻撃した「寛正の破却」によって、本願寺の蓮如《れんにょ》が金森《かねがもり》に避難して一向一揆が起こったことや、織田信長《おだのぶなが》の近江《おうみ》侵攻に際して起こった一向一揆の中心となり、また寺内町であった金森が信長から楽市令の朱印状を与えられたことなどが知られています。その歴史的な背景や、今日に至る地域の変遷を、現地に残る各種の史料から考えていくことができます。

現地と遺物・文書―金森の事例

・絵　図

金森については、天保七年（一八三六）に作られた大きな村絵図が金森御坊に伝えられています（図5）。一筆一筆を書き分けた、地籍図の前身というべきもので、地割・地目・小字名といった情報を、地籍図と同様に使うこと

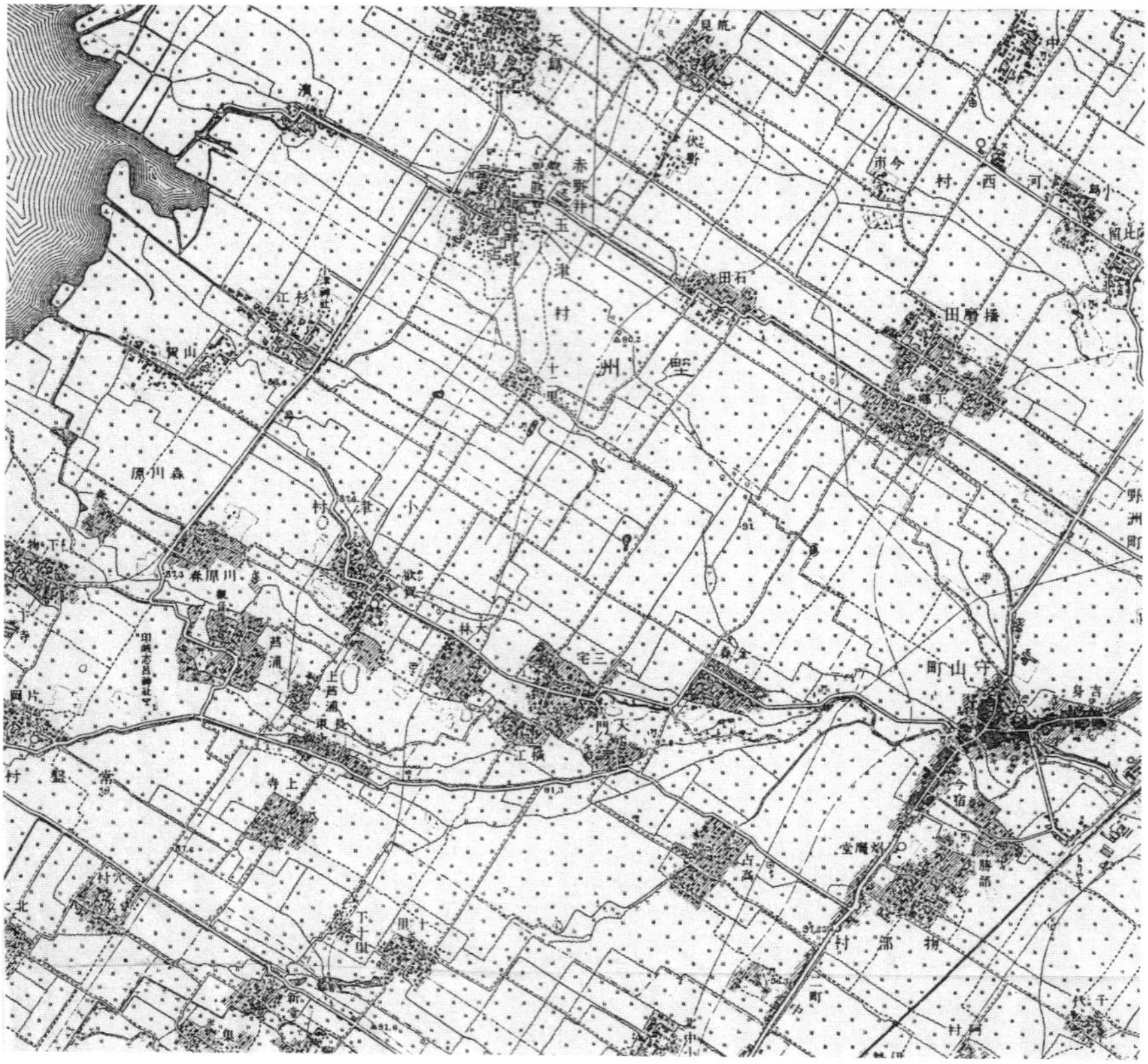

図4　滋賀県守山市金森付近の村々（25000分1地形図「草津」、1922年）

ができます[7]。

特徴的なのは、水路が太く詳しく描かれていることで、作成の一つの目的が水利であったことが窺えます。金森の所で水路が枝分かれしており、また集落の付近に湧水地がいくつも描かれていて、下流の村々への水利の中心であったことが、金森が地域の拠点となる一つの背景だったことを理解できます。

集落の付近について、村絵図をトレースした図6で見てみましょう。集落内の道が直線で、農村部には珍しい街村になっていることは、かつての寺内町の名残と分かります。中心部には、御坊（懸所《かけしょ》＝支院の意）と真宗寺院である善立寺《ぜんりゅうじ》・因宗寺《いんしゅうじ》の二

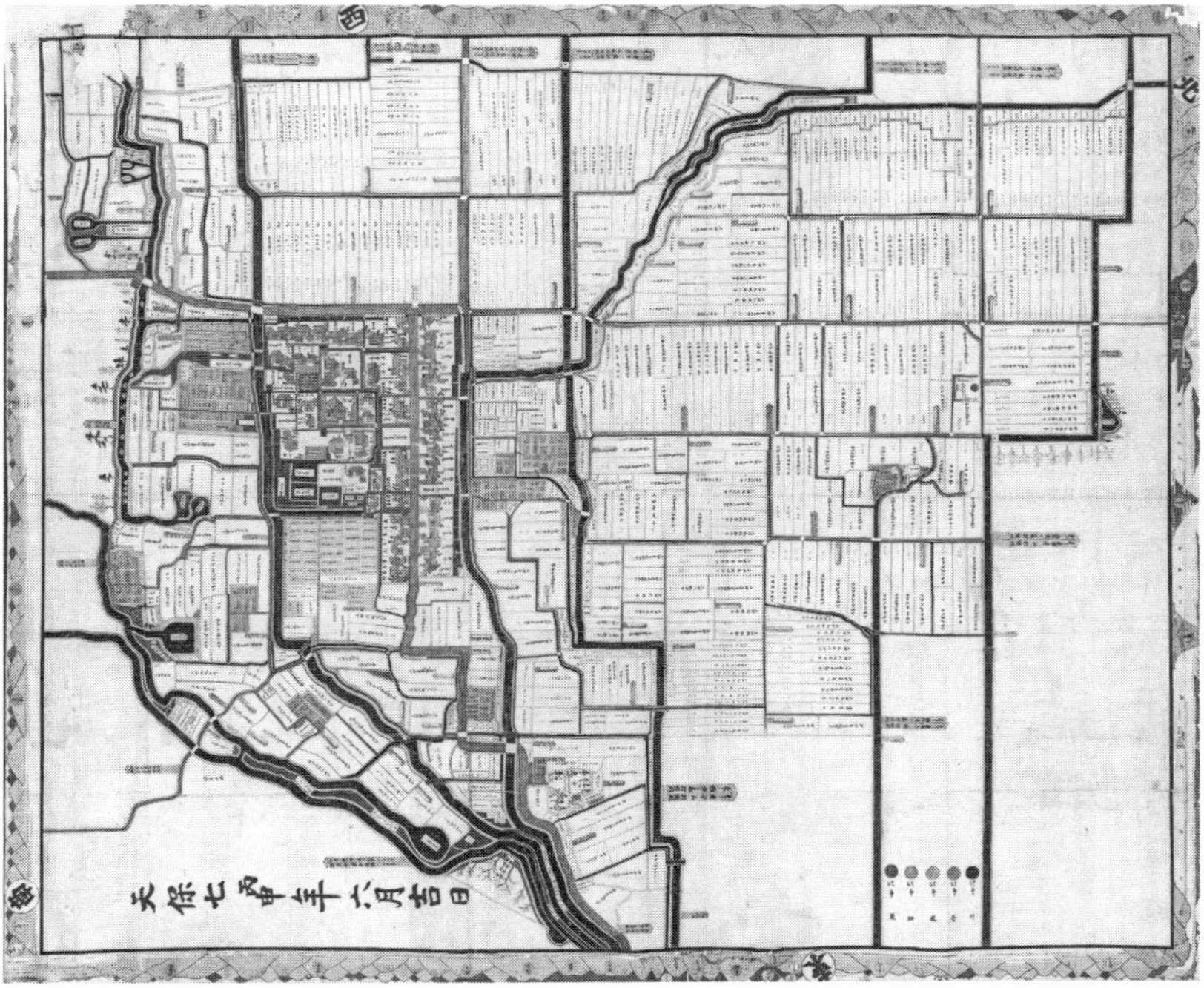

図5　金森村絵図（天保7年〈1836〉）

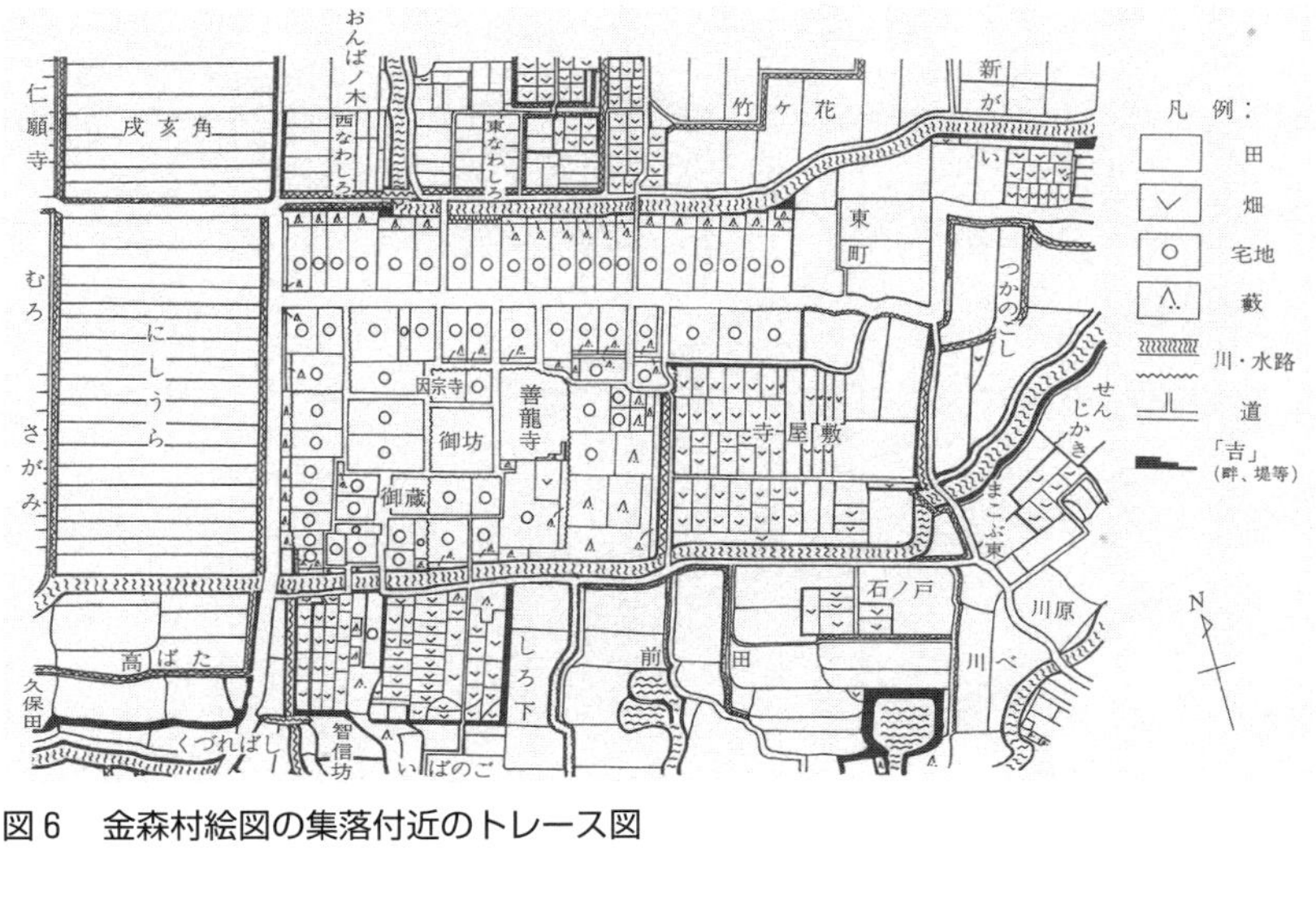

図6　金森村絵図の集落付近のトレース図

金森　川原（河辺　川原）　城之下（城之下　城発）　西《ニシ》苗代《ナワシロ》（穴口　乾角）　大御堂《ヲミド》（寺屋敷　大御堂）　五反田《ゴタンタ》（上石南　五反田）　野辺《ノベ》（古角　野辺）　金橋《カナバシ》（泉三垣　イバノ後　金ケ橋）　上代《カミダイ》　新貝《シンカイ》　石《イシ》ノ塔《ド》　堂《ド》ノ前《マエ》　東町《ヒガシマチ》　前田《マエタ》　知信防《チシンボ》　久保田《クボタ》　西浦《ニシウラ》　室《ムロ》　乾角《イネスミ》　柳原《ヤナギハラ》　下部《シモベ》　横枕《ヨコマクラ》　東苗《ヒガシナワ》代《シロ》　西之部《ニシノベ》　高畑《タカハタ》　島塚《シマツカ》　相模《サガミ》　仁願寺《ニガンジ》　幸満寺《コマンジ》　大崎《ヲヲサキ》　大苗《ヲヲナヘ》　下石《シモイシ》ナ田《ダ》　東《ヒガシ》ノ部《ベ》　野々下《ノノシタ》　平田《ヒラタ》　北畑《キタハタ》　年方《トシカタ》　庭塚《ニワツカ》　小《コ》ノ町《マチ》　宅屋《ヤケヤ》　却《ス》ノ下《シタ》　赤塚《アカツカ》　竹《タケ》ノ花《ハナ》　横田《ヨコタ》　夕立《イユタチ》　無足《ムソク》　前石《マイイシ》ナ田《ダ》　七反田《シチタンタ》　大上言《ダイジヨゴン》　山柿《ヤマカキ》　横原田《ヨコヒラタ》　信楽《シガラキ》　東出《ヒガシデ》　西町《ニシマチ》　中町《ナカマチ》　里《サト》中《ナカ》（屋敷）

図７　金森の小字（「滋賀県小字取調書」明治15年〈1882〉）

つの寺院があります。

集落の左下（西南）には、畑地の集まった方形の区画があり、その右には「しろ下」と小字名が書かれています。金森には、川那辺《かわなべ》氏という在地領主がおり、存如《ぞんにょ》（蓮如の父）に帰依して「道西」を名乗ったとされているので、その川那辺氏の城跡と思われます。御坊などの寺院のあるエリアはその東北に当たりますから、これも城の鬼門に作られた宗教施設が起源だったのかもしれません。[8]

ところが、もう一つ「寺屋敷」と書かれた畑地が集落の右隣にあります。現在は御坊の境内にある鎌倉時代の石塔（後掲の図８）は、元は小字「石ノ戸」にあったとされ、これらは、この付近にかつて存在した天台宗寺院の痕跡と考えられます。金森では、宅地造成に伴って平安時代中期の掘立柱建物と井戸跡が発見されて「金森遺跡」となっており、当時から何らかの施設があったことは確実です。「寺屋敷」の畑、それから「石ノ戸」の中にある畑地は、何か建物などがあったために田にならなかった部分と解釈できそうです。

天保の絵図では「石ノ戸」となっていますが、明治十五年（一八八二）の「滋賀県小字取調書」[9]（図７）では「石《いし》ノ塔《ど》」となっているので、おそらく「石の塔」が転訛して「いしのど」になり、色々な表記があったのだろうと思われます。「大御堂《おみど》」という小字も見え、やはりかつての天台宗寺院の存在に関わるものと考えられます。「城ノ下」という小字には、「城発」という地名も見えていますが、これはおそらく「しろおこし」と読んで、勝部火屋城で見たような「城の腰」の意味だと思われます。

この地域の歴史を改めて考えると、東山道《とうさんどう》の宿《しゅく》でもある守山の東門院《とうもんいん》にも、やはり鎌倉時代の石塔が所在し、中世前期には、この付近が比叡山膝下の一つのまとまりのある地域であったことを窺わせます(10)。ですから、この付近の在地領主たちは、おそらく多くが山門領荘園の荘官として、政治的にも宗教的にも比叡山に従属する形で存在していたはずです。蓮如の時に起こった一向一揆は、地域史的にいえば、そのような在地領主たちが一向宗に帰依することでイデオロギー的にも比叡山の支配を脱し、自立する動きだったと見られ、そのような歴史の過程を、このような絵図と現地で得られる情報から窺うことができます。

・石　塔

現地に残る遺物についても見てみましょう。金森御坊には、「懸所宝塔」と呼ばれる、鎌倉時代後期の、高さ三・八メートルの大きな石塔があります（図8）。これが、かつて小字「石ノ戸（石ノ塔）」にあった石塔で、江戸時代の地誌『近江輿地志略《おうみよちしりゃく》』（膳所《ぜぜ》藩の儒者寒川辰清《さむかわたつきよ》編、享保十九年〈一七三四〉）には、「古石塔　同村（金森村）の東の端にあり。大にして其形佳なり。何《いず》れの人の墓と云事をしらず」とあります(11)。このような、近世から近代にかけて作られた地誌

図8　金森御坊所在の懸所宝塔（鎌倉時代後期、重要文化財）

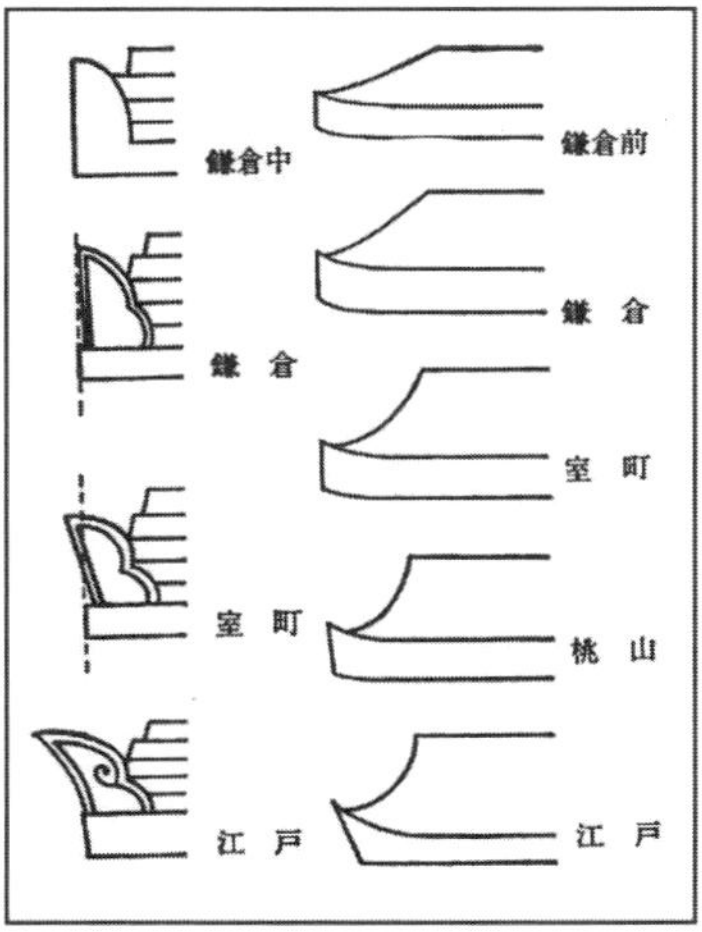

図9　石塔の笠の部分の編年

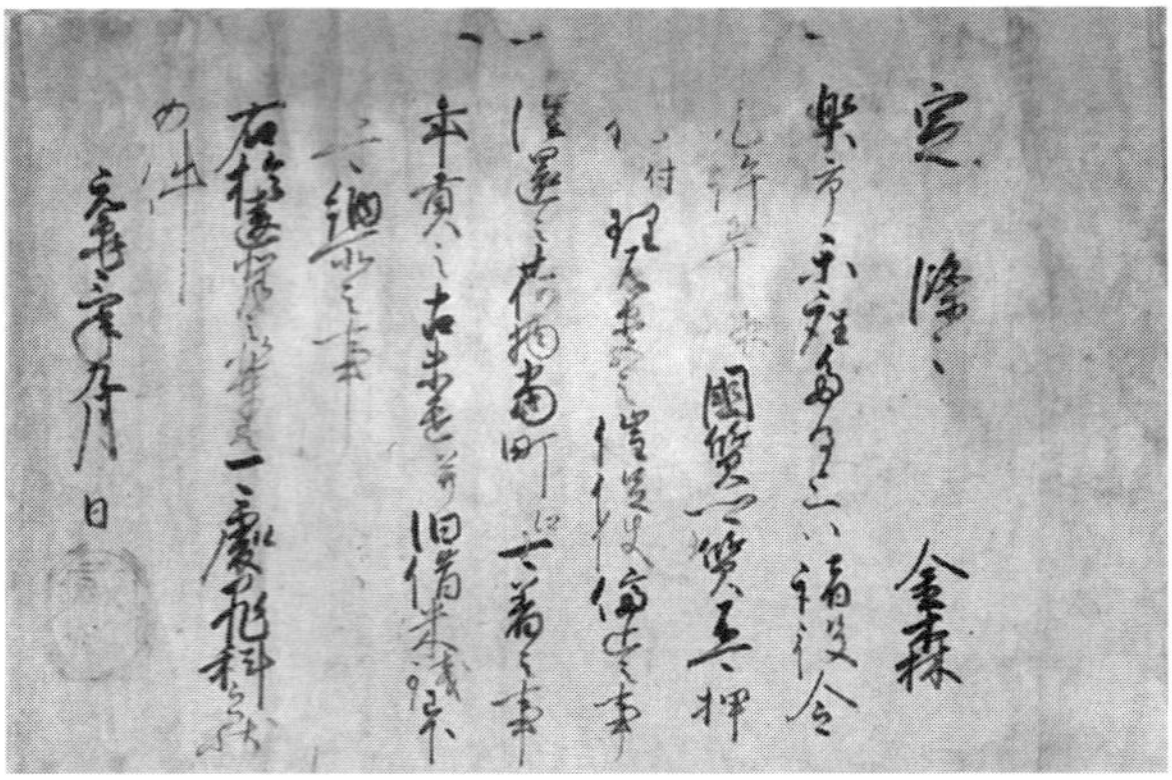

図10　織田信長朱印状（元亀３年〈1572〉）

も、現地の情報を知る上でとても役に立ちます。あるいはむしろ、このような地域に残された地誌的な情報を読み解いていくこと自体が地域史の研究だといえるかもしれません。

この宝塔や、守山の東門院の宝塔は鎌倉時代後期のものとされていますが、銘文などの文字情報は無いため、年代は形の情報から判断されたものです。時代による特徴は色々な所に現れますが、例えば「笠」の部分の形は、石造美術の研究者として知られる川勝政太郎（一九〇五～七八）によれば、図９のように変化していきます。図の右の列は、この石塔（宝塔）や五輪塔などのものですが、これに当てはめると、鎌倉時代ということになります。ちなみに、図の左の列は「宝篋印塔《ほうきょういんとう》」と呼ばれる石塔の隅の部分の変化で、時代が下がるについてだんだんと外側に開いて尖った形になっていくのは、右の列と共通します。時代の好みということなのでしょうが、形の変化が同じ方向に進んでいくのは興味深いです。このようにして形の特徴から時代を判断していく作業は「形態編年」と呼ばれ、考古学の中心的な方法であることは、また後でも述べたいと思います。

・楽 市 令

金森の善立寺には古文書などの文字史料も残されていますが、その中に織田信長の朱印状もあります（図10）。

読み下しにすると、次のように書いてあります。

定　条々　　　金森

一、楽市楽座たる上は、諸役免許せしめ畢《おわ》んぬ、幷びに国質《くにじち》・郷質《ごうじち》押し取るべからず、付けたり、理不尽の催促使停止の事、
一、往還の荷物、当町へ付くべきの事、
一、年貢の古未進、幷びに旧借米銭已下、納所《なつしょ》すべからずの事、
右、違背の輩《ともがら》に於いては、罪科に処すべきの状、件の如し、
元亀三年(一五七二)九月　日（朱印「天下布武」）

大意は、
第一条　金森を「楽市楽座」とし、諸役を免除し、治安を維持する。
第二条　通過する荷物は金森で扱う。
第三条　年貢や借金・借米があっても納めなくてよい。
というもので、岐阜などの城下町に出された信長の楽市令と同じく、特定の町をさまざまな優遇措置の適用される場所、一種の「特区」に指定したものです。ここでの目的は、一向一揆と信長の戦争が終わった後で、その復興を図ったものと考えられます。

楽市令については誤解が多いのですが、新設や復興などの際に、特定の市場や都市に有利な条件を与え、その繁栄や住民の定着をねらって出された法令です。金森の場合も、少し詳しくいうと、信長はまず金森が中心になっていた一向一揆を圧服し、寺内町をいったん軍事的に解体した後、金森の復興を近隣の町である守山の年寄たちに命じ、その際の措置として楽市令が出された、というのが経緯です。以前から存続している守山には楽市令は出されていませんが、それは、自由営業を認めることは、すなわち既存の商人にとっては不利益になるからです。先述のように、楽市令を自由営業を促進した信長の一般的な経済政策とする見方は今日では否定されていますが、それは、

このような個別事例の研究を深化させた結果です。歴史は、それが生起した地域の中で、具体的に考えることが大事です(12)。

伝承・祭礼と地域史

・欲賀の伝承

地域で歴史を考えるには、土地に残る伝承や、あるいは祭礼のあり方なども重要な史料になってきます。主に民俗学で扱われる分野ですが、それについても少し触れておきたいと思います。

金森と、それから同様に一向一揆の拠点となった三宅《みやけ》の集落(13)からさらに西、琵琶湖の方へ進むと「欲賀《ほしか》」という村がありますが（図4）、ここにはこんな伝承があったそうです。

> 油坊と称し、欲賀の村はずれに於いて、多くは晩春もしくは夏の夜、突然火焔の燃え上がると共に多数の僧形を認めることがある。これは往時延暦寺の僧徒が寺院の灯油料を盗み、私服を肥やした罰により、迷える亡霊の致す所であると云い伝う。
>
> （小牧実繁「近江国野洲郡の伝承」〈『郷土研究』五—五、一九三一年〉(14)）

この伝承を歴史的な背景から解釈するなら、先述のように、守山市付近は山門の領地が多く、金森でも見たように、かつては天台宗の寺院が多くあり、在地領主も比叡山に従属していたと考えられますから、そうした存在が没落していったことの記憶が、このような伝承として残ったのではないか、と考えてみたいです（実際、現地には「大珍坊」という小字から居館跡が発掘されており、永享十一年〈一四三九〉の室町幕府の裁判記録「政所方書《まんどころかたがき》」に「欲賀大喜坊」と見えている人物ではないかと思われます(15)）。

これは、もう少し一般化すると、中央の領主が支配する荘園を単位とした社会から、個々の村落を単位とした社会への転換が背景にあると思いますし、その動きが進む一つの要因に、耕地の集約化と集村化という現象があると考えられます。現代の開発行為に伴う行政的な発掘調査でも、十五世紀以後の集落はあまり検出されず、それはつまり、その頃から現在の位置に集落が固定化したため、と説明されるのですが、色々な現象がそれで理解できるように思います。先述した、村の神社が「氏神」と称されるようになる、といったこともその一つでしょう。

耕地や集落のこのような変化が進行する際には、当然水利も再編が必要になってきますから、近江でも十五世紀頃には激しい水論が発生して村同士の合戦も起こり、それが祭礼に反映されている興味深い事例があります(16)。

・**馬淵・千僧供・岩倉の祭礼と背景**

図4の東方に当たる、現滋賀県近江八幡市の、馬淵《まぶち》・千僧供《せんぞく》・岩倉《いわくら》という三つの村は、灌漑の経路を共にしていて、水の配当量は四対四対二（四分四分《しぶしぶ》の二分《にぶ》）と決められているのですが、馬見岡《まみおか》神社という神社の祭礼を共同で行っており、各村の神輿が通る椿《つばき》神社の門前には、「四」と「二」の間隔で石を埋め、水利の権利を象徴しています（次頁図11）。この祭を紹介した萩原龍夫（一九一六〜八五）は、このような祭祀組織の発達を、中世以降、用水の競合を繰り返したことに求めました(17)。

この水利慣行の定着に際して、最も大きな事件だったと思われるのが、文明十九年（一四八七）の馬淵と岩倉の合戦で、千僧供などの仲裁によって証文を取り交わし、「末代まで」の取り決めを行ったことが、岩倉の鎮守社の社殿の裏扉に墨書されています。

かつての荘園制による秩序から、自立した集落同士の闘争と交渉によって新たな地域秩序が形成されていく、その過程が、現在まで続く祭礼の中に表されていると考えられるのは、とても興味深いことだと思います。

・**小津神社の祭礼**

個々の村落を超えた地域的な祭礼の例をもう一つ取り上げると、滋賀県守山市杉江に所在する小津《おづ》神社（図4左

図11　水利慣行「四分四分の二分」を示す石（近江八幡市千僧供町の椿神社）

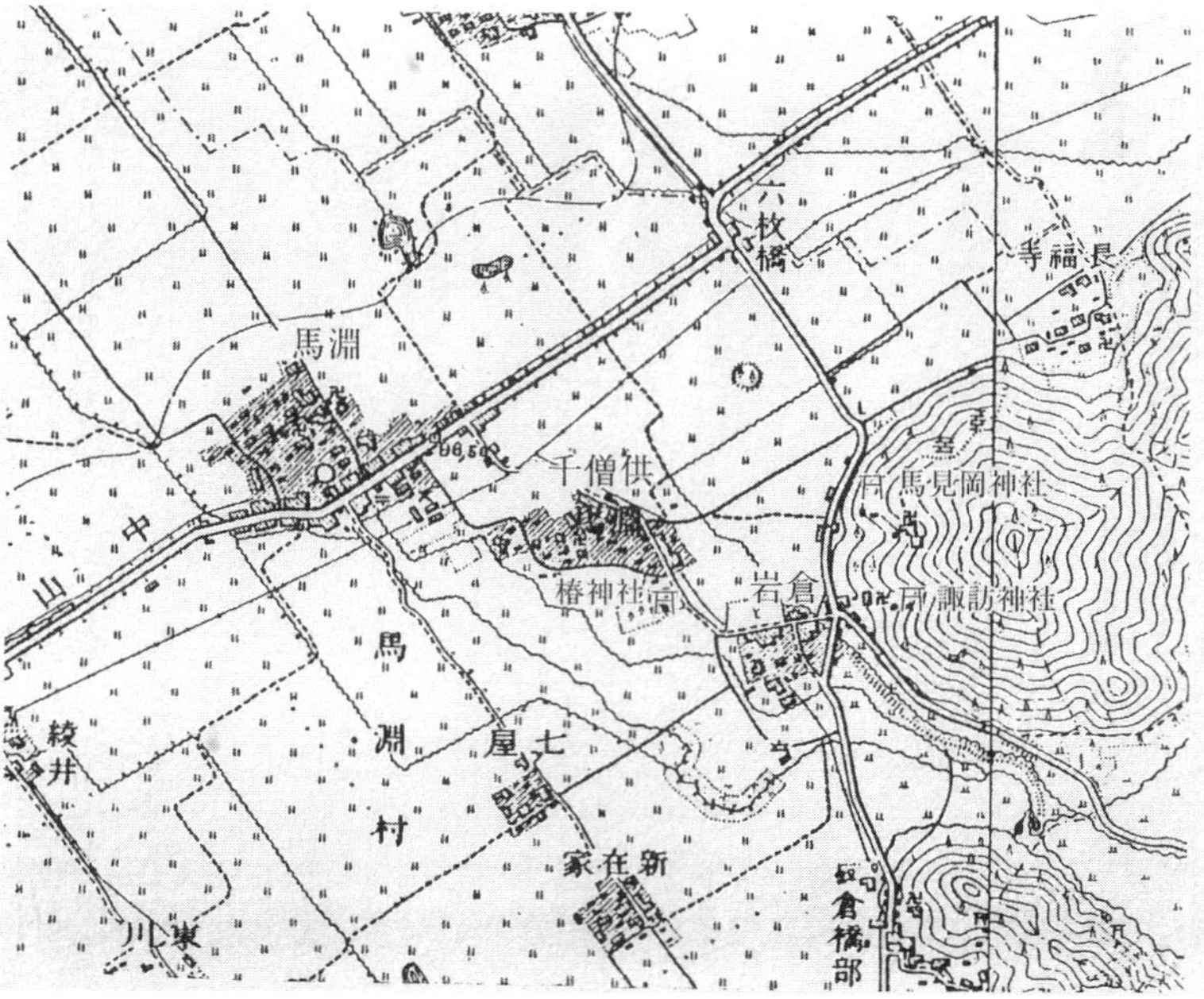

図12　馬淵・千僧供・岩倉付近

上）は、現在でも一一、江戸時代の記録ではさらに広い範囲の村が祭祀圏となっていたことが知られています。地理的に連続したほぼ図4の範囲で、これが一つの「地域」であったといえるでしょう。

そのような「地域」が形成された歴史的な要因は何なのかを考えたことがあるのですが、水利の問題はここでも大きいと思われます。先ほど金森の村絵図に水利が詳しく書かれていることを見ましたが、金森を流れる川筋は六つあり、その川下には一六の村があるとされています。(18) 湧水地（湯元《ゆもと》）はさらに上流にあるものもあり、また下流でもさらに他の村に分水することもあるので、結果的に広い範囲が水利で結ばれていることになります。(19) 従って、隣村だけでなく、少なくとも「隣の隣」くらいまでは意識せざるをえないでしょう。そして、水利の関係は、一つの村が一つの水路だけから水を得る訳ではありませんから、祭祀圏のような地域を単純な水利だけで説明することはできず、交通とか政治的な関係とか文化的な問題といった、多くの要素が組み合わさって、その「重なり」の濃い部分が、自ずと一つのまとまりを持つようになったのではないかと思います。地域に残るさまざまな要素を地図（レイヤー）の上に肉付けしていくと、さまざまな歴史が見えてきます。

注

（1）日本中世史の絵画史料としては、荘園絵図も多く残されており、そこに込められたさまざまな意味の読み解きが進んでいます。小山靖憲・佐藤和彦編『絵図にみる荘園の世界』（東京大学出版会、一九八七年）など多くの研究書が刊行されており、集成としては、『日本荘園絵図聚影』（東京大学出版会、一九九五年〜、既刊一〇冊）があります。

（2）「氏神」という言葉が、本来の「氏の神」すなわち有力者の邸宅で祀られる神から、村の中心的な神社の意味を持つようになったのが室町時代であることについては、下記で述べています。小島「儀礼の場としての武士の居館について」（『国立歴史民俗博物館研究報告』第二四五集、二〇二四年）。

（3）　図2の地域は、私が通勤していた時に自宅と職場の間にあった所なのですが、コロナ禍であまり遠出ができなくなってから歩き始め、実にさまざまな歴史の要素が存在することに気付きました。このような、観光地ではない身近な所を訪ねる「マイクロツーリズム」は、一つのトレンドにもなっていますし、あらゆるものに歴史を見ようとする史料学の関心は、それと近いものがあると思います。

（4）　自治体史や、滋賀県など村絵図型の地籍図が多く残っている所では、それを自治体ごとに「明治の村絵図」などとして刊行することが行われており、滋賀県のものについては、小島『城と城下―近江戦国誌―』（吉川弘文館、二〇一八年）で気付いたものを挙げています。

（5）　武士ないし在地領主の居館と宗教施設の関係については、前掲注(2)小島「儀礼の場としての武士の居館について」で考察しています。

（6）　城館調査の方法については、千田嘉博・小島・前川要共著『城館調査ハンドブック』（新人物往来社、一九九三年）を刊行しており、これは情報がやや古いですが、新しい本では、中井均『城館調査の手引』（山川出版社、二〇一六年）などがあります。実際の例は、各県で城館遺跡分布調査の報告書が刊行されており、前述の滋賀県の報告書の他、例えば愛知県のものなどが充実しています。

（7）　金森村絵図の全体の大きさは、二〇〇×二三五センチ。明治初期の村絵図型の地籍図と同じく、一間の長さを一分で表した、縮尺六〇〇分一の「分間図」と思われます。

（8）　御坊付近の道端に「サンノーサン（山王さん）」と呼ばれる石が立つ場所があり、ここは葬式の際には通ってはいけない、というタブーがあります。比叡山の守護神である日吉山王神社がかつてあった場所と思われ、真宗化する以前に川那辺氏が城の鬼門に祀っていたと考えられます。なお、後述の『近江輿地志略』にも「山王社跡」とあります。

（9）　地名（小字名）については、行政区画としての小字名の調査が明治期に行われており、都道府県別の地名辞典である『角川日本地名大辞典』（角川書店、一九七八～九〇年）の各巻末に「小字一覧」として載っています。滋賀県では、「滋賀県小字取調書」（明治十五年〈一八八二〉）が収録されており、これには、行政的な小字名とされた地名の他に、その小字に含まれる通称地名も（　）に入れて書かれているので、地籍図よりも多くの地名を知ることができ、歴史研究にも非常に有用です。

(10) 守山は、第十二講で見た「永禄六年北国下り遣足帳」にも宿泊地として出てきており、宿としての実態を垣間見られます。延暦寺とつながりが深く、「比叡山を守る東門」と伝えられる天台宗の東門院（比叡山東門院守山寺）が現在もあります。蓮如の時の一向一揆の際には、守山の「日浄坊」などの山門に属する「山徒」たちが、金森に籠もる一揆と合戦を行ったと伝えられます。

(11) 『新註近江輿地志略』（小島捨市注、宇野健一新注、弘文堂書店、一九七六年）。

(12) 金森宛てを含む楽市令の問題については、詳しくは小島『戦国・織豊期の都市と地域』（青史出版、二〇〇五年）をご参照ください。なお、守山に出された信長側の文書は、明治二十一年（一八八八）奥書の『守山村誌』という地誌の中に引用されていました。地域から歴史を考えるには、ある時点でその土地に存在するものを記述しようとした地誌は、とても重要な史料です。

(13) 第十講に図4として掲げた起請文は、この一向一揆に際して、織田信長が金森・三宅に味方しないことを誓わせたものです。なお、三宅の薬師堂には平安時代とされる仏像があり、やはり天台宗の寺院が存在したことを窺えます。

(14) 小牧実繁『近江国伝聞録―伝承を訪ねて五十年―』（滋賀民俗学会、一九八四年）に収録。

(15) この地域の一向一揆の問題については、小島「近江金森一揆の背景」（前掲注(12)『戦国・織豊期の都市と地域』）で述べています。

(16) この事例については、詳しくは、小島「一五世紀の社会的画期と集落―特に水利・水論をめぐって―」（前掲注(12)『戦国・織豊期の都市と地域』）で述べています。

(17) 萩原龍夫『中世祭祀組織の研究』（吉川弘文館、一九六二年）。

(18) 金森町歴史保存研究会編『寺内町金森の伝承行事』（金森自治会、一九九〇年）。

(19) 矢島という琵琶湖畔の村の水利を調査したことがあるのですが、琵琶湖の水は（ポンプを使わない限り）田には引けないので、上流側の、色々な所からの分水が複雑に組み合わさっていました（小島他「矢島共有文書（滋賀県守山市）について」〈『京都橘女子大学研究紀要』一六号、一九八九年〉）。

参考図書・Webサイトの紹介

地図や地名について参考になる図書やWebサイトを紹介しておきます。

都道府県別の地名辞典としては、前述の『角川日本地名大辞典』の他に、**『日本歴史地名大系』**（平凡社、一九七九〜二〇〇四年）があります。前者が現代の地理的な視点が中心なのに対し、こちらは歴史的な地名や解説が詳しいです。八〇以上の辞事典類の横断検索ができるサイト「ジャパンナレッジ」でも利用できます。

国土地理院の**「地理院地図（電子国土web）」**は、ネット上で地形図と空中写真を利用できます。地形図と空中写真を任意の縮尺で重ねる、または対比することができるなど、色々な機能があります。本文では触れませんでしたが、空中写真も地域調査には有力な史料で、特に戦後の米軍撮影のものや一九六〇年代頃のものは白黒ですが、まだ開発がそれほど進んでいないので、歴史的な調査にはとても役に立ちます。実体視によって、地形の高低差を読み取ることも可能です。

「今昔マップ on the web」（時系列地形図閲覧サイト、埼玉大学教育学部人文地理学研究室の谷謙二教授〈一九七一〜二〇二二〉作成）は、本文でも使いましたが、明治後期からの各時期の地形図を、現在の地図と連動する二つの画面で対比することができます。五万分一地形図は、全国のものが一九二五年（大正十四）にはほぼ完成しているので、「土地に刻まれた記憶」を使って歴史を考える上で、極めて有用です。

こうした史料は、一つの「Where」をめぐっての「部分一致タイムマシン」になります。ぜひ、自分の知っている土地で試してみてください。

第十四講

フィールドの史料③
考古学と民俗学の方法と視点

滋賀県を訪ねての「フィールド調査」はいかがでしたでしょうか？

そこでも既に応用したのですが、土地と密接な関係を持つ学問である考古学と民俗学の方法や視点について、改めて少し学んでおきたいと思います。私は考古学や民俗学は専門ではないのですが、こうした現地調査の時にその方法を応用し、またさまざまな共同研究などでそうした分野の研究者ともご一緒してきましたので、及ばずながら、その経験や知識でお話ししたいと思います。

考古学の方法

考古学という学問の方法を著した本として誰もが認めるのは、第二講でも触れた、濱田耕作《はまだこうさく》（青陵《せいりょう》、一八八一〜一九三八）の『通論考古学』（大鐙閣、一九二二年初版）です。私が大学生の時もそう教わりましたし、最近考古学の方に伺ってもやはりそうでした。

これを見てみると、「考古学的資料の範囲」としては、「狭義の史学」が、「主として文字を以て記されたる文献的資料を使用する」のに対して、「考古学は、人類の残したる物質的遺物をその研究の材料とする」としています。

では「物質的遺物」とは何かというと、「建築物・市街、彫刻、絵画、各種の工芸品、武器、家、などの人類が意識的に製作した「一切の空間的延長を有する物件」、そしてそれのみでなく、無意識的に残した、手沢・足跡の印影等、さらに人類の飼養した家畜や食用にした動物の遺骸、その排泄物の類をも逸す可きに非ず。是れ間接に人類の残したる遺物たるを以てなり」（第二編「資料」の第一章「考古学的資料の性質」）としています。人間が関わったものはすべて史料、というこの講義の立場とも共通する設定で、とても納得がいきます。

ここで挙げられた「物質的遺物」は、最初の整理だと、「物情報」を持つ史料、ということになるでしょう。それを持たない、物質を離れたテキストデータとしての文字史料や、主に民俗学が扱っている口頭伝承をこれに加えると、ほぼ史料の全体像になる、という整理もできると思いますが、ただ、それは「考古史料」「文献史料」といった区分があるということではなくて、例えば古文書でも物としての情報はある訳ですから、学問分野別の史料分類ではなく、史料の本質に基づいた整理を考えるべきだということについては、もう繰り返さなくても良いかと思います。

遺物と遺構―形態編年と層位

・形態編年

考古学が対象とする「物質的遺物」を具体的に分けると、持ち運びのできる「遺物」と、土地から切り離せない「遺跡」（遺構）があり、そして、基本的な方法としては、「形式学的研究」と「層位学的研究」がある、というのが『通論考古学』の説くところだと思います。

「形式学的研究」の説明として、『通論考古学』には、図1のような瓶の変遷図が挙げられています。最初は実際に吊環《つりわ》として機能する「環耳」が付いていたものが、機能が不要になるとともに次第に簡略になり、ついには痕跡も無くなってしまう、という過程を示すもので、この変化は時代を追って進んでいますから、どの段階のものがいつの時代のものか判断できる、という訳です。これは、考古学で扱う遺物に限らず、人間が作る形というものはだいたいそうで、段々とある方向に変化していきますね。古文書の様式などについても同じことがいえるので、このような形態編年を用いた研究が考古学的なものだとすれば、様式的な研究は「古文書考古学」といえるのではないかと思います。

この形態編年という方法は、遺物だけではなく、遺構についてももちろん有効です。例えば、近年著しく研究が進んだ中世城郭遺跡については、「虎口《こぐち》」と呼ばれる出入り口の部分が次第に複雑に、すなわち防御力を強化する形に発達し、それによって、城が築かれた、あるいは改修された年代が推定できるようになってきました。図2は、千田嘉博氏が作成した織豊系城郭の虎口の編年表で、五〇年ほどの間に急速に発達していることが分かります。このような変化は、戦乱が深化した戦国末期から織豊期、十六世紀後半頃に顕著で、こうした研究の結果、もっと古い時代のものとされていた城が、実は織豊政権の築造であったり、その改修の手が入っていることが分かる、という例が多く出てきました。文字史料や発掘調査の成果などとも組み合わせて考察する必要はもちろんありますが、地表面で観察できる遺跡の構造からだけでも、その年代や築城主体などについての考察が可能になりますから、形態編年という方法は、こうした遺跡については大変有効です。

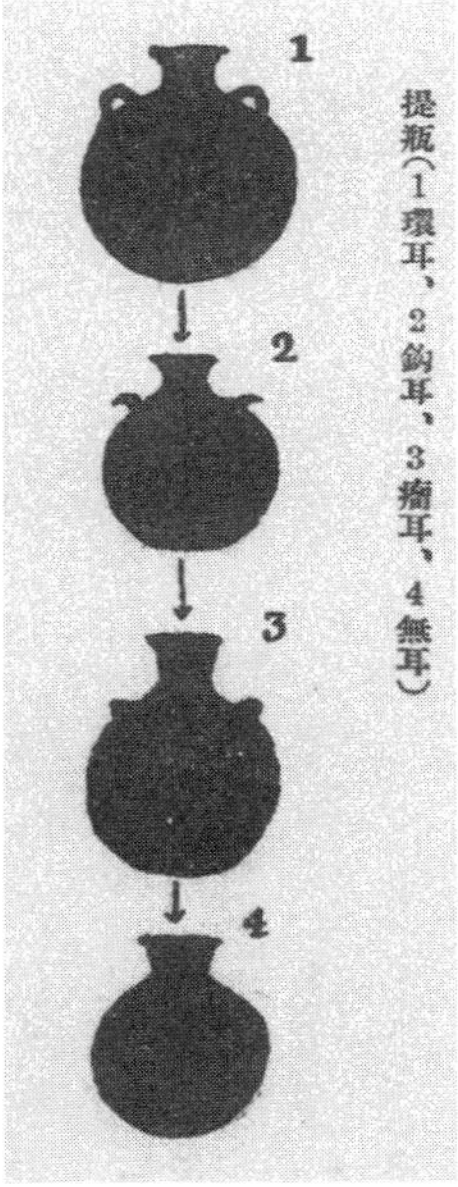

図1　形式学的研究の説明図―壺の環耳の変化

・層位学的研究と伝来情報

もう一つの「層位学的研究」は、地層は下か

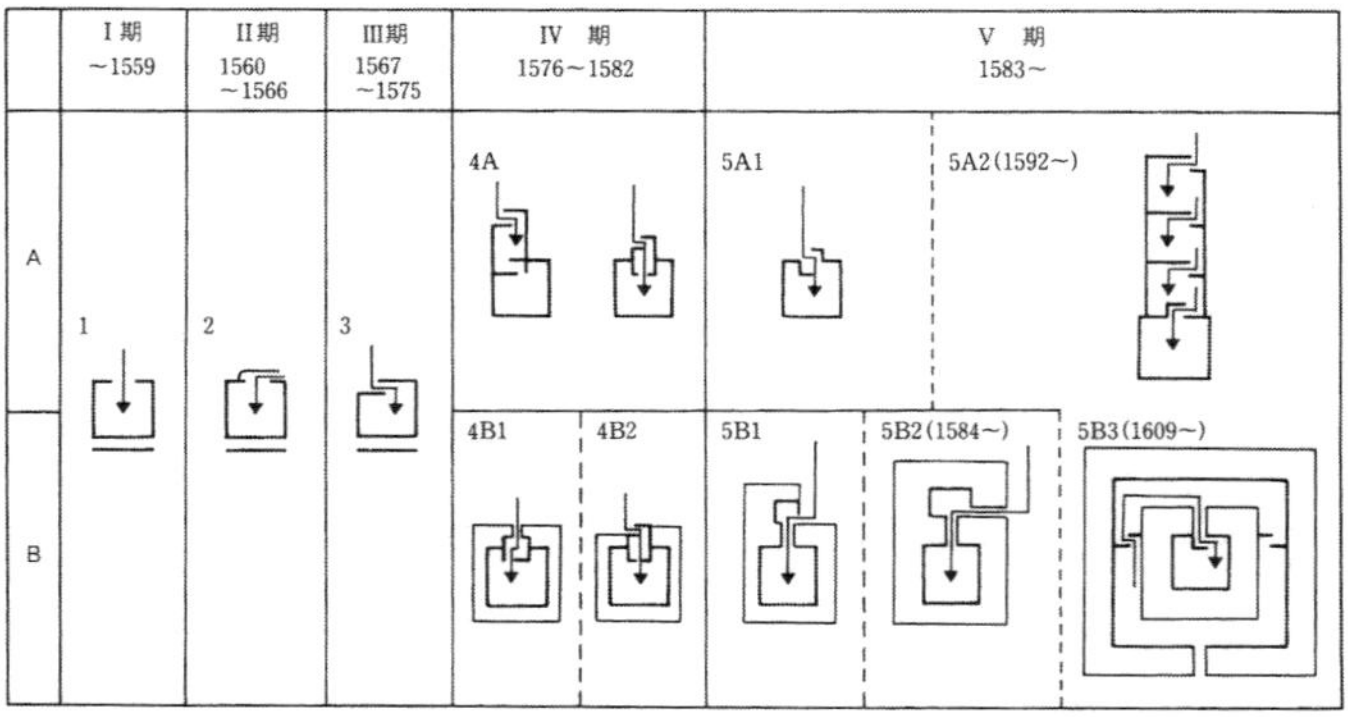

図2　城の出入り口（虎口）の変化による織豊系城郭の編年表

ら古い順に埋まっていますから、下の方の地層から出土する遺物は古く、上の方から出土するものは新しい、また、同じ地層から出土した物は同じ時代の物といえる、という原理によるものです。だから、発掘調査の際は、ただ遺物を見つけるのではなく、それがどの地点のどの地層にあったものかが決定的に重要で、また同じ所から出土した遺物、すなわち共伴遺物が何か、ということがその遺物について考える際に重要な意味を持ちます。

そのために、発掘調査で発見された遺物は、一つ一つに、それがいつ「どこ」で発掘されたものかを細かな字で書き込む作業を行いますが、この情報は、遺物という物自体にはない、それとは離れた情報であり、だから文字で補う必要がある訳です。最初の史料情報の整理でいうと、「伝来情報」ということになります。

このような、それが「どこ」にあったかという伝来情報の重要性は、もちろん考古学で扱う遺物に限りません。古文書などでも、発掘調査と似たような事例でいうと、旧家や村などに伝えられた文書群は、いくつかの箱や袋に入れたり縛ったりして、何らかの整理された形で保存されていますが、それを取り出す際に、どの箱などにあったかを記録しないで、内容とか時代とか形態とかで仕分けしてしまうと、発掘調査での「層位」や「共伴遺物」に当たる情報が失われてしまう訳です。

特に近世史では、村に大量に残されている「地方文書《じかたもんじょ》」を調査して活用できるようにすることが大きな課題ですが、かつてはこうした伝来情報についての意識を持たずに、「耕地」「年貢」「水利」「法制」といった研究上の都合からの分類で物理的な「仕分け」を行なっていました。しかし文書管理についてのアーカイブズ学の考え方が浸透してからは、それが伝来した状態を壊してしまうことが反省されて、現在は元の状態を配慮した形での調査と保管が行われるようになっています。何らかの分類を行いたいのであれば、どの箱に納められていたか、といった元の保管状況を尊重した上で、目録を取ってデータベースにすれば、内容によって分けることも、年代順にすることも、容易に行うことができます。それは、伝来情報を保存するという意味においても重要ですし、史料の情報をさまざまな角度から引き出す上でも役に立ちます。データベースが発達した結果、硬直した一つの分類ではなく、多様な情報を柔軟に扱うことができるようになったといえるでしょう(1)。

遺跡に見る歴史の重層性

考古学が主に扱っている遺跡の問題をもう少し考えてみたいと思います。遺跡というのは不思議な存在で、過去にあったものの「跡」ですから、宮殿・寺院・城館といった、かつて本来の機能を果たしていた時のものとしては既に存在しないのですが、しかし「遺跡」としては現代社会の一部、すなわち現在のものです。「跡」としての意味や機能もある訳です。

滋賀県の中世城館分布調査をしていて気付いたのですが、村の中にある城館跡はよく畑地として残されていますが、そこに家を建てると「ノダタン」からいけない、というタブーが伴うことがありました。漢字を当てれば「伸立たん」でしょうか。栄えない、良くないことになる、という意味のようです。おそらく、かつて領主が住んでいた場所に対する畏れや、あるいはその権威をまとってしまうことへの警戒、といった意味があるのではないかと思います。

福井市の一乗谷朝倉氏《いちじょうだにあさくらし》遺跡は、戦国大名朝倉氏が織田信長《おだのぶなが》によって滅ぼされた後は、都市としての機能は現在の福井に移転されて、その跡は記憶を地名などに留めながら耕地化しますが、朝倉館の跡には朝倉義景《よしかげ》の菩提を弔うために松雲院《しょううんいん》という寺院が建てられ、春日《かすが》神社が再興されて、朝倉氏の供養が福井藩主松平氏《まつだいらし》によって行われていました。(2) 一種の聖地と見なされていたともいえるでしょう。そのような例は全国に多いと思いますし、また逆に、そのような過去を尊重する態度をあえて取らず、そこに何かがあったことを、あるいは忘却し、あるいは積極的に破壊して新たなものをその上に築くのも、またそれぞれの選択であり、歴史です。歴史の痕跡は、本当はどこにもあったはずですから、遺跡と意識されて残ったものよりも、実際は遺跡としても残らず、あるいは意識されなくなったものの方がずっと多いはずです。そのような重層的なものとして現在の社会や景観があることを遺跡という存在は教えてくれますし、形としては残っていなくても、地名や伝承、あるいは地誌のような文字史料の中にもその土地の記憶は留められていますから、遺跡というのは、そうしたものの一部なのだと思います。形としてはっきり残り、明確な伝承がある遺跡から、そこまでではないが何らかの痕跡や記憶が残るもの、そして跡形もなくなり記憶もなくなってしまったものまでの間にグラデーションがある、という言い方もできそうです。残されたものを手がかりに、「不在」となったものまでも視野に入れながら、それを総合的に読み解いていくのが歴史研究、ということになると思います。

民俗学の方法と視点

もう一つのフィールドの学問である民俗学についても少し学んでみましょう。

民俗学が主に扱うのは「民間伝承」といわれるもので、一般の人々が生活の中で伝えてきた、口頭伝承、社会組織、家、民具などのさまざまなものは、当然すべて歴史的な背景があり、歴史を研究するための史料と見なすことができます。前に文字と言葉の話の時に触れた「方言周圏論」はその方法の一つで、文化が中心から周縁へ伝播していった結果、離れた所に古い言葉や習俗が残る、という見方ですが、それはまさに歴史でもあるといえるでしょう。

前にも述べましたが、文字史料は文字を扱うことができる人間しか残しませんし、遺構や遺物も、例えば城郭遺跡や古墳のような遺跡は上位の階層にある人々が作った物ですし、土器や石器のような物は残りやすいが、有機物で作られた物はあまり残りません。それぞれにそういう欠陥がありますから、民間伝承は、そんな点を補い、より包括的に人間の社会や生活のあり方を探ることができる素材だといえるかもしれません。

民俗学の対象

民俗学の対象とされるものが何かについて、日本民俗学の創始者とされる柳田国男《やなぎたくにお》は、民俗調査における質問項目の形で次のようにまとめています(3)（柳田国男・関敬吾著『新版 日本民俗学入門』〈名著出版、一九八二年〉による。初版は改造社、一九四二年）。

第一部「有形文化」 住居、衣服、食制、漁業、林業・狩、農業、交通・交易、贈与・社交、労働、村構成、家族、婚姻、誕生、葬制、年中行事、神祭、舞・踊・競技、童戯・童詞

第二部「言語芸術」 命名、言葉、諺・謎、民謡、語り物、昔話、伝説

第三部「心意現象」 妖怪・幽霊、兆・占・禁・呪、医療

「有形文化」は物あるいは見て分かるもの、「言語芸術」は言葉で聞くもの、「心意現象」は当事者が心で信じているもの、ということだと思いますが、人間が関わるものを網羅的に取り上げようとしていることが分かります。

具体的な内容を一つ挙げてみると、第一部「有形文化」の「村構成」の中に、村の境についての次のような項目があります。

14　境界標を何といっているか、どんな標示がしてあるか。
15　境界に神様をお祀りしてあるか、何様といっているか。どんな処に主としてお祀りしてあるか。
16　村の入口はいくつあるか。特に重要視せられている入口を何といっているか。
17　疫病よけの呪物を立てたり、また見張り所を設ける入口はどれか。そこを何といっているか。

前回の地図の所で、佐倉《さくら》市域の旧地形図を示しましたが（第十三講の図2）、この地域には、村境の木などに藁で作った蛇を巻き付けておく「辻切り」という習俗があります。そうしたものを引き出すための質問項目ということですね。既に述べてきたように、室町時代頃に現在の村（集落）が固定化されてくるので、こうした村境の問題も、そのような歴史と深い関わりがあります。

「姥が池」の伝説

民間伝承の一つに「伝説」がありますが、これは「昔々ある所に」という「昔話」とは違って、「いつ・誰が・どこで」が示される、つまり歴史として語られるものです。例を挙げると、これも前回地形図を掲げた千葉県の佐倉城址公園ですが、「姥《うば》が池《いけ》」には、こんな看板が立っています（図3、第十三講の図1地図各中央付近に見えている池）。内容は、「天保年間に、この池のまわりで家老の娘のお守りをしていた姥が、誤って娘を池に落としてしまった。娘はそのまま沈んでしまい、困り果てた姥は身を投げ、以来「姥が池」といわれるようになった」というもので、場所も城址の一画ですし、天保年間（一八三〇～四四）という具体的な年代まで書いてあるので、本当のことのように思えてしまいますが、しかしこれは伝説であって、歴史的な事実ではありません。なぜそういえるかというと、姥が主人の子を水に落として身投げをする、という全く同じような話が全国各地にあるからで、「天保年間」とか「家老の娘」といった具体的な部分は、いつの間にか付いた「尾ひれ」だと分かります。

柳田国男は、伝説がどういうものかを子供向けに書いた『日本の伝説』の中でこの話を取り上げており、色々な事例を挙げながら、「姥神」という子安《こやす》の神や、清水の傍らに置かれた機織《はたお》りの姫神という古い信仰から考察しています。[(4)]

伝説のような民間伝承は、古くから伝えられてきたものではあっても、いつ誰がそれを作ったか、ということは分からない、つまり伝来情報が「言い伝えられてきた」ということしかなく、その内容（機能情報）の意味を史料として解釈するには難しい面もありますが、しかしそれはどの史料についても多かれ少なかれつきまとうことです。民間伝承は、歴史を考える上で豊かな情報を提供してくれる史料だと思います。

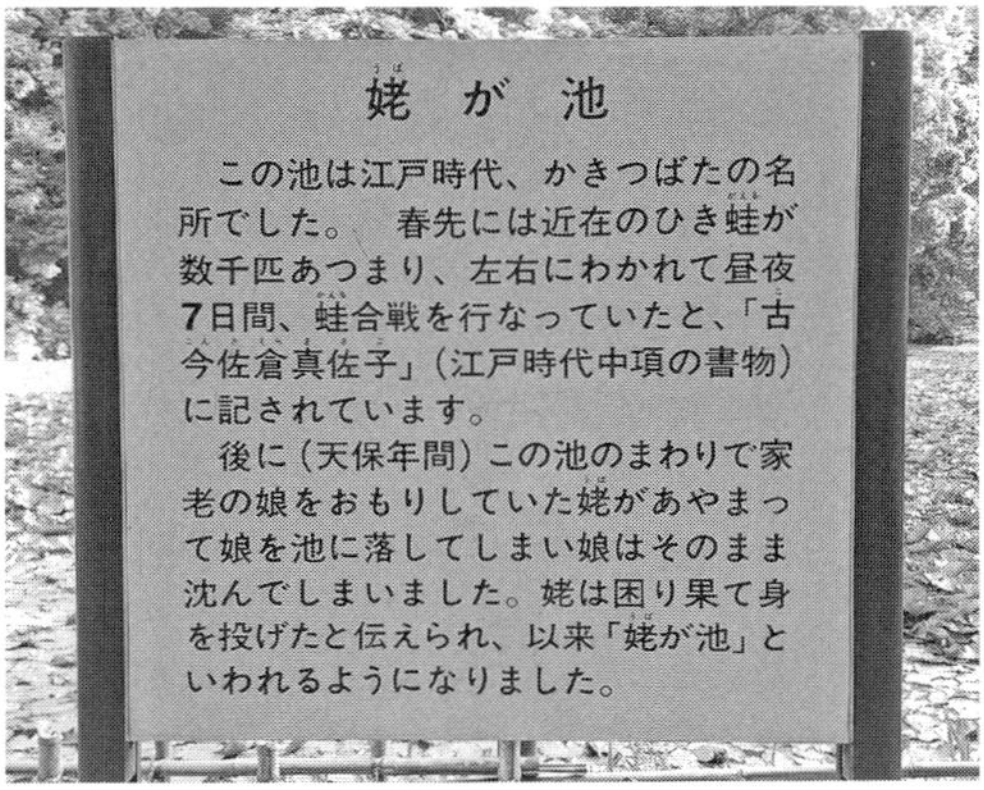
姥《うば》が池
この池は江戸時代、かきつばたの名所でした。　春先には近在のひき蛙が数千匹あつまり、左右にわかれて昼夜7日間、蛙合戦を行なっていたと、「古今佐倉真佐子」（江戸時代中項の書物）に記されています。
後に（天保年間）この池のまわりで家老の娘をおもりしていた姥《うば》があやまって娘を池に落してしまい娘はそのまま沈んでしまいました。姥は困り果て身を投げたと伝えられ、以来「姥《うば》が池」といわれるようになりました。
図３　佐倉城址に立つ「姥が池」の解説板

考古学・民俗学と社会史

かつては文字史料中心だった歴史学は、一九七〇年代頃から社会史が盛んになり、政治的な事件や戦争などの特別な出来事だけでなく、過去の社会のあり方や日常の生活に大きな関心を持つようになりましたから、「常民」の生活を扱う民俗学とも近いものになっています。「物質的遺物」という生活の痕跡そのものを探る考古学との関係も同じです。通時的な歴史の見方ではあまり重視されない、社会や生活の具体的な部分を取り上げようとすると、すなわち共時的に見ると、おのずと考古学や民俗学の世界に近づく訳です。日本の文化は地域性も強く、とても多様ですから、偏在性の強い文字史料だけでは限界も大きいです。

今日では、「歴史学」とは、考古学、民俗学などが扱ってきた分野も含めた総合的な学問であるというのが普通の認識で、かつて歴史学と考えられていた、あるいは自らがそう考えていた文字史料による歴史研究（文献史学）は、「狭義の歴史学」などといわれています。この講義も次が最終回になりますので、そのあたりの動向も含めて、史料と歴史の問題を改めて考えてみたいと思います。

注

（1）博物館に在職していた時、資料の分類のあり方について議論したことがあるのですが、結局、さまざまな情報をデータベースとして検索できれば良いので、分類自体はたいして意味がない、ということになりました。実際の分類としては、収蔵を担当した職員の分野によって、歴史・考古・民俗を意味する記号（H・A・F）を頭に付け、あとは収蔵の順番で通し番号を振っていくという、難しく考えない（いわゆるテキトーな）資料番号があるだけでしたが、それで不便を感じたことはありませんでした。

（2）福井県立朝倉氏遺跡資料館図録『一乗谷―戦国城下町の栄華―』（二〇一五年）。

（3）これは柳田国男などのその頃の問題関心であり、時代や研究者による変化や違いは当然あります。比較的新しい総合的な概説書としては、宮田登（一九三六〜二〇〇〇）の『民俗学』（講談社学術文庫、二〇一九年。元は一九九〇年刊行の放送大学教材）を挙げておきます。

（4）柳田国男『日本の伝説』は、初刊は『日本神話伝説集』（アルス、一九二九年）。『日本の伝説』として一九四〇年に三国書房から再刊。新潮文庫、角川ソフィア文庫などでも刊行されています。なお、文化人類学者の石田英一郎は、『桃太郎の母―ある文化的研究―』（講談社、一九六六年。講談社学術文庫などで再刊）の中で、水辺の母子神という伝承をさらに世界的に探っています。

事例研究

城郭遺跡と絵図――村上城――

遺跡については具体的な事例を扱っていないので、ここで一つご紹介したいと思います。近年急速に研究が進んでいる城郭遺跡の例ですが、新潟県村上市の臥牛山《がぎゅうさん》にある村上城は、戦国時代の竪堀《たてぼり》や虎口などの遺構と、江戸時代の石垣の遺構が混在して残る興味深い遺跡です。その点が評価されて一九九三年に国史跡に指定され、その整備計画を作る過程で何度か現地を訪れたのですが、絵図と遺構の関係から面白いことが分かりました。

絵図と遺構

図4は、現代の地形図を用いた村上城の遺構図（『史跡村上城跡整備基本計画』〈村上市、一九九八年〉）で、山の北西側（図の左上）にある大名居館、山の上に築かれた石垣のある曲輪《くるわ》（郭とも書く、建物などが作られる城の平坦面）の他、城の南東側（図の右下）には、戦国時代に作られたと考えられる段々になった曲輪や竪堀、麓にある外枡形《そとますがた》（出入り口の外側に囲いを作った虎口）などが書き込まれています。

図5は、江戸幕府が正保《しょうほう》年間（一六四四～四八）に諸大名に提出を命じた「正保城絵図」で、城の細部まで、つまり軍事機密も明らかにするという目的上、城の部分が大きくなっていますが、基本的には一定の縮尺で作られた平面図であり、近代的な地図に近いものです。江戸時代に機能していた城の有様がよく示されており、戦国時代に使われていたはずの南東部の曲輪は既に山林化して使われていないことも分かります。

図6は、豊臣《とよとみ》政権に提出されたと考えられる「越後国《えちごのくに》瀬《せ》波郡《なみぐん》絵図」（米沢市上杉博物館蔵）で、年代は慶長二年（一五

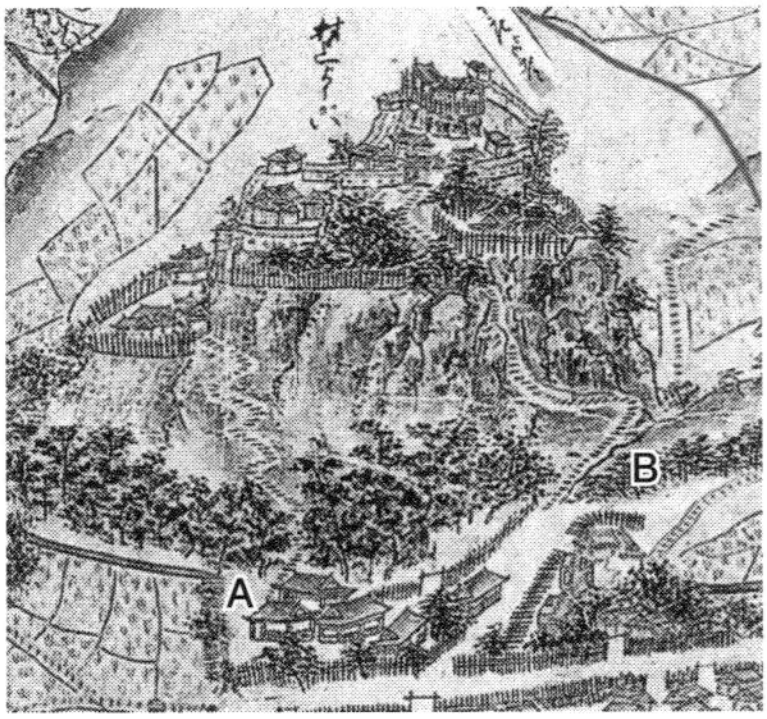

図6　「越後国瀬波郡絵図」に描かれた村上城（「村上ようがい」）

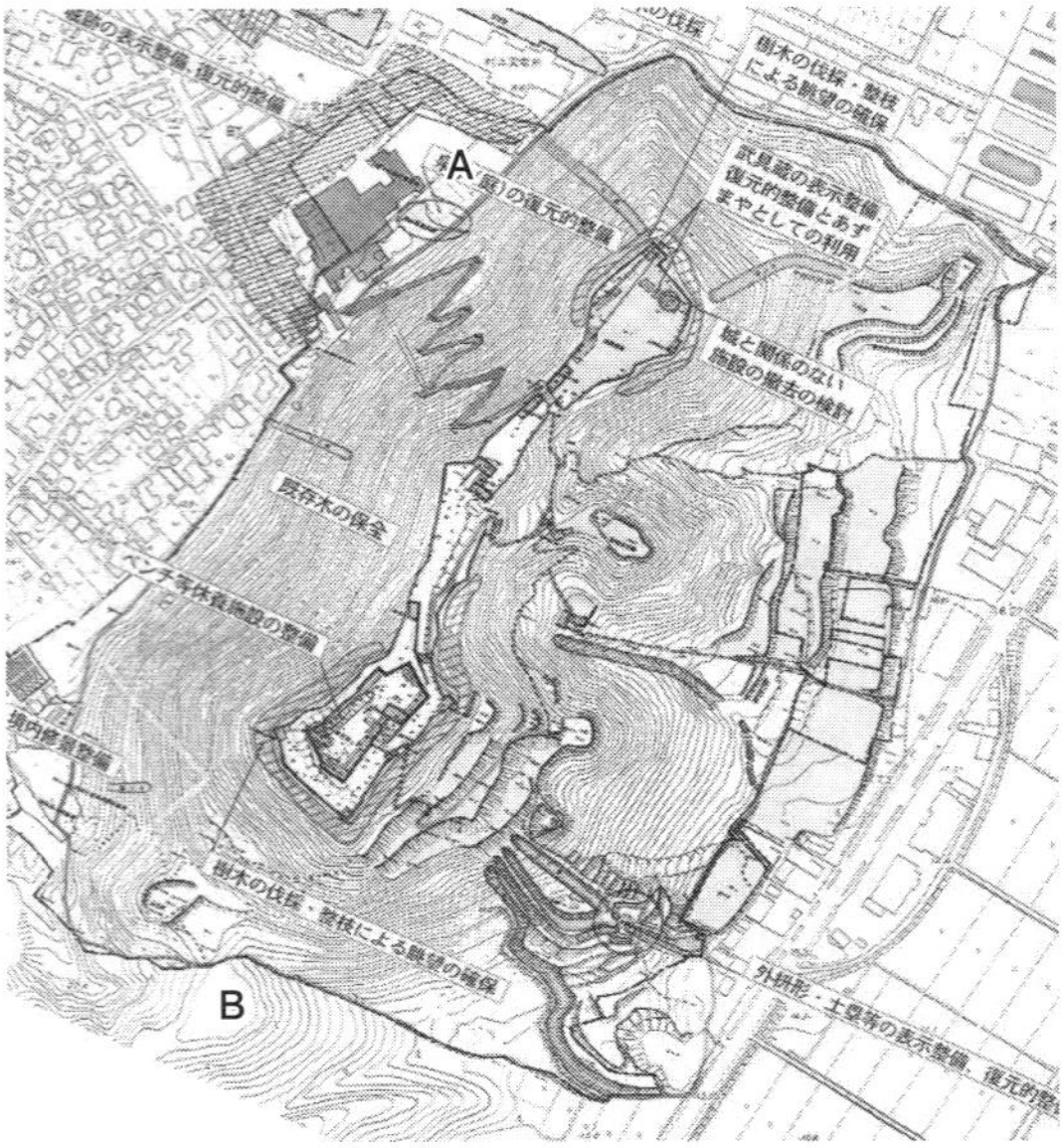

図4　村上城の遺構図

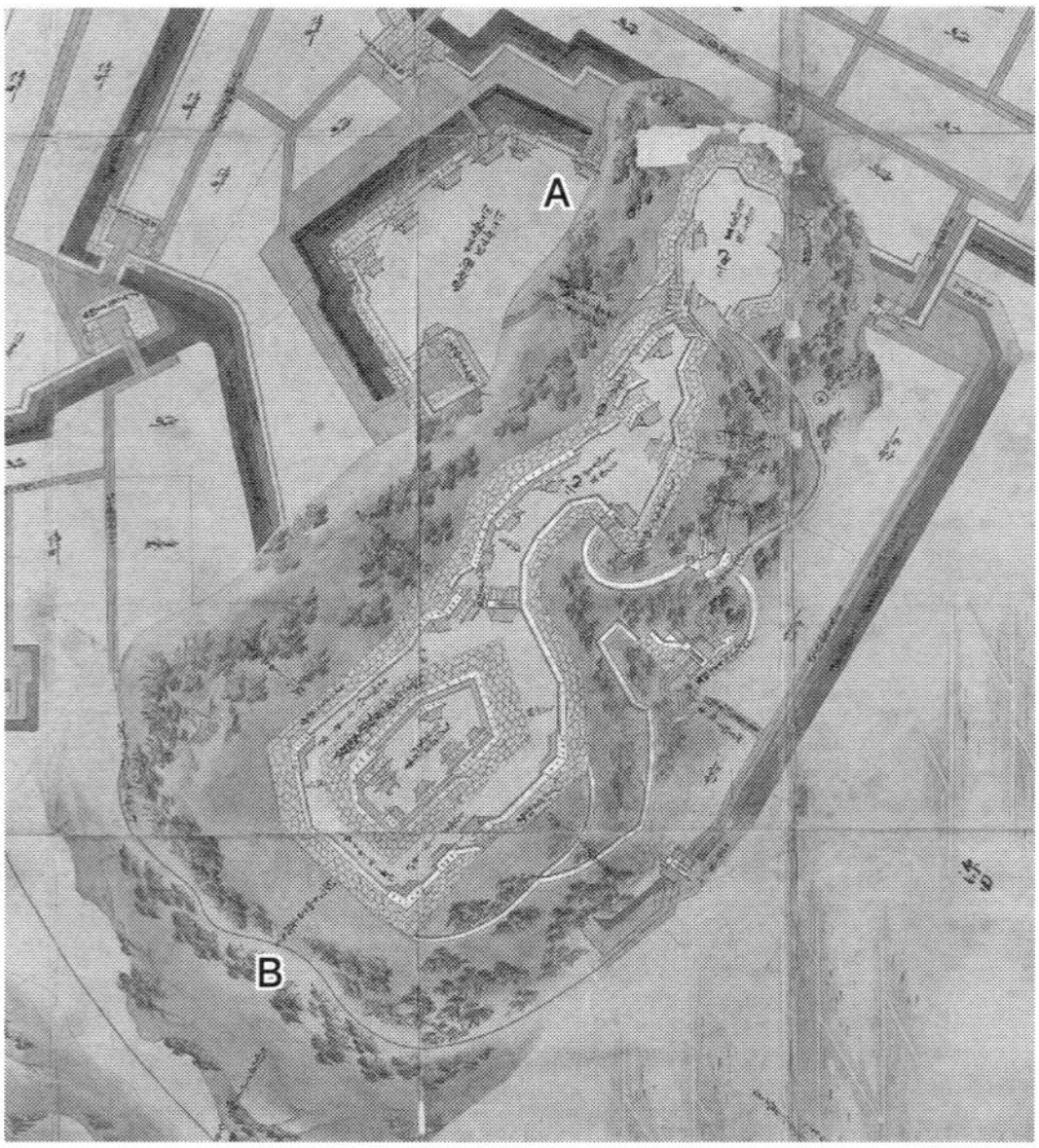

図5　越後国村上城之絵図（「正保城絵図」のうち。正保年間〈1644〜48〉）

九七年）が下限とされます。上記の二つの図に比べると、平面図ではなく、絵画的な中世の絵図の様相を留めています。「村上ようがい（要害）」と書かれた城の部分は、まだ石垣がなく、曲輪の周りは柵で囲われた、いかにも中世的な雰囲気です（カバー裏も参照）。

さて、では中世段階の城の特徴であった南東部の遺構群は、この絵図ではどの部分になるでしょうか？まず、絵図の手前、山の下の平地に柵で囲まれた建物群があるのは、江戸時代の大名居館の部分でしょう（A）。そこから右へ山上の施設群に至る太い道が描かれていて、これが「大手道」的なものだと考えられます。この道はどこかというと、途中で山の鞍部《あんぶ》を越える表現がありますから（B）、遺構図で分かるように、いったん山の南東側に回り込み、山麓の外枡形と竪堀のある部分から上がって、山の南東曲輪群に至る道であることになります。つまり、この絵は北西側から見た城と南東側から見た城が一つに合わさっている訳で、「多視点画」と呼ばれる描き方です。

上る道は建物群のある曲輪まで直登しているように見えますが、図4で分かるように、最後の所は三つの曲輪を順に通って一番上の曲輪に達していたはずで、そこが最も厳重に防御された、すなわち城主の居館があった所と見なせます。戦国時代には、織田信長の岐阜城などもそうですが、山下の施設は政庁的な表向きの場として使われ、山上の城主居館とセットで機能していたことが多く、村上城もそうだったと考えることができます。南東側から山上に出る道は、現地では「埋門跡《うずめもん》」となっていますが、この道と施設群は、城の「表」が北西側に移るとともに放棄され、封印された存在になったのでしょう。

統一政権の成立と城の向きの変化

居住環境を考えると、南東側の斜面なら陽当りは良く、日本海側からの風も防げるのですが、北西側の麓を居館にすると、逆にすごく条件が悪くなります。それでも近世にはあえて北西側を城の「表」として城主の居館をそちらにしなければならなかったのは、「近世城下町マニュアル」がそうなっていたからだと思います。

豊臣政権以降、全国の諸大名は統一政権との結びつきの中でしか存在しえなくなりますから、政策もマニュアル通りにしないといけなくなります。「城下町に領国の経済機能を集中し、かつ全国流通と結びつくこと」という指示が、おそらくあったと思われます。そのため、多くの城下町は港のある場所に移転するのですが、村上は城を動かさなかったため、代わりに港のある西側に町を作り、城主の居館もそちらにせざるをえなかった、ということです。正保城絵図の城下町の西端、港に続く「瀬波口」の所には、「上方《かみがた》江之本道」と交通路が書かれていて、そのことを物語っています。

織豊政権の頃から江戸時代の初めにかけて、すなわち中世社会が近世社会に変わっていく過程で、全国の城下町はこのように再編され、今日の多くの主要都市に続いている訳ですが、それはある意味で画一化でもあり、だから名前も、福井・福岡・福島・福山といった、何だか同じようなものが多いですね。その時の、一つの流行りだったのでしょう。歴史には、統一や画一化が進む、こういう時期が時々あります。このような共通した名前もまた、歴史の一つのレイヤーに属する「共伴遺物」的なものと見なすことができるでしょう。

第三部

史料と歴史像

第十五講

歴史はどう表現できるか

——史料と歴史——

再び、史料とは何か

ここまで、「史料とは何か」という問題をさまざまなジャンルや切り口から考えてきたのですが、結論としては、最初にも述べたように、過去において人間が関わったものは、歴史の情報を引き出すことができれば、つまりそこに史料性を見出す「センサー」さえあれば、すべてが史料である、史料になる、といえます。まだ見出されていないもの——発見されていない、あるいは整理されていない文書、聞き出されていない伝承、掘り出されていない遺構・遺物、といった、いわば「潜在史料」のままであるものも多い訳ですし、「失われた物」も、その記憶と意味に気付けば史料（不在史料）である、ということになります。

このように、すべての物が史料になるとすると、それが「歴史研究の素材」であるのなら、これも最初に述べたことですが、どのような歴史を見ようとするかによって何が史料になるかは変わってきますから、「史料とは何か」という問いに対しては、むしろどういう歴史を知ろうとするのか、という「歴史とは何か」の方が問われることになります。この問題を、「歴史はどう表現できるか」、言い方を変えれば、「歴史像」をどう作ることができるか、という観点から考えてみましょう。

史学史的な背景

まとめも兼ねて、この講義自体を歴史的な考察の対象にして、お話した内容の史学史的な「歴史的背景」を説明してみます。私という話者＝史料についての情報といっても良いかもしれません。

図１　国立歴史民俗博物館の展示風景（総合展示中世展示室の「大名と一揆」）　手前は一乗谷朝倉氏遺跡の復元模型。奥のケースには同遺跡の遺物などを展示。

私が大学に入ったのは一九七六年（昭和五十一）で、今から思えば戦後まだ約三〇年、ようやく一世代ほどが経った時期ですが、「戦後歴史学」と呼ばれる歴史研究の動向が大きく変わって、「史料」が多様化し始めた時期だったといえるでしょう[1]。一九六〇年代に始まった中世遺跡の発掘調査、例えば港町として栄えた草戸《くさど》千軒町《せんげんちょう》遺跡（広島県福山市）や、戦国時代の城下町である一乗谷朝倉《いちじょうだにあさくら》氏《し》遺跡（福井市）などから、文字史料による研究だけでは分からなかった生活の具体的な有様が、次々と明らかになってきたことも大きな影響がありました。一九八三年に開館した国立歴史民俗博物館（千葉県佐倉市）の総合展示「中世」でも、この二つの遺跡が大きく取り上げられています（図１）。

歴史を見る史観の問題として簡単に整理すると、戦前に軍国主義や国家主義の思想的な後ろ盾ともなっていた「皇国史観」が戦後は否定され、科学的な歴史学としてマルクス主義史学（唯物史観）が盛んになりましたが、一九七〇年代後半頃からは社会史が盛んになり、「歴史の発展段階」のような大きな議論よりも、社会の実態を明らかにしたり、史料自体をもっと精密に研究しようという動きが大きくなりました。歴史観も多様化して、歴史に何を見るかは決して自明ではなく、従って、それは歴史を学ぶ際に意識して考えないといけない問題になったともいえると思います。

「国の歴史博物館」に見る歴史観と歴史叙述

こうした歴史観の問題や難しさは、例えば「国の歴史」を扱う博物館の方針を見ると分かります。ベルリンにあるドイツ歴史博物館を訪問したことがあります(2)が、ドイツの歴史を叙述する常設展示では、「EU的ドイツ」というあり方しか今後のドイツにはないと見定め、そこに至る歴史として、一国史を完全に排した一種のヨーロッパ史として扱っていました。シンボルとなっていたのが、カール大帝／シャルルマーニュ、つまり現在のドイツとフランスの両方を治めた王様であったのも印象的でした。

これに対し、日本の歴史と文化を扱う国立歴史民俗博物館は、逆に政治史を扱わず、権力者は登場させずに、「生活史」として常設展示を作っています。「国の歴史」自体を描こうとすると、そこには特定の国家観が反映されてしまい、一種の「国定教科書」として機能してしまいます。設立当初からそれは強く危惧されていたことなので、それを避けるために、理論的にも、現実の展示を行う上でも、そのことを意識し続けて今日に至っています(3)。

日本のこれからのあり方は、ドイツにおける「EU」のように明確ではありませんが、日本国憲法も謳っている平和と人権という理念は必ず守らねばならないことですし、今日的には環境問題も重要です。歴史観は自由であるといっても、こうした現代における普遍的な価値に反するものであってはいけません。歴史を叙述する際に、それは気を付けなければならないところだと思います。

押し付けない展示のモデル―史料を元に一緒に考える、過程を共有する

国立歴史民俗博物館の展示の方針としては、決して観客に特定の歴史観を押し付けるのではなく、自由に見て考えてもらうことを趣旨としています。初代館長の井上光貞《いのうえみつさだ》（一九一七〜八三）は、これを観客自身が自分の歴史像を構築するための「産婆」になぞらえていて、「歴博はただ、人々が自分の歴史像をえがくための産婆役であることにこそ、積極的な意味がある」と述べています(4)。これは教育学でいう「構成主義」とも共通する、社会教育機関の役割を見抜いた卓見だったと思います。

博物館においては、学芸員が作った展示（歴史像）を観客が理解するという関係（encode〈符号化〉―decode〈解読〉という英語が分かりやすい）が古典的なコミュニケーションモデルですが、そうではなく、史料に基づいて観客自身が歴史像を作れるようにすることが大事です。博物館側は、史料について一緒に考え、歴史像を作る過程を共有することで、それをサポートする役割、ということになるでしょう(5)。

歴史観と史料の問題をめぐって

歴史観と史料の問題に戻ると、歴史を時間的な推移の問題として整理するなら、図2のようになるのではないでしょうか。

歴史が過去から現在・未来へと向かって、図の左から右へ進んでいくとすると、過去の事実や史料は無限にありますから、その中から、人はある部分を選んで歴史像を構成する訳です。

この過去から未来への歴史の線は、歴史の認識あるいは視線としては逆で、「現在」の所から過去を見ていること

とになります。前に、「通時的な見方」と「共時的な見方」の話をしましたが（第三講）、通時的な見方にも色々な視点があり、例えば、政治史的な見方をするか、社会経済史的な見方をするかで、対象となる史料や史料の持つ側面は異なりますから、それを無限の史料の総体から選び取ることになります。そして一つの方向性があったかのように考えるのですが、共時的な見方だと、現在には続かずに消えてしまった可能性などについても見ることができるのは以前述べた通りです。

これを史観の問題として書くと図の下の部分のようになり、現在というよりも未来から過去へ向けられた視線だといえるでしょう。「未来の社会はこうあるべきだ」という理想像と現在を結んだ線を過去に延長して、その関心に沿って過程を探ろうとするのが歴史だ、ということになる訳です。歴史像というのは、ですから実は未来像でもあって、皇国史観や唯物史観の例は前に述べましたが、別の例を挙げれば、例えばジェンダー平等が達成された社会を思い描き、そこへの過程を探っていくと、ジェンダーの歴史が見えてきます。イギリスの歴史家E・H・カー（一八九二〜一九八二）が『歴史とは何か』（岩波新書、一九六二年。二〇二二年新訳）で述べた「歴史とは現在と過去との対話である」という言葉は有名ですが、それもこんな意味ではないかと思います。現在の人間が過去に向かって問いかけるというのは、とりもなおさず、将来がどうあるべきかを考えるからでしょう。「温故知新」というのも同じことで、「故きを温めて新しきを知る」というのは、つまり未来像を作るために歴史像を探っ

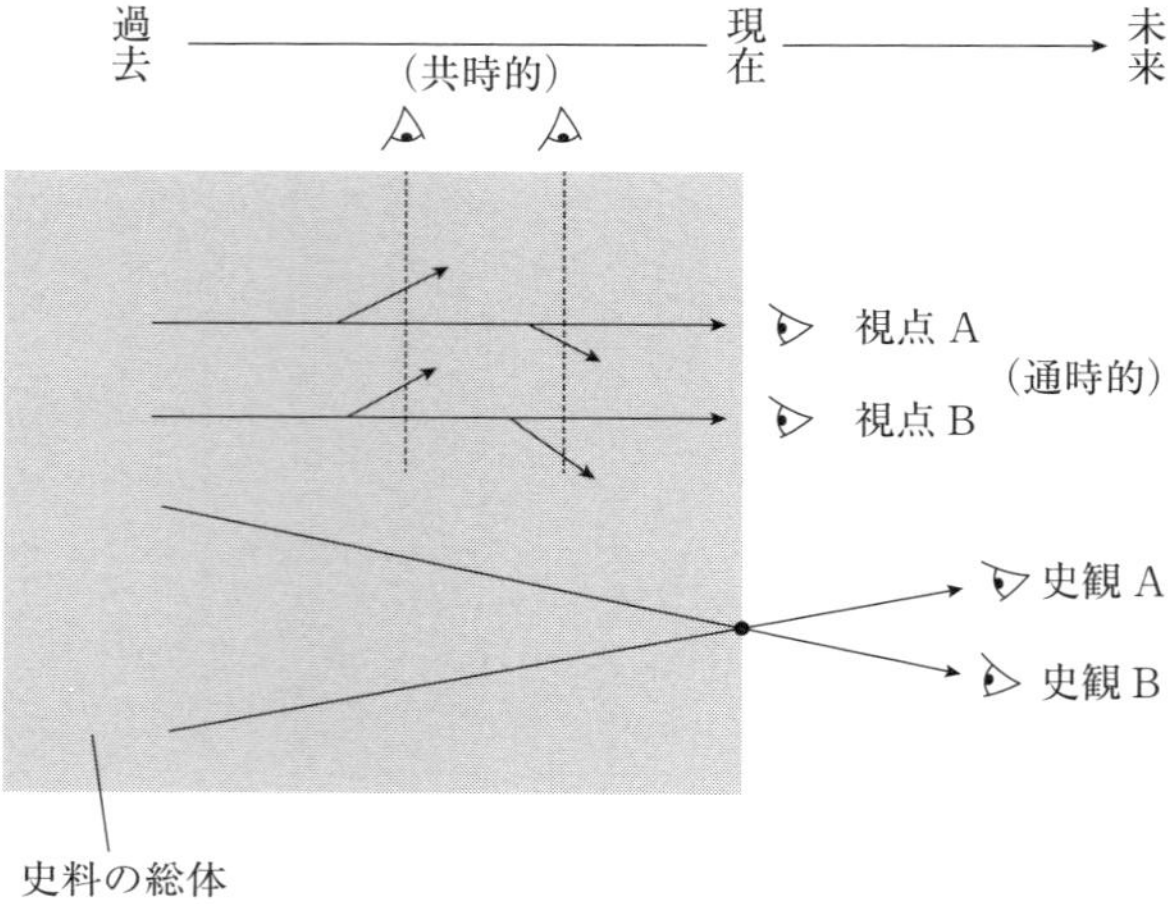

図2　歴史の見方と史料の関係

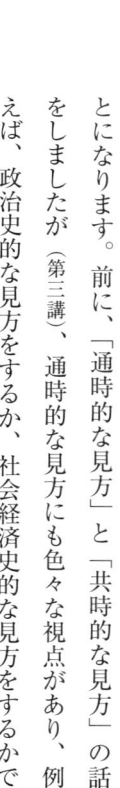

ている訳ですが、しかし、前にも述べたように、その際に歴史を見るための中立的な史観というものはないので、必ず、意識するとしないとにかかわらず、何かの史観、価値観で歴史を見ることになります。それが何であるのかは、常に自覚していなければならない問題です。

開かれた歴史像

通時的な歴史の見方は、歴史上存在した他の可能性を見ないため、結果として現状を追認するものになりがちですが、これに対して共時的な見方には、現在のあり方を相対化する意味があります。先ほどの図でも示したように、今日に続いていない歴史、今日とは違う社会のあり方を見ることで、現在の社会や国家のあり方が、歴史的に形成された、歴史的に変わりうるものであることを理解できます。

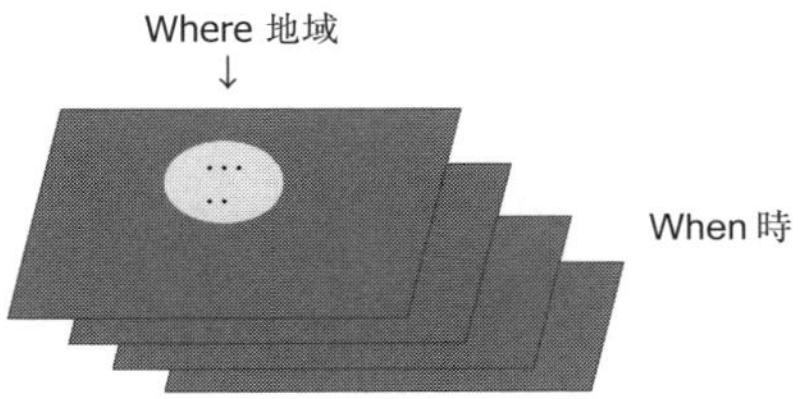

図３　地理的な具体性で見た歴史と史料の関係

また、歴史と史料の関係について地理的な具体性で考えると、こんな整理もできるでしょう（図３）。何度か述べたように、歴史というのは重層的なもので、「時の断面」がシームレスに続いているともいえます。その中で地域を限定すれば地域史になりますし、あるジャンルの史料をピックアップして、「文書史」のようなそれぞれの歴史を考えていくこともできます。

＊　＊　＊

最初に、史料の「５Ｗ１Ｈ」を考えるのが史料学ではないか、と述べましたが、この「５Ｗ１Ｈ」ないし「６Ｗ１Ｈ」も、実際はそれぞれが多義的です。

史料を分析する視点として、もう一度ふり返ってまとめてみましょう。

What（何）：「物」としての情報／「機能」としての情報／「伝来」の情報

Who（誰）：「誰が」（主体）／「誰に」（客体、Whom）

Where（どこ）：「どこで」（制作地）／「どこを」（対象地）／「どこに」（伝来地）

When（いつ）：制作時／使用（機能）時／伝来時

Why（なぜ）：これは元々多義的ですね。理由は一つに限らないでしょう。

How（いかに）：制作方法（材料・技術・媒体）／使用方法（機能）／保管方法（伝来）

これらの観点によって、必要に応じて史料のさまざまな側面を見ていく、考えていく、ということになります。どのような歴史観で、どのような史料に向き合い、どのような歴史像を結ぶか。それは、常にそれぞれの人に開かれた可能性なのだと思います。

注

（1）学界としても、文献史学中心の歴史学では既に成り立たないことが意識されるようになったのがこの頃で、一九七六年に刊行された『岩波講座日本歴史　別巻2　日本史研究の方法』において、石井進は巻頭の「「史料論」まえがき」でこの問題に触れています。日本史の「岩波講座」は戦前から作られ続けているので、こうした傾向も比較しやすいのですが、その次の『岩波講座日本通史』においては、『別巻3　史料論』（一九九五年）として多くの分野が総合的に取り上げられています。その巻頭論文である網野善彦「史料論の課題と展望」では、史料学（資料学）について、「史料（資料）が、人間生活の多様な時と場におけるさまざまな営みのなかで生れ、作成されて、現在まで伝えられてきたすべてのものをさすとみたうえで、それ自体を対象として研究する学問」としています。この講義も、そうした流れの上にあるといえます。

（２）Deutsches Historisches Museum（ＤＨＭ）。一九八七年設立、常設展示は二〇〇六年から。ただ、常設展示のある建物は、確認した二〇二四年九月現在では改修のため閉鎖中。なお、ドイツでは国が歴史教育に関わることは禁じられているので、ドイツ歴史博物館は、だから「国立」ではないと伺いました。

（３）国立歴史民俗博物館は、展示の原則について、基調テーマとして、①生活史、②環境史、③国際交流の三つを掲げ、また視点として、①多様性（マイノリティーの視点）、②現代的視点を挙げています（「総合展示リニューアル基本計画」二〇〇四年）。

（４）井上光貞「国立歴史民俗博物館の構想」（『文化庁月報』一一八、一九七八年。『国立歴史民俗博物館十年史』〈同館、一九九一年〉所収）。

（５）観客に対する博物館の役割については、博物館教育の問題として、小笠原喜康他編『博物館教育論―新しい博物館教育を描き出す―』（ぎょうせい、二〇一二年）に私も執筆していますのでご参照ください。

補　論

史料と文化財

文化財と「指定」

「史料」と似た概念に「文化財」があります。近年は特に両者が接近していると思うので、これについても少し考えておきたいと思います。

「文化財」とは何かについて、文化庁は、「我が国の長い歴史の中で生まれ、はぐくまれ、今日まで守り伝えられてきた貴重な国民的財産」と紹介しています（同庁ホームページ「文化財」）。だいたい史料にも当てはまりそうですが、最後の「貴重な」「財産」というところは、史料の要件ではないですね。文化財は「財」ですからこういう条件がある訳で、文化庁の説明でも、この後には指定や補助の話が続きます。

しかし文化財の概念も近年はずいぶん広がっていて、今日では、いわゆる「優品」であることは必ずしも価値基準ではなく、例えば古文書でも、単体ではなく古文書群としての一括指定が行われるようになっています。中世の惣村文書として著名な「菅浦《すがうら》文書」（滋賀県長浜市西浅井町菅浦の須賀《すが》神社所蔵）が二〇一八年に国宝に指定され、庶民の残した文書が「美術工芸品」としての国宝になった時は、画期的なこととして報道されました。大いに評価すべきことと思いますが、考えてみると、まだ指定を受けていない同様の文書は多数ある訳で、そのような「未指定文化財」が存在することは明らかです。史跡についても、「荘園遺跡」のような形で一つの領域が包括的に指定されるようになっていますから、これも同様に、歴史的な景観などの同じような要素を持つ地域は、指定にかかわらず限りなくある訳です。

文化財は指定品だけなのか、ということについては、東日本大震災の時にも問題になりました。現地で文化財レスキユーを行う際に、「これは指定品だから取り上げる、これは指定されていないから捨てる」などという選択ができるはずもなく、「文化財等」をすべて対象とする、という方針が取られました。行政的にも、指定品だけではなく、潜在的な文化財についても保存と活用を図ることが望まれるようになったことになります。

こうした流れは現在さらに進んでいて、「文化財保存活用地域計画」という、市町村における文化財の保存活用についての「マスタープラン兼アクションプラン」を作る作業が、文化庁の補助事業として行われています。その際には、市町村に存在する文化財を指定品以外のものも含めて認識する必要がある訳で、そこでまた文化財とは何か、その価値や基準とは何か、ということが問題になります。

文化財の価値基準と意味

過去に指定された事例、例えば国史跡に何が指定されているかを見てみると、実は「勤皇家の墓」みたいなものが結構あって、戦前にその価値観で指定されたものが今も残っています。天皇に忠義を尽くした人物を顕彰するというのが、皇国史観の時代の一つの価値基準だった訳ですが、今日見ると非常に違和感があります。

では今日的な価値基準は何でしょうか。「最古の」「唯一の」のような希少性や、何らかの特徴があるといった個性は一応合理的な基準になりえますが、これもその分野を研究する学界的な視点なので、一般への説得力があるかは別問題でしょう。「優品」的な美術的な価値も客観性を示すことが難しいです。

価値基準自体の問題は措くとしても、学術的な専門性の観点から「これは文化財として価値のあるものです」と言っても、その分野に関心の無い一般市民には、自分とは関係のない他人事にしか聞こえないでしょう。地域における保存活用の上では、それで済ますのは問題があります。指定された物以外にもたくさんの文化財がある訳だし、それが地域にとって、ひいては自分にとって大切なものだ、という認識が広まらないと、はたして保存し活用する意味があるのかが問われることになります。

思うに、ごく普通の、一般の人々の暮らしが地域にはあり、今の自分たちと同じように、ずっとこの土地で暮らしてきた人たちがいたという、その点において、文化財は「自分事」になってくるのではないでしょうか。文化財は、一点一点を「これは優れている」として指定するのではなく、地域における暮らしの歴史という面的なベースがまずあって、その中から今日に残された部分、という見方で「普通」の部分とつながらないといけないのではないかと思います。普通の人々の暮らした社会が過去にもあって、その中で育まれたものの一部が今日に残る文化財なんだ、と考えないと、それは自分とは関係のない物になってしまう。だから、文化財があることによって、そんな歴史を感じ取れるということが大事なのです。歴史がなければ自分もいないし、人々がそれぞれの世代を生きて、暮らして、そして歴史をつないできたことが、悪いことであるはずはありません。そういう歴史の一コマとして自分もいるんだな、と思うと私は安堵を覚えます。

文化財の価値は、今、つまり自分に続く歴史をそれによって振り返ることができ、そのことによって自分を肯定でき、さらに続く将来のあり方も考えることができる、そういったところにあると考えます。それは、史料とは何か、歴史とは何かという問題と、ほとんど重なっているのではないでしょうか。

災害と文化財

災害に伴う文化財レスキューの過程で、文化財とは何か、地域にとって保存すべきものは何か、という発信がSNSなどで繰り返され、次第に共通認識も広まってきています。それを残さないと、そこがどんな所だったかが分からなくなってしまう、それがあるから地域の復興にも大きな支えになった、という話は、東日本大震災の後でも聞いたところです。

本書執筆中の二〇二四年一月一日には能登半島地震が起こり、その後の文化財保存の呼びかけでは、いったいいつ頃までの物が対象となるのか、という問題について、「およそ戦前まで」とするものもありましたが、氷見《ひみ》市立博物館は、道具類のレスキューを「おおむね昭和四十年代頃まで」としていて、その理由をご説明くださり、「工業製品が流通して全国的に画一化する前と後で地方の生活様式も大きく変わるから」とのことでした（氷見市立博物館ツイッター（X）

二〇二四年一月二十七日)。なるほど、たしかにその影響によって地域の個性が失われていった面は大きいでしょう。身の回りに残された物を文化財と見なす一つの価値基準として、納得のいくものでした。

あとがき

最後に、本書ができた経緯についてお話ししておきたいと思います。

私が国立歴史民俗博物館に勤務していた最後の年度に、かねてより共同研究や企画展示に参加していただいていた立教大学文学部の佐藤雄基氏から、歴史学を専門に学び始めた学生のための、史料学の講義を担当するお話をいただきました。そこで、退職直後の二〇二二年四月から七月までの前期授業で、一四回にわたって行った講義が本書の元になっています。

講義を準備する過程で、史料学の概説書にどのようなものがあるか一通り調べてみたのですが、検索してみると、はじめにも述べたように、「史料学」という言葉が入っている本はかなりあるものの、多くは「〇〇の史料学」のような、つまり特定の史料やその分野、あるいは方法についてのもので、一種の史料研究であることに気づきました。唯一、『史料学入門』という本が「岩波テキストブック」として二〇〇六年に刊行されていましたが、内容は様々な分野の研究事例を寄せ集めただけのものでした。「岩波講座」のような歴史学の研究叢書には、「史料論」のような形で一巻が割り当てられることもありますが、やはり様々な分野の研究者による分担執筆になってしまうため、結局、史料の全体や本質を考えるような本はないと考えざるをえず、担当することになった講義科目の過去のシラバスを見ても、やはり担当の教員が、自分が研究している特定の史料や分野について講じるものでした。

「史料学」の本や授業がそのようなものになってしまうのは、ある意味仕方がないことです。歴史の研究者は当然それぞれの研究分野がありますし、何かのテーマに特化しないと最先端の研究で業績を作ることはできませんから、史料の全体を扱っている研究者というものは存在しないでしょう。でもそれに甘んじていては、いつまでたっても史料の全体像や本質を示すことができません。幸い私は、大学での専攻は、当時「国史」と言っていた文献中心の歴史学なのですが、若い頃から城下町や城館といった歴史地理学や考古学の分野と重なる学際的な研究をしていましたし、職に就いたのが博物館でしたから、様々な資料に触れ、また共同研究や日常の仕事の中で他の分野の研究者と接することも多く、とても広範な学びをすることができました。それだけ経験を積ませてもらって、しかももう退職しているから専門分野の業績を求められることもない、となると、これだけの条件を満たしている立場として、何とか総合的な史料学を講じることができないだろうか、と考えて、シラバスを作り、授業に臨んだ次第です。

実際の授業では、当初は高校の教室程度の場所と人数を想定して、学生さんと対話しながら、と考えていたのですが、蓋を開けてみると、初回の授業では、コロナウイルス対策も緩和され、対面での授業ができるようになったこともあってか、なんと他の専攻や学部も含む一五〇人以上が集まって大教室に急遽変更、当初考えていた対話しながらの授業は難しく、毎回授業の最後にリアクションペーパーを書いてもらい、それで受講生の反応を見ながら行うことになりました。次の授業で読み上げると、褒めていても「名前は出さないで」という反応がいくつも来る昨今の学生気質には多少戸惑いましたが、なるほどと思わされる意見も多く、授業にも生かし、本書の中にも反映しています。受講し、リアクションしてくれた受講生のみなさんと、それから講義に誘ってくださり、授業に際してのアドバイスをいただいた佐藤氏には、この場を借りてお礼を申し上げます。

講義をすべて終えた後で、史料学について今後の参考に何か残したいと思い、最初は論文化を考えたのですが、やはり具体的な事例のない理屈だけのものではおよそ面白くないし、誰も目に止めようとはしないだろう、と思い直し、実際の史料の読み解きも含めた、授業で扱ったことの全体を本にしてみようと考えました。書籍化に際しては、授業での語りかけの調子は残しつつ、より普遍的な内容にするために、原稿は新たに作成しました。

内容を振り返ると、もちろん私の個人的な経験と考察の及ぶ範囲のものでしかないので、史料学という非常に広範な学問があるとして、そのごく一部に過ぎないことは言うまでもありません。だからこれは概説書ではなく、もちろん教科書でもなくて、あくまでも一つの試みとしての一つの「講義」です。欠けている部分はあまりに多いですが、そこはまたどなたかが別の形で書いていただければ良いので、兎にも角にも、蛮勇をふるって作った本書が、史料と「史料学」の全体を考えるための一つの手がかりになっていれば、それで諒としていただきたいと思います。

＊　＊　＊

本を書くといつも思うのですが、その内容や気分は、その時の社会の背景に影響されます。織田信長の評伝（『信長とは何か』講談社選書メチエ、二〇〇六年）を書いた時は、アメリカがイラクに侵攻していたので、それが戦争の拡大を続ける信長の姿に重なって見えたのですが、今回は、二〇二二年三月の退職直前にロシアのウクライナ侵攻が起こり、翌二〇二三年十月には、パレスチナのガザでハマス（イスラム抵抗運動）によるイスラエルへの攻撃が起こり、それに対するイスラエルのあまりにも非人道的な破壊と虐殺が、本書の執筆を終えようとする今もなお続いています。「不在史料」については、退職時に行った「歴史資料を読み解く」と題した講演の際にも触れたのですが、多くの人や物が理不尽に失われていく様を日常的に見せつけられる中で、それを視野に入れられない歴史学や史料学ではいけない、という思いもまた強くなりました。二〇二四年一月一日には能登半島地震も起こり、災害によって失われるものの大きさにも、改めて思いを至らせられることになりました。

同年二月には、東京芸術大学美術館で開催される「大吉原展」が、開幕前にもかかわらず、ホームページなどの広報や伝えられた企画の内容が、遊廓が女性の人権を侵害したものであることを軽視しているとして「炎上」し、主催者は声明を出してホームページの大部分を削除し、展示も見直すという出来事がありました。私もツイッター（X）で、展示前にも展示を見た後でも批評を行いましたが、人権の問題もまた、今日最も重視しなければならない普遍的な価値であり、過去においてそれを損ない、それ故に存在を許されなくなった遊廓のような存在を賛美するかのように扱うのは、もちろん許されないことです。

「史料とは何か」という問題は、歴史とは何か、何を歴史として見ていくか、という問題と同じことになる、というのが本書で述べたところでもありますが、戦争にしても、遊廓のような存在にしても、過去における様々な存在や出来事は、平和で人権が重んじられる時代へと向かいつつある人間の歴史の、一つの過程と見るべきなのだと思います。私は、そういう史観で歴史を見、史料を探していきたいと考え、ツイッター（X）では、「小島道裕@平和・人権史観」というアカウントで日頃考えたことを書いています。当分は続けていると思いますので、本書を読んでお気づきになった点などを直接私へお届けいただく場合は、そちらに書いていただくのが便利かと思います。

最後に、本書を刊行するに当たって、またそのずっと以前から、さまざまな経験を積ませていただく中でお世話になった多くの皆様に、改めて感謝いたします。本書が、歴史学や史料のことに関心をお持ちの皆様に何かの参考になることを願い、またひいては、良い方向へと進歩しつつあるはずの歴史の歩みを進めるために、何かの一助になることを願いつつ。

二〇二四年九月　日

小島道裕

図版一覧

第六講

第七講

第八講

第九講

第十講

第十一講

第十二講

第十三講

第十四講

第十五講

著者略歴

一九五六年、神奈川県に生まれる
一九八五年、京都大学大学院文学研究科博士課程単位取得
元国立歴史民俗博物館・総合研究大学院大学教授、博士（文学）

〔主要編著書〕

『戦国・織豊期の都市と地域』（青史出版、二〇〇五年）
『洛中洛外図屏風―つくられた〈京都〉を読み解く―』（吉川弘文館、二〇一六年）
『中世の古文書入門―読めなくても大丈夫！―』（河出書房新社、二〇一六年）
『城と城下―近江戦国誌―』（新人物往来社、一九九七年、「読みなおす日本史」として吉川弘文館、二〇一八年再刊）
『古文書の様式と国際比較』（共編、勉誠出版、二〇二〇年）

「史料学」講義
歴史は何から分かるのだろう

二〇二四年（令和六）十二月二十日　第一刷発行

著者　小《こ》島《じま》道《みち》裕《ひろ》

発行者　吉川道郎

発行所　株式会社　吉川弘文館
郵便番号一一三―〇〇三三
東京都文京区本郷七丁目二番八号
電話〇三―三八一三―九一五一〈代〉
振替口座〇〇一〇〇―五―二四四番
https://www.yoshikawa-k.co.jp/

印刷＝株式会社　三秀舎
製本＝ナショナル製本協同組合
装幀＝清水良洋・宮崎萌美

ISBN978-4-642-08465-9

小島道裕著

洛中洛外図屏風

つくられた〈京都〉を読み解く（歴史文化ライブラリー）

四六判・二四〇頁／一七〇〇円

京都の名所と市街、人々の姿を描いた洛中洛外図屏風。室町から江戸にかけての長い間、多くの作品が描かれ続けたのはなぜか。屏風絵に込められた膨大な情報から描かせた人々の思いを読み解き、洛中洛外図の魅力に迫る。

城と城下　近江戦国誌

（読みなおす日本史）

四六判・二七八頁／二四〇〇円

滅び去った城館趾に人は魅せられる。環濠集落や土塁囲みの館城から、戦国大名の城下町や信長の安土まで。近江に残るさまざまな城館遺構を訪ね、地形・史料・伝承をもとに、人々の営みと失われた戦国社会の姿に迫る。

小島道裕編

史跡で読む日本の歴史⑦

戦国の時代

四六判・二六四頁・原色口絵四頁／二八〇〇円

戦国大名の拠点や決戦の場につくられる城はどのように発達したのか。城下町・寺内町など続々と誕生する都市、窯業や鉱業の発展、庭園に代表される室町文化。日本の転換点となる時代の史跡を多角的な視点で読み解く。

吉川弘文館
（価格は税別）